BIBLIOTHÈQUE INSTRUCTIVE

Dr F. QUESNOY

L'ALGÉRIE

BIBLIOTHÈQUE INSTRUCTIVE

L'ALGÉRIE

CORBEIL. — TYP. ET STÉR. CRÉTÉ.

BIBLIOTHÈQUE INSTRUCTIVE

L'ALGÉRIE

PAR

LE Dr F. QUESNOY

MÉDECIN-INSPECTEUR EN RETRAITE DU SERVICE DE SANTÉ DES ARMÉES

OUVRAGE

ILLUSTRÉ DE 100 GRAVURES SUR BOIS

et accompagné d'une carte de l'Algérie.

PARIS

LIBRAIRIE FURNE

JOUVET ET Cie, ÉDITEURS

5, RUE PALATINE, 5

M DCCC LXXXV

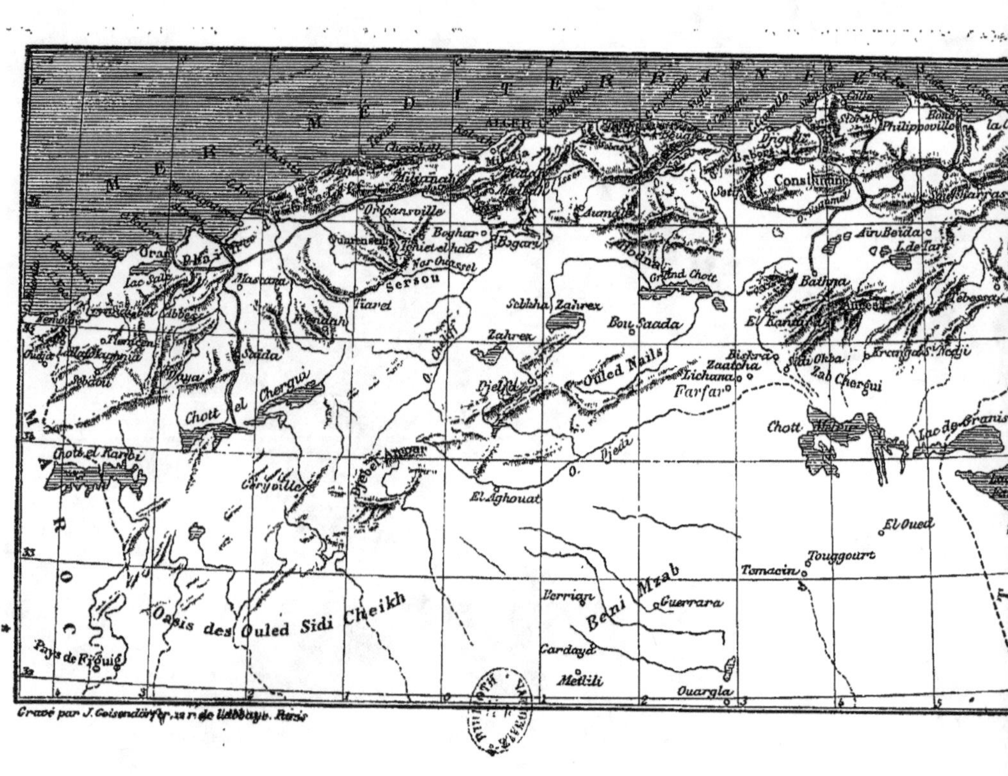
Oasis des Ouled Sidi Cheikh
Beni Mzab
Ouled Nails
Constantine
Touggourt
El Oued
El Aghouat
Ouargla
Metlili
Guerrara
Biskra
Bou Saada
Tiaret
Mascara
Saïda
Chott el Chergui
Chott el Rarbi
Pays de Figuig
Géryville
Orléansville
Boghar
Sersou
Zahrez
Grand Chott
Batna
Aïn Beida
Philippeville
Sétif
Aumale
Tlemcen
Lalla Maghnia
Oran
Zab Chergui
Lac de Granis
Djelfa
Tamacin
Farfar
Zaatcha
Lichana
Sidi Okba
Chott Melrir
Gravé par J. Geisendörfer

PRÉFACE

Écrire encore sur l'Algérie, après tant et tant de livres officiels et autres qui ont été publiés depuis les premiers temps de l'occupation, peut paraître une redite, un double emploi. Nous pensons cependant que, sur cet intéressant pays, qui se transforme d'année en année, il y a toujours à développer les améliorations que l'expérience locale fait connaître, et à mettre à la portée de tous les résultats obtenus, souvent avec difficulté et au prix de grands sacrifices.

Dans le grand nombre de publications sur l'Algérie, en dehors de celles des sociétés archéologiques, historiques et agricoles, il n'y a le plus souvent que des impressions de voyage qui n'occupent pas assez l'esprit pour y laisser des souvenirs durables et utiles. Aussi avons-nous pensé qu'il pourrait être bon d'introduire dans la *Bibliothèque instructive* un résumé de tout ce qui concerne cet intéressant pays, dont nous avons fait une nouvelle France et où sont aujourd'hui à l'œuvre des hommes actifs, industrieux, qui ont fouillé le sol, en dépit des maux qui devaient éclater, et qui commencent à recevoir la récompense de leurs courageux efforts.

Pour présenter ce pays sous tous ses aspects, nous l'avons divisé en chapitres comprenant les dispositions topographiques et ethnographiques. La division du territoire en trois parties qui sont du nord au sud : Tell, hauts plateaux et Sahara, outre qu'elle est indiquée par la nature des terrains, se prête parfaitement bien à la description et à l'exposition des coutumes et du genre de vie des habitants. On y trouve les deux éléments : Kabyle et Arabe se touchant, mais ne se confondant jamais absolument.

L'histoire de ce pays est indispensable à l'intelligence de tout ce que nous avons vu depuis sa conquête et que nous verrons certainement encore : l'amour de la nationalité et de l'indépendance chez les Arabes. Et on en arrive à se demander s'il ne faut pas admirer l'énergie qu'ils ont toujours déployée pour se maintenir dans ces grands privilèges.

Nous avons réuni dans un chapitre tout ce qui regarde le climat, les productions du sol et les ressources animales de toutes espèces : c'est la partie, je dirai matérielle, celle qui intéresse le plus le colon, et il faut reconnaître que les espérances seront dépassées tant le présent est déjà satisfaisant.

Mais quels sont et quels seront dans l'avenir nos rapports avec les indigènes ? A ne voir les choses que superficiellement comme peuvent faire des touristes ou des députations envoyées sur place pour « étudier » certaines questions, on peut dire que la plus cordiale entente existe et que l'avenir est plein des promesses de la plus vive et de la plus étroite sympathie.

Mais quand on a pu pénétrer le fond de la pensée, on sait que ces manifestations amicales et dévouées sont un mirage auquel il ne faut pas se laisser prendre ; il cache un sentiment de haine, d'abord contre l'usurpateur et surtout contre le chrétien. Tout musulman est forcé de haïr l'infidèle : ne demandez donc pas son amitié, il lui est interdit de la donner. Ce sera toujours là le point délicat de notre situation et il est nécessaire qu'on ne le perde jamais de vue.

Nous avons cherché à démontrer la vérité de ces assertions et à en fournir des preuves.

Enfin nous avons exposé l'état actuel de l'Algérie : sa population, ses ressources budgétaires, son commerce. Cet examen donne satisfaction à tous les désirs. Nous avons eu à lutter longtemps, non pas tant contre le climat que contre les travaux d'appropriation du sol et contre les indigènes, mais aujourd'hui tout nous permet d'espérer une juste rémunération. Ce sont ces espérances que nous voudrions faire passer dans l'esprit de tous ceux qui s'intéressent à l'avenir de ce beau pays d'Algérie.

L'ALGÉRIE

CHAPITRE PREMIER

LIMITES

Il y a un demi-siècle, la France déployait son drapeau sur le rivage africain, à Alger, et détruisait ce nid de pirates qui exerçaient leurs cruautés et leurs rapines non seulement sur la Méditerranée mais sur tout le littoral européen de cette mer. La France, l'Italie, l'Espagne avaient de nombreuses victimes dans les bagnes algériens, et étaient tributaires pour des sommes énormes enlevées chaque année par ces forbans musulmans.

Alger était considérée comme la capitale des États barbaresques ; il y avait d'autres pays dans cette espèce de confédération : Tripoli, Tunis, Maroc avaient aussi leurs écumeurs de mer ; mais Alger était le centre et comme la résidence de tout ce qui se distinguait dans cette lucrative industrie. C'est sur Alger qu'étaient dirigées les prises, c'est dans les bagnes de cette cité qu'étaient confondus tous les malheureux qui succombaient aux privations, aux mauvais traitements, aux flagellations : être esclave de ces Musulmans était déjà une raison des supplices ; mais être chrétien valait un redoublement de cruautés. Des puissants du monde avaient tenté l'anéantissement de ces redoutables forbans; ils avaient échoué : Charles-Quint avait été battu, Louis XIV n'avait pas réussi. L'Angleterre et la France, malgré leur puissance, avaient été obligées de renoncer à leur entreprise, et l'audace des Musulmans s'en était accrue au point d'exiger de toute la chrétienté une sorte de soumission. Hussein pacha, dey d'Alger, était si convaincu de sa supériorité qu'il ne craignit pas de lever son éventail sur notre consul. Ce fut un bienfait. Sans lui nous serions peut-être restés longtemps encore les tributaires de ces peuplades barbares.

L'État d'Alger, ou l'Algérie, est compris entre la Tunisie à l'est et le Maroc à l'ouest, il a un développement de côtes d'un millier de kilomètres au nord ; ses limites au sud ne sont pas définies, elles pourraient être portées fort loin dans le Sahara, vers le djebel Hoggar et même au delà ; mais à en juger par le mauvais résultat de nos tentatives, ce moment n'est pas encore venu ; dans le présent, elles ne s'étendent pas au delà d'Ouargla, où une autorité arabe relève de la France et en est tributaire. Ainsi délimitée, l'Algérie serait la partie centrale de l'espèce d'île que formeraient la Tunisie, l'Algérie et le Maroc, ayant au nord, à l'est et à l'ouest la mer et au sud le désert. C'est cette île que les géographes de l'Orient appellent l'île occidentale (Mogreb), et que l'on a appelée *Atlantide* parce qu'elle porte l'Atlas, ou *Berberie* parce que les habitants les plus anciens, les plus nombreux et les plus attachés au sol sont les Berbères. — De l'est à l'ouest la côte s'infléchit du nord au sud.

La limite de notre territoire à l'ouest se trouve un peu au-dessus du 35e degré, et celle de l'est un peu au-dessous du 37°. Entre ces deux points extrêmes la côte est souvent abrupte, déchirée, et plonge dans la mer par des pentes rocheuses aux arêtes vives. Quelques plaines basses viennent se terminer par des dunes sablonneuses, mais les parties les plus favorisées sont les Sahels, ou collines basses, verdoyantes, riches en terres végétales, comme le Sahel d'Alger qui règne presque sans interruption depuis le voisinage de Cherchell jusqu'au cap Matifou.

De nombreux cours d'eau débouchent dans la mer, mais ils ne lui apportent leur tribut que dans la saison des pluies ; hors de cette période il est peu de rivières qui conservent un volume d'eau appréciable. Aucune ne serait susceptible de porter un radeau, même à son embouchure ; ce fait n'a rien de surprenant si on considère que toutes les rivières naissent dans la montagne, qu'elles rencontrent des pentes rapides, et que leur parcours a généralement peu de longueur. Aussi ces *oueds* si arides, si desséchés dans la saison chaude, deviennent-ils des torrents dangereux durant la saison des pluies ; ils roulent des arbres, des pierres énormes, et pour peu que les pentes soient moins rapides, comme il arrive dans les plaines, toutes les masses charriées par les eaux obstruent les lits, l'eau déborde, divague et forme des marais dont on a si souvent à se plaindre.

Notre territoire est limité à l'ouest par l'oued Kis : ce petit ruisseau, qui a fort peu de longueur, est une limite morale, et bien souvent elle a été franchie par les tribus turbulentes qui habitent les frontières du Maroc.

Dans toute son étendue, du nord au sud, l'Algérie, aussi bien sur sa frontière de l'est que sur celle de l'ouest, n'a qu'une délimitation factice ; aucune montagne, aucun cours d'eau ne sert de point de repère, et ce défaut de précision peut donner lieu à des difficultés : on l'a vu, il y a quelques années, quand il s'agissait de poursuivre les rebelles du Sud oranais jusqu'à Figuig où se trouvait leur quartier général, on s'est arrêté devant les revendications du Maroc, et cependant pas plus les limites marocaines que les limites françaises ne sont parfaitement établies. Aussi il arrive souvent que les populations passent d'un territoire sur l'autre et se soustraient aux charges qui leur incombent ; elles ne paient d'impôts à personne, c'est une sorte de contrebande comme il s'en pratique sur toutes les frontières. Il est regrettable que nous n'ayons pas pris pour frontière la ligne de la Malouïa, nous aurions eu depuis son embouchure jusqu'au delà du 33e degré des limites parfaitement définies ; nous pouvions y prétendre ou au moins l'obtenir diplomatiquement, puisqu'il est avéré que l'État d'Alger était limité par cette rivière.

Le premier cap est le cap Milonia, d'où on aperçoit *Djemma Ghazouet* dont nous avons fait *Nemours*, petite ville qui n'est pas appelée à un grand développement, bien qu'elle soit en communication par une bonne route avec l'intérieur du pays français et marocain. C'est sur cette route que se trouve la petite ville arabe de *Nedrôma*, jolie par sa physionomie générale et sa situation, mais détestable par ses exhalaisons intérieures. C'est une ville qui, dit-on, doit sa population à ses ancêtres chassés d'Espagne, et la foi dans la tradition du retour est encore si grande que des familles conservent les clés de leur maison d'Espagne. Le voisinage de Nedrôma rappelle deux circonstances mémorables de notre histoire militaire algérienne : d'un côté le marabout de Sidi-Brahim où un faible détachement du 5e chasseurs lutta pendant trois jours contre des masses accablantes conduites par l'émir

Port d'Oran ; pointe de Mers el Kébir à l'horizon.

Abd el Kader, et, près de là, l'endroit où l'émir vaincu se rendait au général Lamoricière.

Après avoir doublé le cap Noé on voit la petite île de Rachgoun, située en face de l'embouchure de la Tafna.

Cette rivière, dont le bassin est un des plus grands de l'Algérie puisqu'il nous donne une part de 550,000 hectares et une autre à peu près aussi grande au Maroc (Onésime Reclus), a un parcours sinueux de près de 150 kilomètres. Elle rappelle une de nos erreurs : le traité signé entre le futur maréchal Bugeaud et Abd el Kader, traité qui grandissait l'émir vaincu et nous amoindrissait quoique vainqueurs. Elle reçoit sur ses deux rives des affluents relativement importants, entre autres sur sa rive gauche, l'oued Isly et, sur sa rive droite, l'oued Saf-Saf et l'oued Isser occidental pour le distinguer d'un oued Isser oriental qui coule en Kabylie.

Un peu plus loin se trouve l'anse de Camerata, où existent des ruines romaines ; puis l'embouchure du rio Salado que les Arabes appellent oued Melah (ruisseau Salé). Le cap Figalo se projette un peu au nord ; quelques échancrures de la côte se dessinent nettement entre le cap Sigale, le cap Lindles et le cap Falcon ; après avoir doublé celui-ci, on entre dans le golfe d'Oran, à l'entrée duquel se trouve Mers el Kébir (le grand port), parce qu'il est en effet un des meilleurs pour ne pas dire le meilleur de tout le littoral.

Oran n'a pas de port naturel, des travaux gigantesques ont abouti à un port artificiel qui reçoit les grands navires de la Compagnie transatlantique mais n'en pourrait abriter beaucoup ; le rocher de Santa-Crux, haut de 584 mètres, qui borde le fond du port, a été miné, coupé perpendiculairement pour l'agrandir ; tout ce qui existe est dû à la main de l'homme. L'assiette de la ville est même très défavorable, parce que le terrain ne se prête pas à la régularité : ce ne sont que pentes rapides, ravins profonds, et partout des maisons qui s'étagent; malgré ces difficultés de construction, la ville se développe et prospère. Le château, bâti par les Espagnols au sommet du Santa-Crux, est toujours entier et solide, il a résisté à plusieurs tremblements de terre, même à celui de la fin du siècle dernier. Les vignes, que l'on vient de planter partout où elles peuvent s'accrocher, lui font aujourd'hui une enveloppe verte et surtout productive.

Le golfe d'Oran est bordé par le djebel Kahar (600 mètres), dit montagne des Lions. C'est une masse rocheuse qui projette dans la mer le cap de l'Aiguille et le cap Ferrat au nord et le cap Carbon à l'est, puis on entre dans un golfe où se trouvent deux villes, Arzew et Mostaganem, mais qui est ouvert à tous les vents ; Arzew pourtant est protégé des vents du nord-ouest, aussi son port est-il bon ; mais la ville n'a pas pu prendre de développement, elle manque de bonne eau et elle a dans son voisinage les marais de la Macta. Pourtant elle a des éléments de prospérité, c'est à Arzew qu'aboutit le chemin de fer de Saïda, que des raisons stratégiques ont fait pousser plus loin, c'est le port de la mer d'alfa que l'on exploite dans les hauts plateaux au sud de Saïda; mais ce port n'est guère visité que par les bâtiments anglais qui viennent charger l'alfa, matière première de nombreuses productions industrielles.

La Macta prend ce nom au sortir des marais ; elle a peu de longueur, mais elle est néanmoins le déversoir d'un bassin qui a environ un million d'hectares, d'après Onésime Reclus.

L'Habra ne garde son nom que jusqu'à la naissance des marais qui se trouvent aussi alimentés par le Sig ; plus haut, dans le voisinage de Perrégaux, il s'appelle *oued el Hammam*, et ce nom est resté à un barrage remarquable qui reçoit les eaux apportées par quatre

Ancien port romain à Cherchell.

ravins. Ce barrage est constitué par une digue de 478 mètres de long sur 40 mètres de haut et 38 à 39 d'épaisseur à la base. Derrière ce barrage, les eaux

Pointe Pescade, près d'Alger.

s'accumulent dans les trois gorges et emmagasinent

14 millions de mètres cubes destinés à arroser la plaine de Perrégaux. Il est malheureux qu'en se rapprochant de la mer la pente soit aussi faible, elle nous vaut les marais fangeux qui propagent les fièvres et enlèvent une grande quantité de terres qui feraient la joie et le profit des cultivateurs.

Le chemin de fer d'Arzew à Saïda longe le lac formé par les oueds et le domine. On y jouit d'un spectacle d'autant plus beau qu'il est plus rare en Algérie. La masse énorme d'eau arrêtée par cette épaisse et haute muraille est une promesse de prospérité pour tout le pays arrosable, mais il est permis de se demander si l'on peut se reposer en toute sécurité sur ce chemin ferré qui cotoie un précipice, à une pente très forte et des courbes d'un court rayon. Tout récemment une partie du barrage de l'oued Hammam s'est éboulé et l'inondation a fait de nombreuses victimes parmi les Arabes et dévasté toutes les cultures. Les rivières qui concourent à former l'oued el Hamman viennent de Saïda et de la région des hauts plateaux, à la limite des eaux qui coulent au nord.

Mostaganem a une situation favorable, de beaux jardins, de belles eaux, mais pas de port, et bien souvent, au temps où les correspondances ne se faisaient que par mer, les habitants de Mostaganem étaient privés de nouvelles pendant longtemps, parce que les bateaux ne pouvaient pas s'exposer au danger d'un mauvais port. Cette condition enlève à la ville toute chance d'une prospérité aussi grande que celle à laquelle elle peut prétendre par suite de l'excellence du pays qui l'environne : ce sont les champs fertiles du Dahra.

Le Chéliff s'ouvre dans la mer à quelques kilomètres de Mostaganem. Son embouchure est comme partout obstruée par des sables et des terres limoneuses qui exhaussent le niveau du fleuve. Au delà du Chéliff, la côte longe le Dahra, massif montagneux d'une grande fertilité, qui a été le théâtre de nombreuses actions militaires. Le cap Khamis fait une pointe dans la mer. Le cap Magraoua se dessine à quelque distance; entre les deux est la limite de la province d'Oran et de la province d'Alger. Puis vient Tenez, petit port impraticable par les temps douteux et qu'on laissait souvent sans communication. Les Romains y avaient pourtant une ville sous le nom de *Cartennæ :* elle a encore dans son voisinage de belles et bonnes mines de cuivre.

Au delà du cap Tenez la côte est abrupte, élevée (1,000 mètres), ce sont des montagnes du massif du Zakkar qui se relient à celles du Dahra et qu'habitent des tribus kabyles.

Cherchell a encore un petit port amélioré par les travaux exécutés, mais il n'est praticable que pour les petits bateaux. De l'ancienne capitale de la Mauritanie césarienne, de la ville de Juba II, il ne reste rien debout. Au port existent encore des citernes, des bassins, et dans une sorte de musée on a recueilli quelques échantillons de sculpture. Hors ville on trouve encore, dans des ravins, de beaux restes des aqueducs qui prenaient l'eau potable dans les montagnes de Zakkar. Non loin de Cherchell, au delà d'un large promontoire formé par le *Chenoua*, se trouve Tipaza, ancienne ville romaine qui avait aussi son port et dont les restes, autrefois cachés dans d'épais massifs de lentisques et de myrthe, ont été utilisés pour les constructions des colons français. Un paysage charmant borde la mer vers laquelle il s'incline par des pentes douces toutes couvertes d'une végétation puissante qui abrite des fermes et des villages, c'est le *Sahel*, qui se continue jusqu'à Alger. Ce fut la première partie colonisée. Bien qu'au début les habitants eussent à souffrir des effluves miasmatiques de la Mitidja, la persévérance leur a donné gain de cause, et aujourd'hui les collines sont riches en productions et en salubrité. Le sommet de l'une d'elles est surélevé par une construction de forme circulaire dont, à distance, on ne définit pas bien le caractère : de près on voit que c'est un énorme massif de pierres disposées avec art en forme de pyramide tronquée. Les assises superposées forment des degrés qui facilitent l'ascension du sommet. La base est aujourd'hui fort dégradée. Les Arabes appellent ce monument *Kebeur er Roumia* (tombeau de la Chrétienne). La tradition chez eux établit qu'une princesse chrétienne y est enterrée avec tous ses trésors, et ceux-ci ont de tout temps éveillé la convoitise des Arabes qui ont vainement essayé de faire une ouverture dans cette masse de pierres pour y chercher les richesses. Ils m'ont ainsi raconté la dernière tentative : « Nous étions réunis en grand nombre, armés des instruments nécessaires, nous avions demandé à Allah la puissance d'achever notre œuvre et de mettre à jour les trésors de la chrétienne ; nous avions grande foi, mais nous n'eûmes pas plutôt fait une petite brèche qu'un essaim de guêpes se précipita sur nous, nous fit mille piqûres et nous força à la retraite. C'étaient les Génies, gardiens du tombeau, qui avaient pris cette forme pour nous empêcher de continuer notre œuvre : Allah le voulait ainsi. »

Voilà la légende, le fait probable est que ce tombeau est celui des rois de Mauritanie, peut-être de Juba II, et qu'il a été à peu près copié sur le *Medracen*, tombeau des rois numides qui se trouve près de Batna. Celui-ci a été étudié avec soin, et il paraît résulter que Micipsa l'aurait bâti pour honorer Massinissa, son père. Cette digression nous a conduit un peu loin du Sahel, nous le reprenons à l'embouchure du Mazafran (eau jaune).

Routes des gorges de Palestro, vallée de l'Isser.

Le bassin du Mazafran est riche en eau, son débouché

dans la mer, souvent empêché par une barre de sable et d'alluvions ainsi que par le peu de pente de la rivière, formait autrefois de nombreux marais qui rendaient la Mitidja pernicieuse; aujourd'hui les cours d'eau sont régularisés, la terre est ameublie et les stagnations d'eau fort diminuées, d'où une salubrité irréprochable. Le Bou Roumi, l'oued Ger et la Chiffa sont les trois principales rivières qui forment le Mazafran; la dernière est la plus abondante, nous la retrouverons dans les gorges de la Chiffa qui coupent la chaîne de l'Atlas jusque près de Médéah.

Au delà du Mazafran est une plaine basse dans laquelle se trouve Sidi-Ferruch dont le nom sera conservé dans l'histoire à cause du débarquement de l'armée française le 12 juin 1830 et des premiers combats qu'elle eut à soutenir contre les Arabes.

Une pointe s'avance dans la mer, c'est la pointe *Pescade* où se trouve encore la batterie turque. Elle est comme un prolongement du mont Bouzarea qui domine Alger avec ses villas, ses jardins, et sert de fond pour mettre en pleine lumière cette ville étincelante.

Alger, dans une baie fermée à l'est par le cap Matifou, est bâtie en amphithéâtre sur la Bouzarea et forme un triangle dont la base a été considérablement élargie par les nouvelles constructions qui s'étendent jusqu'au delà de Moustapha à l'est et se prolongent à l'ouest vers la pointe Pescade. Ce qui manque à Alger, c'est de l'eau en assez grande quantité. Elle n'en a guère au delà des besoins de la consommation alimentaire, les irrigations et les soins de sa voirie n'ont pas ce qu'il faudrait dans un pays chaud. On ne trouve à Alger aucune ruine.

La citée romaine, Icosium, n'a pas laissé de traces sur le sol d'Alger pas plus que sa voisine Rusgunia située en face, à l'autre extrémité de la baie, près du cap Matifou. Les Beni Mezranna, tribu berbère, vinrent s'établir sur les ruines d'Icosium ; ils s'occupaient de pêche et trouvaient un abri pour leur barque derrière des îlots rocheux qui se trouvent aujourd'hui englobés dans la digue du port ; ces îlots, appelés en arabe *el Djezaïr*, en français les Iles, ont produit Alger. Aux pêcheurs ont succédé les pirates qui ont agrandi, enrichi Alger, et cette ville, modeste à ses débuts, est devenue Alger « la bien gardée », Alger « la blanche », Alger « la sultane », Alger « la favorite », toutes dénominations flatteuses qu'on retrouve dans les poésies arabes et qui sont justifiées par l'impression agréable que l'on éprouve dans cette ville.

Le port d'Alger est absolument le résultat du travail de l'homme; rien n'existait pour mettre à l'abri des bâtiments de fort tonnage, et pendant de longues années des blocs énormes fabriqués sur le rivage étaient dirigés sur un point déterminé et immergés à une grande profondeur. La superposition de ces blocs a produit le môle actuel. Tel qu'il est, ce port, s'il n'est pas irréprochable, est presqu'en tout temps suffisant pour mettre à l'abri les nombreux bâtiments qui s'y trouvent, il a une surface de près de 100 hectares et ses quais sont excellents.

La baie d'Alger est bordée par une plaine basse, sablonneuse, qui descend des hauteurs de Moustapha supérieur. L'oued Harrach, qui a son embouchure près de la Maison-Carrée, a amené des bourrelets d'alluvions que depuis longtemps les Maltais ont utilisés pour leurs cultures maraîchères. Ces lieux, qu'on ne pouvait parcourir, il y a une trentaine d'années, qu'avec des forces respectables, sont aujourd'hui traversés par le chemin de fer, et le sifflet de la locomotive a remplacé les détonations du mousquet : peut-être ferons-nous plus et mieux par les machines que par les armes.

L'oued el Hamise, après avoir parcouru une partie

Le golfe de Stora.

de l'extrémité orientale de la Mitidja, se jette à la mer près du cap Matifou. Ce cap forme un éperon fort avancé dans la mer : il rappelle les désastres de la

La ville de Bône en 1830.

flotte de Charles-Quint. La côte commence à s'élever; comme à l'ouest d'Alger, elle forme un sahel aux collines douces et verdoyantes, couvertes de belles moissons, au milieu desquelles coulent l'oued Bou-Douaou, l'oued Corso et d'autres petits ruisseaux; puis on rencontre l'Isser oriental. Le bassin de cette rivière est un des plus beaux et des plus longs du pays kabyle. Dans une partie de son parcours l'Isser est emprisonné dans des rocs élevés et abrupts d'un aspect imposant. Il n'y avait de place que pour la rivière, et cependant la main de l'homme y a taillé à mi-côte un chemin carrossable qui conduit d'Alger à Constantine : c'est la grande route nationale sur laquelle circulent tous les jours les diligences que le chemin de fer détrônera bientôt. Chemin en corniche, tunnel, ponts élevés et hardis, tout se trouve dans ce ravin de l'Isser; ces travaux font notre admiration, et cependant les Arabes, qui ne s'étonnent de rien, n'y voient pas autre chose qu'une plus grande facilité de circulation pour eux et leurs bêtes de somme et l'avantage de ne pas cheminer dans le lit du torrent, souvent impraticable. Le parcours en diligence de cette route est souvent agrémenté par les sauts et les gambades des singes au milieu des broussailles et des arbustes qui croissent dans les fissures des rochers.

Le Sebaou est encore un des beaux oueds de la Kabylie; son bassin est moins long et moins large que celui de l'Isser (110 kilomètres), mais il est presque toujours pourvu d'eau que lui apportent les nombreux torrents du Djurjura septentrional. Près de l'embouchure du Sebaou se trouve la petite ville de Dellys qui a remplacé la Russuccurus romaine; elle n'a pas de port et ne peut par conséquent pas espérer de prospérité. Sa situation est bonne cependant, bien qu'elle soit dominée par des montagnes qui vont en s'élevant depuis le bord de la mer. De cette ville jusqu'à Bougie on côtoie des montagnes élevées, tantôt boisées, tantôt déchirées. Elles n'offrent aucun port, aucune baie; les caps sont peu saillants, le principal est le cap Corbelin, non loin des ruines romaines de Zeffoun. La province d'Alger a ses limites entre le cap Corbelin et le cap Sigli. Bougie appartient à la province de Constantine.

Avant d'entrer dans la rade de Bougie, on double le cap Carbon qui limite un mont abrupt, le Gouraya, au sommet duquel est le marabout vénéré de Lalla Gouraya. Bougie a son histoire; la Saldæ romaine était le centre des établissements du peuple-roi dans la Kabylie, elle a eu une population nombreuse. Elle est bien déchue de sa splendeur, pourtant elle a un bon port et elle voit déboucher dans son voisinage un des beaux fleuves kabyles, le Sahel, grossi dans son parcours de l'oued Bou Sellam qui apporte les eaux des régions voisines de Sétif.

L'oued Agrioun s'ouvre aussi dans cette baie et vient comme le Bou Sellam du djebel Magrès, un des hauts monts de la région du Babor (1,700 mètres). C'est encore un des oueds pittoresques de la Kabylie, il roule ses eaux dans une fissure de monts abrupts, fort élevés, les cascades s'y succèdent souvent avec un fracas retentissant; quelques arbustes s'accrochent aux fentes des rochers. Ce ravin est appelé le Chabet el Akhra (ravin de la Mort), mais avant d'y entrer en venant de Sétif, on s'arrête à Kerrata où un restaurateur fort approvisionné fait oublier les dangers que pourrait faire concevoir le nom de ce majestueux ravin. Les travaux de nos soldats pour ouvrir une route carrossable sur le flanc de ces rochers ne sont pas inférieurs à ceux que les Romains nous ont laissés.

Le cap Cavallo termine la baie de Bougie, et derrière lui se trouve Djidjelli (Ijiljilis des Romains), petite ville à côté d'un mauvais port et qui pour cette raison ne peut espérer beaucoup d'avenir.

Non loin de cette ville se trouve l'embouchure de l'oued el Kebir (le Grand-Fleuve). Il est en effet très long, son parcours est de 225 kilomètres (Onésime Reclus). De très nombreux cours d'eau, descendus des montagnes de la Kabylie, forment l'oued Roumel qui, près de Constantine, absorbe une autre grande rivière, le Bou Merzoug; il conserve le nom de Roumel dans son trajet autour de l'ancienne capitale numide. De nombreux oueds, surtout l'oued Endja, viennent encore le grossir jusqu'au moment où il quitte son nom pour celui d'oued el Kebir. Il se trouve alors au milieu des montagnes de la petite Kabylie, et coule dans des ravins profonds mais bien boisés, et sur les pentes nord du pays des Ouled Asker. Puis la vallée s'élargit, les oliviers sont nombreux et bien soignés et les cultures sont abondantes. Nous ne pouvons nous empêcher de reconnaître avec quelle ardeur et quel amour de l'indépendance les habitants de cette contrée ont défendu leur pays. Le Kabyle a une volonté et une ténacité remarquables; il accepte peu la domination et ne se soumet qu'à la force.

La côte est verdoyante de l'oued el Kebir à Collo; elle porte des arbres de différentes essences et surtout de nombreux oliviers; une petite anse est appelée Mers el Zitoun (port aux Olives). Au dessus, le djebel Goufi, de 1,100 mètres de haut, envoie dans la mer des pointes rocheuses dont sept sont plus marquées et justifient le nom de Seba Rous (Sept-Têtes) donné par les Arabes à cette grosse masse du Goufi qui forme la limite nord de la côte algérienne. Un autre cap, le Ras Kebir (la Grande-Tête), nous sépare de Collo, petite ville berbère qui a laissé de lugubres souvenirs dans l'armée; les Kabyles de ces contrées ont été féroces, et il a fallu répondre à leur férocité par des procédés analogues, les seuls qu'ils comprennent. Le port de Collo est excel-

Ruines du Bastion de France.

lent, mais il ne peut pas être utilisé; Stora et Philippeville donnent un accès plus facile dans l'intérieur du pays, et c'est là que les travaux ont été exécutés.

Stora est l'ancien port. Les pêcheurs, peut-être les pirates, s'y réfugiaient; nous avons fait peu pour lui. Nous avons fait de toutes pièces un port à Philippeville. Mais, en fait de port, rien ne vaut ce que la nature prépare; cependant les Romains avaient bâti *Russicada*, et avant eux les Phéniciens y avaient un établissement. Philippeville est la tête de ligne du chemin de fer de Constantine qui se continue déjà jusqu'à Batna et sera conduit bientôt jusqu'à Biskra. L'oued Saf-Saf a son embouchure près de Philippeville, il coule dans une belle vallée riche en prairies, en moissons et en vignes. Ici tout est réuni pour la prospérité : bonnes terres, irrigations possibles et même faciles, bonnes routes et chemin de fer. Aussi les villages sont multipliés.

L'oued Senendja apporte aussi dans la baie les eaux qu'elle prend dans le massif montagneux de l'Edoug. C'est une rivière toujours abondante qui a environ 100 kilomètres de parcours et qui rencontre et arrose quelques centres de population, surtout Jemmapes.

Le cap de Fer (Ras el Adid) s'avance dans la mer presque autant que le Seba Rous et limite la baie de Philippeville à l'est. C'est un éperon du djebel Edoug à 1,000 mètres d'altitude, qui justifie son nom par la quantité considérable de fer que l'on trouve au niveau du sol; il n'a pas encore été exploité. Les flancs de cette montagne sont riches en bois de toutes les essences autant sur les pentes nord que sur celles du sud qui se continuent avec les belles vallées de l'Edoug.

Le cap de Garde limite à l'ouest le golfe de Bône; à sa pointe il porte un phare, puis un fort, dit fort Génois, et Bône ouvre son port, rendu excellent par les travaux qui y ont été exécutés. De hautes et solides digues l'abritent des vents de la haute mer; les plus gros navires peuvent accoster les quais; un long et large boulevard conquis tout entier sur les alluvions de la plaine de Bône et bordé de belles constructions, sert d'avenue au port: c'est une réminiscence du port de la Cannebière, de Marseille. Près de Bône sont quelques ruines de la fameuse Hippone (*Hippo regius*) : tout ce qui était élevé au-dessus du sol a été renversé par le temps, mais tout ce qui était au-dessous subsiste : les citernes sont encore entières, elles sont le théâtre des exercices des nègres à certaines fêtes, exercices qui rappellent les cérémonies du paganisme et offrent toujours beaucoup d'intérêt.

La Seybouse s'ouvre près de Bône par une large embouchure souvent encombrée de sable; elle était autrefois le port d'Hippone, et la petite plaine qui s'étend de la mer au pied de la montagne était une rade abritée; mais les ensablements ont fait disparaître cette rade, et à présent encore, d'année en année on suit les progrès des ensablements de la côte. A son embouchure, la Seybouse ne pourrait même pas porter une barque.

Cette rivière a un bassin fort étendu et un parcours long de 220 kilomètres (Onésime Reclus). Elle prend sa source dans le voisinage de Tifech (ancienne Tipasa), dans un pays riche et admirablement cultivé. Une autre rivière, sa voisine, emprunte au même pays ses premières eaux, mais elle va les porter sur le territoire tunisien: c'est la *Medjerda* (l'ancienne *Bagradas*). L'oued Zenati et l'oued Cherf se réunissent pour former la Seybouse ; leur confluent a lieu à Medjez Amar, un peu au sud de Guelma. De ce point, la Seybouse coule d'abord dans un pays montagneux et richement boisé, puis dans la plaine de Bône qu'elle traverse du sud au nord. Depuis le village de Duvivier jusqu'à Bône le chemin de fer de Bône-

Guelma-Tunis suit la vallée de la Seybouse. Le golfe de Bône est bordé de dunes de sable et de parties marécageuses, surtout au voisinage de la Mafrag. Cette rivière naît près de Soukharras, dans des monts de 1,200 à 1,500 mètres de hauteur; elle est grossie de l'oued Kebir, de l'oued Zitoun, et porte à la mer ses eaux dormantes où croissent toutes les plantes marécageuses.

Le cap Rose doublé, on voit se dessiner une vieille construction sous forme d'une tour : c'est ce qui reste de l'ancien Bastion de France, que les Français ont bâti en 1561 à la suite de conventions conclues avec les possesseurs du rivage africain (1). Dans son voisinage sont plusieurs lacs malfaisants, entre lesquels croissent de magnifiques forêts de chênes lièges en pleine exploitation. Les trois lacs ne couvrent pas moins de 5,000 hectares; l'un d'eux, appelé lac des Poissons, communique par un chenal avec la mer et pourrait être utilisé pour un port militaire après des travaux d'appropriation, d'une exécution, dit-on, facile.

(1) En 1520 des négociants provençaux traitèrent avec les tribus de la Mazoule pour faire exclusivement la pêche du corail depuis Tabarque jusqu'à Bône. Sous le règne de Charles IX, Selim II fit la concession à la France du commerce des places, ports et havres de Malcafarel, de la Calle, de Collo, du cap Rose et de Bône. En 1560, le Bastion de France fut achevé. En 1561, deux armateurs de Marseille, Linche et Didier, établirent un comptoir à la Calle. C'est là l'origine de la fondation des établissements français dans le nord de l'Afrique, d'après le baron Baude. En 1604, les liens d'amitié qui existaient entre Henri IV et les sultans de Constantinople amenèrent la confirmation de toutes les concessions déjà faites. Tombées sous les Guises dans le dernier état de désordre et de faiblesse, ces concessions se relevèrent sous la main puissante de Richelieu, et en 1624, trois mois après que le roi eut changé son consul, Amurath IV cedait à la France en toute propriété les places dites le Bastion de France, la Calle, le cap Rose, Bône et le cap Nègre. (*L'Algérie*, p. 172, t. I.)

Vue de la Calle.

La Calle est une petite ville qui a pris un certain développement : elle était autrefois constituée par quelques maisons bâties sur un rocher et avait un petit port, ouvert à l'ouest et au nord-ouest, qui ne recevait que les bateaux corailleurs, encore par prudence tirait-on ces bateaux sur la plage. Le port n'est pas meilleur; il est toujours fréquenté par les corailleurs italiens, mais la ville s'est développée, grâce surtout à la présence dans son voisinage du Kef om Teboul où se trouve une mine de plomb argentifère en pleine exploitation. Le cap Roux est la limite de nos possessions algériennes.

Si de ce point nous les délimitons du nord au sud, nous ne trouvons aucune limite naturelle : ni montagne, ni ruisseau; ces limites ont été tracées arbitrairement et à notre désavantage, car il existe encore des preuves qu'autrefois, par suite des conventions établies, nous allions jusqu'au cap Nègre, mais nous n'avons en aucun temps fait valoir cette possession. Les tribus qui habitent cette frontière se sont de tout temps soustraites à l'action de l'autorité française et de l'autorité tunisienne; elles vivaient de rapine sur l'un et l'autre pays et vendaient au loin les objets volés; les bandits de tous les pays étaient assurés de trouver dans ces tribus abri et protection. La plus voisine de la côte était celle des Khroumirs, qui habitent le djebel Khroumir; les Ouled Ali, les Ouled Dhia, les Ouled Khiar habitent des monts qui varient entre 800 et 1,500 mètres de hauteur : les Ouled Yaya ben Thaleb sont sur la pente méridionale des montagnes; quelques massifs isolés ont été utilisés pour servir de limites précises, et à partir du djebel Dyr, voisin de Tébessa, la nudité des hauts plateaux ne fournit plus que des points de repère incertains.

CHAPITRE II

TELL

Ainsi délimitée, l'Algérie peut être divisée du nord au sud en trois zones qui ont chacune des caractères très tranchés. Ce sont : le Tell, les Hauts-Plateaux ou les Steppes et le Sahara. Habitués à voir une France dont le sol est partout si productif, et dont les caractères généraux diffèrent peu du nord au midi, nous ne nous représentons pas un pays où, sur une profondeur moyenne de 350 à 400 kilomètres, il existe des différences aussi sensibles qu'en Algérie, tant dans la physionomie du pays que dans ses ressources et ses productions ; ici, elles sont tellement tranchées que d'un sol riche et vigoureux à un sol aride et désséché il n'y a quelquefois que quelques kilomètres. C'est surtout à la limite du Tell que cela se rencontre. Le Tell est la partie privilégiée du pays. Tell veut, en effet, dire la terre : c'est le *Tellum* (terre) des Romains, et pour les Arabes c'est le pays montagneux, avec les grandes plaines, les vallées, les plaines basses du littoral et les sahels, c'est la zone qui borde la Méditerranée au nord et qui s'étend au sud à des profondeurs variables ; dans l'ouest et au centre, la zone tellienne n'a pas autant de profondeur que dans l'est : à l'ouest elle ne dépasse pas 120 kilomètres, elle atteint 260 à l'est.

La limite du Tell peut être déterminée par la ligne de

partage des eaux : toutes celles qui coulent vers le nord traversent le Tell producteur, toutes celles qui coulent vers le sud traversent le steppe presque toujours aride ou qui ne fournit qu'après les plus grands efforts et la coopération de la nature quand elle apporte des pluies opportunes et des rosées bienfaisantes.

Les montagnes du Tell ont généralement leurs pentes nord raides, quelquefois abruptes ; elles s'élèvent rapidement jusqu'aux plus grandes hauteurs : de ce point, les inclinaisons vers le sud sont très douces, quelquefois insensibles; il en résulte qu'elles conservent toujours une grande altitude au-dessus du niveau de la mer. Ce sont ces plaines hautes que l'on appelle les hauts plateaux : on y trouve des lacs, généralement salés, et des chotts, vastes étendues d'eau qui s'emplissent après les pluies et laissent à découvert, en été, le sel de leur eau saumâtre évaporée. Ce sont les régions déshéritées; mais, si la terre y refuse les cultures que l'homme recherche pour sa nourriture, les animaux y trouvent des plantes aromatiques abondantes dont ils sont très friands. C'est là que sont les terres de parcours des différentes tribus du Sud, et c'est aussi dans cette région que se trouve la mer d'alfa en pleine exploitation dans la région centrale. La mer d'alfa mérite véritablement ce nom. Cette plante, que l'industrie est parvenue à utiliser pour différents produits, se développe sur une étendue considérable de terrains impropres à toute autre production. A distance, quand le vent souffle, même légèrement, ces longues tiges herbacées ondulent et forment un moiré que l'on prendrait pour des flots. Quand on quitte les espaces pierreux et dépouillés de végétation, l'alfa lui-même est une jouissance pour la vue.

Les touffes d'alfa ne sont pas contiguës comme les touffes de blé; elles sont, au contraire, assez espacées et chacune d'elles élève au-dessus du sol ses racines entremêlées et solides ; il y a autant de terrain découvert qu'il y en a d'occupé par les plantes. Aussi lorsque la Grande Compagnie eut pris connaissance des 300,000 hectares qui lui étaient concédés près de Saïda, elle demanda qu'ils puissent être doublés pour combler les vides.

La récolte se fait par une sorte d'extraction des tiges : on en saisit une poignée ; on tire directement avec force et chaque tige sort d'un cylindre qui part du collet de la racine. Tout autre procédé perdrait la plante. C'est à ce travail qu'étaient employés les ouvriers espagnols qui ont été les premières victimes de la révolte suscitée par Bou Amema.

Au delà de cette région est encore une série de monts, souvent rocheux, arides, quelquefois pourvus d'une végétation vigoureuse, comme dans certaines parties de l'Aurès ; ils forment comme une ceinture entre le steppe et le Sahara et s'ouvrent pour laisser couler les torrents qui vont porter leurs eaux saumâtres au désert. Ces monts, que l'on franchit presque toujours dans le lit d'un torrent, sauf à El Kantara (route de Biskra où existe un pont romain),

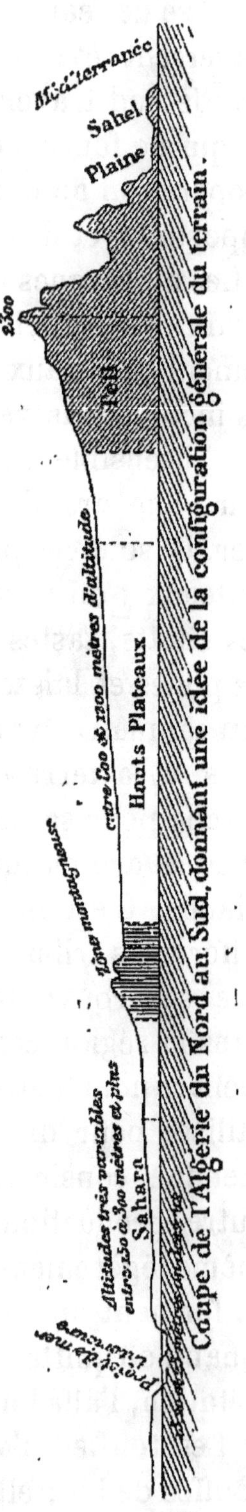

Coupe de l'Algérie du Nord au Sud, donnant une idée de la configuration générale du terrain.

donnent entrée dans la zone sud, la zone Saharienne : c'est là que commence le pays des dattes (*Bled el Djerid*), que les anciennes géographies appelaient le Bileduljerid. Nous reviendrons sur cette intéressante région africaine.

Tell, Hauts-Plateaux ou Steppe et Sahara sont trois zones aux caractères très tranchés où nos entreprises militaires et colonisatrices ont dû être modifiées par l'influence des lieux. La région montagneuse a été la plus féconde en incidents ; elle est aussi la plus importante à examiner parce qu'elle possède la plus grande somme d'éléments de prospérité.

Le massif montagneux de l'Algérie est constitué par l'Atlas : l'Atlas aux cimes élevées et, par respect pour la tradition, nous dirons comme elle, l'Atlas le pivot du monde. Cette hyperbole mythologique rappelle bien son époque d'ignorance et de crédulité, mais on la comprend par les faits que l'on constate encore fréquemment. Du nord au sud l'épaisseur de l'Atlas n'est pas grande, et quand au haut du Djurjura, les nuages accumulés se confondent avec la voûte céleste, une imagination quelque peu impressionnable peut y voir une colonne aérienne dont le sommet se perd dans l'immensité.

Des bords de la Méditerranée où il se termine par des pentes quelquefois abruptes, par des plaines basses ou par des collines, l'Atlas s'élève vite à ses plus grandes hauteurs, puis il s'incline vers le sud par des pentes douces et longues où se trouvent les hauts plateaux, d'une élévation de 1000 à 1200 mètres. Le plus grand développement de l'Atlas est de l'est à l'ouest, depuis les Syrthes jusqu'à l'Océan, avec une élévation d'autant plus grande que l'on avance davantage dans l'ouest : ainsi les sommets les plus élevés sont au Maroc ; ceux du Djurjura, en Kabylie, sont moins élevés que ceux qui dominent Fez et Maroc où les neiges sont persistantes. Quand l'Atlas algérien ne dépasse pas 2,300 mètres, l'Atlas marocain s'élève à une hauteur presque double.

Les divisions autrefois acceptées de grand et de petit Atlas, chaînes parallèles, bien délimitées, laissant entre elles des vallées, ne sont plus admises aujourd'hui que le pays est mieux connu. L'Atlas ne forme en réalité qu'une même chaîne ou plutôt qu'un même massif général avec des vallées, des plateaux et des saillies produites par quelques massifs qui s'élèvent au milieu du système général et donnent à la contrée où ils se trouvent une physionomie particulière : l'Ouarensenis, le Djurjura, l'Aurès sont dans ce cas; ils forment des reliefs tout à fait remarquables. D'autres sont moins élevés, et bien qu'ils paraissent se confondre avec la chaîne générale, ils s'en distinguent cependant comme le Chenoua, le Zakkar, mais aucun de ces monts ne dépasse 2,300 mètres, hauteur du djebel Chelia dans l'Aurès. M. Maccarthy divise le massif tellien en onze groupes, déterminés chacun par la prédominance de tel ou tel mont; cette division sert à prouver que ce n'est pas sans raison que l'on s'écarte des divisions anciennes et invariables en grand et petit Atlas.

Pénétrons dans le Tell oranais pour en suivre les détails intéressants.

De l'ouest à l'est la côte est partout hérissée de montagnes : ce sont d'abord celles des Trara, qui font suite à celles des Beni Snassen du Maroc, et qu'habite une nombreuse population berbère, agressive et batailleuse, dont nous avons eu souvent à repousser des incursions sur notre territoire, comme sur la frontière tunisienne nous avions à repousser celles des Khroumirs. Nemours, point d'appui sur la côte, et point de ravitaillement pour nos expéditions dans l'Ouest, rendues si fréquentes par la turbulence des tribus limitrophes, n'attend que les produits de l'intérieur pour prendre un développement maritime. De cette ville une route pittoresque passe près de Nedrôma, franchit au col de Bab Taza le djebel Filaoussen (1,400 mètres) et conduit à Lalla-Marnia, établissement français le plus voisin de la frontière marocaine et dont la création remonte à la bataille d'Isly, livrée assez près de cet endroit. Les restes romains ne sont pas très nombreux au delà des bornes de la Mauritanie césarienne, aussi a-t-on recueilli avec intérêt les inscriptions trouvées à Lalla-Marnia qui n'était autre que l'ancienne Syra. Quant au nom arabe que nous avons adopté, il est celui d'une femme vénérée chez les Arabes par sa science et sa piété.

Ne quittons pas ces lieux sans rappeler des événements glorieux pour nos armes à des titres différents. Je veux parler du marabout de Sidi-Brahim, célèbre par la défense héroïque d'une poignée de braves, et de la reddition d'Abd el Kader, qui eut lieu au même endroit.

Le marabout de Sidi-Brahim est à quelques kilomètres de Nedrôma, il a maintenant sa légende, et son nom est toujours lié au souvenir de nos courageux soldats (1).

(1) En 1845, le 8e bataillon de chasseurs à pied, commandant Fromont Coste, et un escadron du 2e hussards, commandant Courby de Cognord, étaient à Nemours sous le commandement du lieutenant-colonel Montagnac. Ces troupes devaient être envoyées au colonel de Barral, commandant supérieur à Lalla-Marnia; malheureusement une tribu amie, les Soualia, vinrent réclamer protection contre Abd el Kader qui, disaient-ils, allait les combattre bien qu'il n'eût qu'une poignée de cavaliers. L'occasion paraissait favorable pour s'emparer de l'émir; c'était un piège, le colonel s'y laissa prendre et il partit avec 350 chasseurs à pied et 60 hussards, en gardant toutefois des positions favorables d'où les Arabes n'auraient pas pu le déloger; mais de nouvelles instances furent faites auprès de lui, et il se laissa entraîner jusqu'auprès du marabout de Sidi-Brahim; il campa, et le lendemain matin en faisant une reconnaissance il fut entouré par des masses de cavaliers qui étaient jusque-là

Porte de la mosquée de Sidi bou Médine.

De Lalla-Marnia une plaine ondulée conduit au massif montagneux où se trouve Tlemcen et que l'on appelle le massif tlemcenien. La Tafna décrit dans cette

restés cachés dans les ravins. Au premier choc le commandant de Cognord fut blessé, le capitaine Gentil Saint-Alphonse tué; l'ennemi était dix fois supérieur et conduit par Abd el Kader. Les deux compagnies de chasseurs, qui n'avaient pas pu se rendre sur le terrain du combat aussi vite que les cavaliers, arrivèrent, et le combat prit une vigueur nouvelle. Le colonel blessé mortellement ordonna d'aller chercher le 2e escadron de hussards et le reste des chasseurs moins la compagnie de carabiniers, chargée de la garde des bagages. Les chasseurs avaient formé le carré, mais ils tombaient homme par homme. Le commandant Fromont Coste arriva avec la compagnie de soutien, il fut de suite tué et avec lui presque tous les chasseurs. C'en était fait des hussards et du 8e bataillon de chasseurs. Quelques hommes parvinrent à se sauver et rejoignirent la compagnie de carabiniers. Elle était commandée par le capitaine de Géraux qui, sachant ce qui venait de se passer et jugeant qu'il ne pourrait pas rallier Nemours, se jeta dans le marabout de Sidi-Brahim avec la résolution de s'y défendre jusqu'à la mort.

Il prit ses précautions en envoyant deux Arabes de son convoi; l'un au général Cavaignac, l'autre au colonel de Barral, puis il se prépara au siège qu'il allait subir, et comme il ne fallait que tirer à bout portant, il fit couper ses balles en deux et même en quatre. Abd el Kader tenta de persuader à de Géraux qu'il n'avait plus qu'à se rendre, il lui envoya des Arabes qui parlaient un peu le français et portaient un drapeau blanc, lui promettant la vie sauve pour lui et les siens, s'il se rendait. De Géraux refusa. Alors Abd el Kader usa d'une ruse inqualifiable; il se fit amener un brave officier du 8e, le capitaine Dutertre, que ses blessures n'empêchaient pas de marcher et il lui ordonna de le suivre à la portée de la voix du marabout et d'engager de Géraux à se rendre.

Alors on vit un de ces traits d'héroïsme que l'histoire enregistre pour l'enseignement des races futures et que je suis heureux de signaler ici à l'admiration. Le capitaine Dutertre écouta froidement les ordres de l'émir, puis s'achemina vers le marabout, escorté par quatre cavaliers, et s'écria : « Géraux et vous tous, mes camarades du 8e, on m'envoie vous dire de vous rendre, et moi je vous conjure au nom de l'honneur de résister jusqu'à la mort. Vive le plaine ses nombreuses sinuosités et reçoit sur ses deux rives de nombreux cours d'eaux dont les plus importants sont, sur la rive droite, l'oued Isser et l'oued Saf-Saf.

Les monts de Tlemcen forment un massif compact, serré, qui étend ses rameaux jusque dans le Maroc et au delà de Sebdou au sud-ouest. Les plus hautes cîmes sont de 1,800 mètres, le Tnauchfi, et le Toumzait qui en a 1,600; par son côté sud, le massif tlemcenien confine au steppe : jusque-là il conserve une assez grande puissance de végétation forestière surtout

La ville qui donne son nom à ce massif est une des plus belles de l'Algérie, elle est même la première par sa richesse en monuments anciens des différentes époques et par sa situation tout à fait exceptionnelle, au milieu de riches vergers et de belles eaux abondantes en tout temps. Vue de loin, Tlemcen, ainsi enchâssé dans une immense couronne de verdure, produit la plus

roi, vive la France! » Le brave Dutertre tomba fusillé en prononçant ces derniers mots.

Je tenais à glorifier ce brave officier, mais je ne veux pas abandonner dans sa résistance cette héroïque compagnie de carabiniers dont chaque homme avait autant que Dutertre le sentiment de l'honneur militaire. Pendant trois jours, ces hommes se défendirent, supportant la faim et surtout la soif; ils en étaient venus à boire de l'urine mêlée à de l'absinthe. Enfin il fut décidé que l'on sortirait, préférant la mort en rase campagne à la mort par la faim et la soif. La sortie eut lieu dans le jour malheureusement; elle se fit pourtant bien, et déjà les libérés voyaient Nemours, quand ils furent assaillis par de nouveaux Kabyles qui se joignirent aux poursuivants. Un ruisseau limpide se trouva sur leur route, alors les malheureux oublièrent que la mort était sur eux et ils se jetèrent à plat ventre pour boire, ce fut leur perte : les feux de 2000 Kabyles convergeaient sur eux, le capitaine de Géraux et le lieutenant Chapdelaine étaient tués ainsi que le médecin, la compagnie était détruite à l'exception de douze hommes qui arrivèrent à Nemours. Sur ces douze hommes un seul rapportait ses armes, le caporal Lavaissière, à qui le roi envoya la croix et une carabine d'honneur.

agréable impression, au milieu d'un pays généralement dépourvu d'arbres. Il semble qu'un coup de baguette magique ait fait éclore toutes les productions de la terre dans un cercle tracé, car, au delà des limites des jardins de Tlemcen, la végétation arborescente cesse presque absolument. De nombreux villages sont établis dans le voisinage de ce coin privilégié, et il n'est pas douteux qu'ils ne prospèrent quand on aura utilisé toutes les eaux amenées par les ruisseaux et les sources qui environnent Tlemcen.

Tlemcen était la reine du Maghreb (le couchant), la résidence des souverains de l'empire ; elle avait été précédée par la Pomeria des Romains, qui nous fait connaître son identité par des inscriptions conservées au musée; elle eut ses évêques (484 ap. J.-C.) et elle eut aussi des envahisseurs qui, sous le nom de différentes sectes musulmanes, se disputèrent l'autorité, détruisant et réédifiant suivant les caprices de la possession ; les Français y entrèrent en 1836 et la garde de la ville fut laissée au capitaine Cavaignac avec un bataillon. Il y eut beaucoup à souffrir, surtout des privations. Par le traité de la Tafna en 1837, Tlemcen fut donnée à Abd el Kader, et enfin en 1842 elle revint définitivement en notre possession. Tlemcen possède un grand nombre de mosquées fort anciennes, dont beaucoup ne conservent que leur minaret : la mosquée la plus curieuse est celle de Sidi bou Medin. Non loin de Tlemcen sont les ruines de Mansourah, dont les remparts et un minaret subsistent encore au milieu d'un grand luxe d'arbres et de végétaux variés.

Du rivage de la mer jusqu'à la région des hauts plateaux dans la province d'Oran, le Tell a de belles plaines; les plus voisines du littoral sont les plaines de la Macta, du Sig, de l'Habra ; plus au sud, celle de Sidi bel

Abbès où est bâtie la ville de ce nom ; celle d'Egris, près

La ville de Tlemcen, vue des remparts.

de Mascara, qui est peu habitée malgré sa fertilité, et celle de Taria.

Les montagnes occupent presque toute l'étendue de la région ; ce sont d'abord, au nord, le massif du Dahra situé entre la mer et la plaine du Chéliff : c'est un massif de collines peu élevées dont l'arête est dirigée de l'ouest à l'est, les pentes du nord ayant beaucoup plus d'étendue que celles du sud ; les sommets ne dépassent pas 600 mètres ; un seul, le djebel Mediouna, atteint 777 mètres. Cette disposition ne permet pas la formation de nombreux cours d'eau : le plus important est l'oued Khamis, mais partout il y a un peu d'eau, ce qui, joint à l'excellente qualité de la terre, fait du Dahra un pays de production. On y trouve des forêts de chênes verts et beaucoup d'autres essences d'arbres. La population du Dahra est forte et vigoureuse ; elle est surtout constituée par l'élément autochtone, par les Berbères qui, bien que vivant au milieu des Arabes, se prévalent toujours de leur origine et tiennent à faire parade de leur vaillance. C'est à ce sentiment d'orgueil de race que l'on doit surtout la lutte longue que nos colonnes ont eu à soutenir dans ce pays par lui-même si favorable à une résistance opiniâtre, car il offre une agglomération de ravins, de monts, de grottes, dont quelques-unes sont devenues célèbres par le terrible châtiment infligé à des tribus plusieurs fois parjures. On n'a pas oublié le bruit que cet événement a fait en France et le blâme dont on couvrait le chef militaire qui avait eu recours à un moyen violent pour punir une provocation et un outrage. Mais on ne se rendait pas assez compte de la nécessité de se conformer au caractère de l'ennemi que l'on combat. Il fallait dans la circonstance un exemple, un châtiment sévère et prompt pour impressionner vivement ce peuple encore barbare, qui n'apprécie la puissance qu'en raison de la violence des moyens d'action, et, sur place, on a pu constater que l'affaire des grottes a eu le plus salutaire effet sur les populations hostiles du Dahra (1).

(1) Un souvenir historique et explicatif de cet événement trouve ici sa place : le colonel Cavaignac commandait la subdivision d'Orléansville, plusieurs révoltes se produisirent, surtout chez les Sbeah, puissante tribu du Dahra. Elle avait déjà reconnu notre autorité ; mais, comme il arrive toujours, il y avait des dissidents, des fanatiques qui ne voulaient à aucun prix *paraître* accepter l'autorité pour se donner, aux yeux de leurs frères, un caractère de supériorité et de courage. Ces fractions avaient continué les hostilités contre nous et contre les tribus soumises ; elles trouvaient un refuge dans les grottes vastes, profondes, nombreuses, d'un accès extrêmement difficile, qui existent dans les montagnes. Surprises quelquefois dans les vallées, elles demandaient l'aman, mais elles reprenaient les hostilités dès qu'elles en trouvaient l'occasion. Bien des fois pareille chose était arrivée. Enfin le colonel Cavaignac, pour en finir, résolut de marcher contre ceux dont il avait le plus à se plaindre : c'étaient les Sbeah. Prévenus à temps, les Sbeah abandonnèrent le pays découvert et se réfugièrent dans leurs grottes où le colonel les fit bloquer après leur avoir toutefois proposé de bonnes conditions, s'ils voulaient se rendre ; mais au lieu de reconnaître la générosité de ces procédés ils reçurent à coups de fusil nos parlementaires.

Depuis vingt-quatre heures nous étions sur place et on n'avait encore adopté aucun moyen d'attaque, quand nous aperçûmes un drapeau blanc à l'entrée d'une grotte ; nous crûmes à une soumission tardive et M. de Jouvancourt, capitaine au 3e bataillon de chasseurs à pied, demanda au colonel la permission d'aller parlementer avec l'ennemi.

Pour vaincre les hésitations du colonel Cavaignac qui connaissait la mauvaise foi arabe, M. de Jouvancourt fit beaucoup d'instance et obtint la permission demandée. Avec un sergent de zouaves et trois soldats, le capitaine s'avance plein de confiance et arrive à l'entrée des grottes. Tout le monde suivait son mouvement, et chacun fut douloureusement ébranlé lorsqu'à la place du drapeau blanc on vit un nuage de fumée : plusieurs détonations venaient de retentir et le malheureux de Jouvancourt et ses compagnons tombaient frappés de plusieurs balles. A ce spectacle il n'y eut qu'un cri d'indignation et le colonel donna ordre d'agir contre les assassins. Aussitôt on coupe des broussailles, on fait des fagots, qu'on

Ce pays a longtemps été le théâtre de combats sérieux et multipliés, surtout au temps où Bou Meza (le père de

descend au moyen de cordes devant l'entrée de ces grottes, et on y met le feu.

La fumée pénètre dans les cavernes; quelques instants après nous entendons des cris de désespoir, un petit nombre d'Arabes s'élancent hors des grottes à travers les fagots enflammés et demandent grâce. Les cadavres du malheureux de Jouvancourt et de ses compagnons étaient là et demandaient vengeance, et pourtant le colonel qui aurait pu se montrer impitoyable empêcha de tirer sur ces misérables et fit éteindre le feu. La population sortit des grottes à l'exception d'une cinquantaine d'individus asphyxiés et le colonel leur accorda l'aman. Elle promit par mille serments d'être fidèle à ses engagements, mais nous verrons qu'elle ne tint pas parole et que l'on fut obligé de recourir au même moyen dans une circonstance analogue.

C'était en 1845, le maréchal Bugeaud, après avoir dirigé les opérations militaires dans le Dahra et le haut Chéliff, avait laissé au colonel Pélissier et à MM. Reveu et Saint-Arnaud le soin de désarmer les tribus du Dahra. C'était vers les Ouled Riah que ces commandants de colonne devaient d'abord se diriger et s'y rencontrer à jour fixe. Le territoire de cette tribu forme comme un labyrinthe coupé de mille façons par des rochers, des montagnes, des précipices, au milieu desquels se trouvent des grottes semblables à celles des Sbeah et d'un accès plus difficile encore. Ces grottes règnent dans deux montagnes en quelque sorte isolées du système général et unies entre elles par un massif de rochers qu'on nomme el Kantara (le pont); le colonel Pélissier, arrivé le premier sur les lieux, se présenta devant les grottes où les Ouled Riah s'étaient réfugiés selon leur habitude, et leur fit faire des propositions de soumission, leur promettant de bonnes conditions; nos envoyés furent reçus à coups de fusil; il ne restait à employer que les moyens de rigueur : il ne fallait pas penser au blocus, les Arabes étaient fort bien approvisionnés en vivres et en eau, et en nous immobilisant nous nous serions amoindris et nous aurions compromis l'exécution des plans généraux dont l'action sur les Ouled Riah n'était qu'un épisode. Les grottes furent serrées de plus près et les Arabes avertis que le feu serait allumé devant les grottes s'ils n'acceptaient pas nos conditions; ces menaces ne servirent qu'à exaspérer ces fanatiques qui ne répondaient que par des coups de fusil; des fala chèvre) avait soulevé les populations kabyles, faciles

Un camp à Sebdou, dans la province d'Oran.

à fanatiser. Pendant des années, nos colonnes n'ont pas

gots avaient été descendus à l'entrée des grottes, on y mit le feu

cessé de parcourir ce pays, il fut le centre des plus vigoureuses résistances et des tentatives les plus répétées, et il ne fallut rien moins que la prise du chériff improvisé pour faire régner un peu d'ordre chez les énergiques Kabyles du Dahra.

Ce beau pays commence à recevoir des Européens, à Cassagne, à Renault, villages qui rappellent des chefs militaires dont la mort a arrêté la carrière.

Dans les montagnes plus élevées du Tell sont des villes importantes : comme Maskara, à 580 mètres d'altitude. Elle a eu une grande renommée sous les beys et elle fut le siège du gouvernement d'Abd el Kader, quand il fut reconnu émir en 1832 ; Tiaret, ville récente à

en se tenant prêt à l'éteindre à la première demande, rien ne se produisit. A l'intérieur, la lutte était engagée entre les fanatiques qui résistaient et ceux qui désiraient se soumettre. Un Kabyle parvint à s'échapper et arriva jusqu'à nous ; le colonel lui promit la vie sauve pour tout le monde, mais sous condition : les Arabes refusèrent. Le feu allait grandissant, l'air raréfié dans les grottes préparait l'asphyxie qui fut surtout la cause de la mort du plus grand nombre, et quand le feu fut éteint et qu'on put pénétrer dans les grottes on compta 500 cadavres ; parmi ces malheureux fanatisés 200 environ furent secourus aussitôt et rendus à la vie. Ce n'est pas sans raison que l'on dit que la guerre est le fléau de l'humanité, et vraiment, quel que soit l'ennemi, il est impossible de ne pas rendre justice au caractère de celui qui préfère la mort à la perte de son indépendance ; mais pourquoi des hommes aussi énergiques, aussi courageux, s'amoindrissent-ils par des cruautés voulues, préparées et exécutées de sang-froid ? Ces mêmes Ouled Riah, quelques jours avant la catastrophe, avaient pris deux de nos soldats, les avaient conduits sur un rocher et les avaient brûlés vifs en face de notre camp. Ces mêmes barbares, tombant à l'improviste sur un petit poste, avaient pris la fille d'une cantinière, pauvre enfant de 10 à 12 ans qui n'avait pas pu gagner assez vite le blockaus et l'avaient froidement égorgée sous les yeux de nos soldats et de sa malheureuse mère. Il est bien difficile à des hommes exposés chaque jour à de pareils traitements de mettre en pratique toutes les obligations de l'humanité et de la générosité.

1,100 mètres sur le versant sud du djebel Guezzoul et sur la limite des hauts plateaux; Daya, à 1,275 mètres au milieu d'une forêt de pins et de chênes; Saïda, à 890 mètres; Frenda, entourée de pins d'Alep que l'industrie exploite, est à 1,150 mètres, et Sebdou, au sud de Tlemcen, à 960 mètres. Ces postes, reliés entre eux par des routes carrossables, se prêtent un mutuel appui et surveillent les agissements des Arabes qui, au sud, ont devant eux l'espace et en profitent pour nous échapper quand nous avons quelque incartade à prévenir ou à arrêter.

Les eaux de cette région du Tell sont nombreuses, et on a pu les emmagasiner pour les utiliser en tout temps. Une des rivières principales, affluent du Chéliff sur sa rive gauche, est la *Mina;* le *Riou* naît comme la Mina dans le massif montagneux de Tiaret, et l'une et l'autre reçoivent de nombreux ruisseaux et ruisselets plus souvent desséchés que mouillés. Mais la grande réserve de la contrée, la mer intérieure, est derrière le barrage de l'oued el Hammam. Des confins du Tell, à la hauteur de Saïda, naissent quatre rivières qui prennent les eaux de la contrée et les amènent par leurs ravins particuliers jusqu'au confluent de l'oued Fergoug, où a été établi, entre deux collines rocheuses, un barrage de 478 mètres de long sur 40 mètres de haut et autant d'épaisseur, formant un bassin qui peut contenir 14 millions de mètres cubes d'eau dont on peut disposer pour l'irrigation des plaines de l'Habra, où est le village de Perregaux. Le Sig est une autre rivière, née également sur la limite du Tell; on l'a barrée à sa sortie de la montagne, et elle peut contenir plus de 3 millions de mètres cubes d'eau pour les irrigations de la plaine du Sig et les belles cultures de Saint-Denis du Sig. Il était difficile de faire plus pour le pays; l'eau y est le premier élément de succès, et tous les efforts doivent tendre à n'en pas laisser perdre une goutte.

En face, séparé du Dahra par la plaine du Chéliff, s'élève le massif de l'Ouarensenis ou Ouartsenis, enchevêtrement de chaînes qui rayonnent autour d'un sommet central de près de 2000 mètres auquel les indigènes ont donné le nom d'*œil du monde*, parce que de ce sommet l'horizon s'étend aussi loin que la vue peut porter, et embrasse au nord la mer, au sud les hauts plateaux et les monts sahariens, noyés dans les vapeurs grises du lointain horizon.

Toutes les eaux de l'Ouarensenis sont conduites au Chéliff directement par les pentes du nord et indirectement par les pentes du sud, où elles rejoignent le *Nahr Ouassel*, affluent chéliffien d'une grande importance qui contourne le pied de l'Ouarensenis pour en recueillir toutes les eaux.

Malgré l'étendue du massif montagneux, les eaux ne sont pas abondantes; les pentes sont raides, et après chaque pluie toute la masse d'eau est portée au Chéliff sans que les rivières secondaires en profitent. Ce n'est qu'au cœur de la montagne que des sources intarissables donnent naissance à des cours d'eau pittoresques par leurs nombreuses cascades. Un d'eux surtout, l'oued Fodda (rivière d'Argent), est remarquable par son volume et par la fertilité de sa vallée dans toute la région supérieure.

Cette rivière a donné son nom à une action militaire des mieux conduites : le général Changarnier parcourait l'Ouarensenis avec une faible colonne; il suivait la vallée de l'oued Fodda; il y fut vivement attaqué par cette population kabyle qui répond à tous les appels quand il s'agit de défendre son territoire, et malgré la meilleure disposition et la plus vigoureuse résistance, nous étions bien obligés de reconnaître que le succès de

Gourbi dans la vallée du Cheliff.

la journée n'était pas pour nous. Cette situation était plus que désagréable au chef, aussi cherchait-il le moyen de changer en succès ce qui était un échec. Il savait, par sa connaissance des habitudes arabes, que ceux-ci allaient se reposer tranquilles après leur victoire, qu'ils penseraient peu à se garder, et que le moment pourrait être favorable à une revanche. Son plan fut de suite arrêté. Des ordres furent donnés pour réorganiser dans la soirée les compagnies, pour préparer les armes et, bien renseigné sur le lieu où il fallait se diriger, on se mit en route avec une moitié de la petite colonne, l'autre étant restée au bivouac avec les blessés de la journée et le matériel encombrant. Dans le milieu de la nuit, nos soldats pleins d'ardeur et ne désirant rien tant que de réparer l'échec de la journée, surprirent le camp arabe et firent à l'ennemi tout le mal qu'ils purent; celui-ci chercha son salut dans la fuite, abandonnant tentes et troupeaux. Ce fut une des belles actions de notre guerre d'Afrique qui en a tant fourni, et dont beaucoup sont ignorées ou oubliées.

Le massif de l'Ouarensenis est un des plus compacts, des plus mouvementés de l'Algérie. Les vallées sont plus étroites que dans la Kabylie du Djurdjura, et ses sommets offrent des pentes plus raides; sa population est composée de Berbères énergiques dont nos soldats ont pu souvent apprécier la vigueur. On peut rendre à ces montagnards la justice qu'ils ont noblement défendu leur pays, et il serait à désirer qu'ils tinssent fidèlement les engagements qu'ils ont acceptés.

L'Ouarensenis fournit toutes ses eaux au Chéliff, le plus long fleuve de l'Algérie, qui n'a pas moins de 650 kilomètres de parcours et dont le bassin offre une surface de près de 4 millions d'hectares. Ce n'est pas à dire que tous soient propres à la culture, il s'en faut de beaucoup, car le Chéliff traverse les hauts plateaux dans presque toute leur largeur, et les terres y sont aussi peu productives que possible. Mais dans la région montagneuse il apporte un dédommagement.

Le Chéliff prend sa source dans le djebel Amour, massif montagneux le plus méridional de nos possessions; ses branches initiales se confondent presque avec celle de l'oued Mzi sur la ligne de partage ; il coule d'abord, vers le nord, mais son lit est souvent desséché, bien qu'il reçoive des affluents de tout le pays environnant, et entre ses berges rougeâtres, taillées à pic, il n'existe que quelques mares pendant une partie de l'année.

Sur sa rive gauche il reçoit le Nahr Ouassel, dont l'importance est plus grande que celle du Chéliff lui-même, dont il est le père nourricier. Cette rivière prend sa source dans les environs de Tiaret, au lieu dit *Sebaïn Aïoum* (soixante-dix fontaines); elle longe le pied des montagnes de l'ouest à l'est dans toute la longueur du Sersou, où elle rencontre le Chéliff, avant son entrée dans le massif montagneux du Tell, en face de Boghar. De là le fleuve est en montagnes, jusqu'à son entrée dans la plaine du Chéliff; il passe devant Milianah et coule de l'est à l'ouest, jusqu'à son embouchure. C'est le plus grand fleuve de l'Algérie, mais pas le plus abondant en tout temps. Pour le rendre utile on y a pratiqué des barrages dont les résultats sont avantageux pour la fertilité de la belle plaine qu'il parcourt. Sur ses deux rives, il reçoit de nombreux cours d'eau, grands et petits, mais le plus souvent desséchés, si ce n'est dans la saison des pluies, durant laquelle le débit du fleuve prend de grandes proportions. Ainsi, devant Orléansville, le Chéliff, suivant les saisons, a de 1500 litres à 1448 mètres cubes par seconde.

Le principal affluent du Chéliff est la Mina, que l'on a utilisée pour les irrigations de la plaine dans le voisinage du village de Relizane. Sur la côte, au delà du massif du Dahra, vient le massif du Zakkar (1570 mètres), qui se relie à l'est sans interruption avec la chaîne centrale de l'Atlas et les montagnes de la Kabylie. Le Zakkar offre un fouillis de pics, de ravins profonds aux pentes rapides ; grâce aux difficultés du pays, les Beni Menasser qui l'habitent ont longtemps défié notre puissance. Ils sont, comme presque tous les montagards, de race berbère et par conséquent très amis de leur indépendance, et il a fallu souvent revenir dans leur pays et leur faire sentir la force pour les amener à soumission ; la dernière date de 1871. Ce pays est le plus richement doté en eaux vives ; presque toutes ont été dirigées sur Milianah (740 mètres), dont les environs doivent à l'abondance des eaux une remarquable fécondité.

Au Zakkar se rattachent les monts qui enceignent la plaine de la Mitidja et forment une chaîne à la cime découpée dans laquelle on distingue de profondes échancrures par où s'écoulent des rivières et des pitons qui ont l'air de sentinelles dominant le pays pour en surveiller les passages. Au centre, près de Blidah, est la grande coupure de la Chiffa, dans laquelle passe la route nationale, suivie par les diligences qui vont sans interruption du chemin de fer à Laghouat. Cette route, dans la gorge de la Chiffa, est tout à fait pittoresque ; elle est l'œuvre de notre armée, qui se reposait des fatigues militaires par les travaux de colonisation. Cette route est plus fréquentée aujourd'hui que beaucoup des grandes routes de France, et malgré ce grand mouvement, les singes, qui ont de tout temps habité le pays, n'ont pas encore jugé à propos de le quitter. D'autres coupures laissent passer l'oued Ger, le Bou Roumi, l'Arrach, toutes rivières qui viennent bientôt rejoindre la Mitidja, où elles formaient autrefois des marais pernicieux et dans laquelle elles apportent aujourd'hui prospérité et richesse.

La ville de Blidah et ses orangers.

Parmi les sommets, il en est un dont le nom a eu

un grand retentissement et où se sont passées les scènes militaires les plus meurtrières : c'est le pic de Mouzaïa (1600 mètres). Gravir ces pentes raides et boisées a toujours été une opération difficile, surtout à l'époque où Abd el Kader dirigeait la résistance, et les combats de cette époque (1840,1841) étaient de véritables bataillles où l'on se servait souvent plus de la baïonnette, du couteau, du yatagan que de la poudre. Au-dessus de Blidah est le pic des Beni Salah (1670), où se trouve une *koubba* en l'honneur de Sidi Abd el Kader el Djilali, le marabout le plus vénéré de l'Algérie. De ce sommet l'œil embrasse au nord : la plaine de la Mitidja, le Sahel et l'immense horizon de la mer; au sud, à l'est et à l'ouest la région montagneuse offre un enchevêtrement de ravins tortueux, de pics effilés, ou tronqués, de bois, de rochers; c'est en somme un fort beau spectacle.

La partie du massif tellien comprise sous le méridien d'Alger renferme plusieurs villes importantes et de nombreux centres de population plus ou moins prospères, parmi lesquels sont tous ceux de la Mitidja fort maltraités d'abord, dans les premiers temps de l'occupation, mais maintenant d'une prospérité rassurante, grâce à la mise en culture du sol, à l'exécution et à l'entretien des travaux d'assainissement qui ont été entrepris.

Parmi les villes, Coléah, la sainte, a conservé la réputation qu'elle a toujours eue; elle possède une mosquée vénérée, où a été rapporté le corps de Sidi Embareck, principal lieutenant d'Abd el Kader, tué dans un combat. Cette ville, bâtie sur le sommet du Sahel, regarde Blidah, la voluptueuse, qui a de tout temps été un lieu de délices dans lequel le *high life* de la population indigène se donnait rendez-vous. Cette ville se cache dans les bois d'orangers dont les produits se recommandent à la quatrième page de nos journaux (O progrès!), et après avoir eu ses nombreux jours de combats dans ces mêmes bois d'orangers où on en a compté 100,000 abattus dans une année pour éclaircir le pays, il y a aujourd'hui une grande gare de chemin de fer d'où s'expédient tous les produits du lieu et des alentours. Bouffarick, autrefois vaste nécropole, est en pleine prospérité : à la place des marais si redoutés de la Mitidja sont des moissons dorées et des vignes en pleine abondance ; de beaux arbres ombragent le pays où l'on peut oublier un peu les misères du passé. Médéah se trouve à 927 mètres et jouit de tous les avantages de son altitude ; elle a des jardins productifs, des vignes abondantes et renommées. Milianah est non moins bien favorisée. A 740 mètres, elle reçoit du Zakkar des eaux que l'on évalue à 300 litres par seconde ; aussi est-elle entourée d'une végétation d'une puissance remarquable. Des platanes plantés en 1845 dans les rues de la ville ont l'aspect de platanes centenaires ; l'eau qui circule dans toutes les rues se réunit en un ruisseau commun, alimente des usines et gagne le Chéliff dans la plaine.

Orléansville est dans la plaine : point stratégique déjà choisi par les Romains qui y avaient édifié le *castellum Tingitii;* nous en avons fait aussi un centre militaire, d'abord pour surveiller l'Ouarensenis, le Dahra et tout ce pays dans lequel les insurrections étaient incessantes; plus tard le mouvement commercial s'est accru et Orléansville, malgré ses chaleurs torrides et son sol calciné, voit sa population s'accroître. Un barrage sur le Chéliff permet d'irriguer une grande partie des terres voisines dans la plaine; les collines ont été boisées.

Les montagnes au sud de la plaine du Chéliff n'ont pas été occupées d'abord en vue d'y attirer une population colonisatrice, mais uniquement pour détruire la puissance d'Abd el Kader qui avait dans ces lieux ses magasins et ses arsenaux. Teniet el Had a été bâti à 1160 mètres d'altitude pour dominer le Sersou, dans un pays couvert de belles forêts de cèdres; son avenir ne peut pas être bien grand eu égard à son altitude. Il en est à peu près de même de Boghar, à 1050 mètres au-dessus de la mer. Cette ville est admirablement située pour donner à un touriste le plaisir d'embrasser d'un coup d'œil un horizon sans limite du côté du désert; elle est perchée sur une sorte de cap qui s'avance et domine tout le pays; en bas coule le Chéliff, dans un profond ravin. Une plaine de 2 à 3 kilomètres sépare le spectateur d'une chaîne de petites collines rocheuses sur laquelle se trouve la petite ville de Boghari Ksour, habitée par des Arabes qui gardent des dépôts laissés par les nomades à leur passage. Au pied de ces monts, dans une large échancrure qui est comme une porte ouverte, se trouve un centre de population européenne très animé, très mouvementé : c'est de là que partent les diligences pour le sud; c'est là que le camionnage s'organise. Une fois cette porte franchie, on entre dans le steppe, on ne voit plus rien que des montagnes bleuâtres à l'horizon, et entre elles et l'œil qu'un terrain plat d'une couleur et d'une aridité désespérantes sur lequel serpente le lit du Chéliff. De Boghar on jouit de ce spectable étrange et admirable quand on le voit pour la première fois; c'est le point d'où la vue embrasse le plus grand horizon; aussi appelle-t-on Boghar le Balcon du désert.

Les monts qui bordent la Mitidja se continuent sans interruption dans la Kabylie du Djurdjura. Ce massif que les Arabes appellent *Adrar bou Teldj* (mont père de la neige), ou simplement Adrar (les montagnes), expres-

Vue prise en 1867 du fort Napoléon, aujourd'hui fort National (Kabylie du Djurdjura).

sion qui comporte une supériorité sur les autres monts du pays, ce massif, dis-je, présente la forme d'un fer à cheval dont la concavité regarde le nord. De ce côté, les pentes sont douces, faciles à cultiver et partout habitées. A partir des sommets se creusent des vallées toujours arrosées, dans lesquelles on est charmé d'entendre le bruissement des cascades entretenues par la fonte des neiges. Dans ce pays privilégié la nature est prodigue de ses dons; la végétation est des plus abondantes et, selon la hauteur, il y croît : l'olivier, le chêne doux, le figuier, la vigne ou le chêne-liège, le sapin et le cèdre, sans préjudice de toutes les cultures herbacées utiles aux populations.

Le versant sud du Djurdjura n'a plus le même aspect, il est taillé à pic, tombant de 1500 à 2000 mètres dans la vallée de l'oued Sahel où coulent de nombreux affluents qui apportent de toutes les vallées une eau limpide et claire comme celle que roulent les gaves des Pyrénées.

Deux rivières principales recueillent toutes les eaux de la Kabylie du Djurdjura : l'oued Sebaou, celle du versant nord, et l'oued Sahel, celle du versant sud; et bien que leur lit soit large et peu long, dans la saison des pluies il se produit inévitablement, surtout sur les rives du Sebaou, des inondations dans les parties basses de la vallée, mais sans beaucoup de préjudice.

Le massif du Djurdjura, vu de loin, a un aspect imposant : ses crêtes sont nettes, vives ; son sommet, Lella Krédidja, a 2318 mètres, il est couvert de neige ainsi que toutes les crêtes voisines pendant plusieurs mois de l'année, et certaines crevasses exposées au nord en conservent toujours. Pendant les mois de juin et juillet, des colonnes, obligées de séjourner dans le pays, recevaient très fréquemment des blocs de neige apportés par les Kabyles qui allaient avec leurs mulets jusqu'aux plus hauts sommets. Quand on le considère d'un lieu élevé, le Djurdjura du sud, bien qu'il n'embrasse pas une grande superficie, offre les aspects les plus variés ; il se déchire, il se torture de toutes les façons; il n'offre que crevasses, que pointes aiguës, que roches nues, et partout où il existe un peu de terre, il y a une culture soigneusement surveillée. L'eau ne coule pas seulement selon la pente naturelle des ravins, partout la main industrieuse des Kabyles la conduit dans des canaux d'irrigation, et l'on s'étonne de la rencontrer sur des croupes de montagnes, sur des flancs raides, sortant en bavant des rigoles pour arroser toute l'étendue des cultures. De nombreux villages aux toits rouges sont placés sur les sommets les moins accessibles, comme pour défier l'attaque; aussi les habitants ainsi perchés se sont-ils crus longtemps à l'abri de toute atteinte, et ils l'avaient été, en effet, jusqu'au jour où nos colonnes ont entrepris de parcourir ce pays, malgré les difficultés et les obstacles naturels. Aujourd'hui les diligences portent les voyageurs à Fort-National, au centre même de la grande Kabylie, l'épine dans l'œil, comme disent les indigènes, et une belle route se développe sur une longueur de plus de 30 kilomètres de Tizi-Ouzou à Fort-National; elle a été faite en moins de vingt jours.

Sur une surface évaluée à 366,000 hectares, les cultures sont tellement soignées, en Kabylie, qu'elles nourrissent une population de 275,000 hommes, soit 75 personnes par 100 hectares, d'après Onésime Reclus; 68 de nos départements sont relativement moins peuplés.

En face du Djurdjura, au sud, la Kabylie est bordée par un massif montagneux dont le relief se détache au-dessus de son voisinage : c'est le djebel Dirah au pied duquel est située la ville d'Aumale, l'ancienne Auzia des Romains, qui avait assez d'importance pour être convoitée par les chefs des insurrections qui eurent lieu contre les

Port de Philippeville.

Romains, comme il s'en produit souvent contre nous. Les débris retrouvés de l'ancienne Auzia donnent au moins la satisfaction de constater la parfaite salubrité

Hammam-Meskoutin.

de cette région. Sur un petit nombre d'épitaphes conservées on lit : un centenaire de cent vingt ans, des nonagénaires, des octogénaires, des septuagénaires. On voit que l'on est en pleine montagne, dans un pays où l'eau, le bois étaient autrefois en abondance et préparaient la salubrité. Mais il n'en est plus de même aujourd'hui ; le bois a presque disparu sous la cognée pour les besoins des habitants, et par suite l'eau est devenue plus rare; les rivières autrefois intarissables sont à sec, et le djebel Dirah, bien qu'éloigné d'Aumale de plusieurs kilomètres, commence à être dépouillé de ses arbres.

Le Dirah, élevé de 1813 mètres, fait descendre des ruisselets qui grossissent sur leur parcours et prennent des directions différentes sur les deux pentes. Ceux des pentes du nord sont la tête de l'oued Sahel qui gagne la mer, près de Bougie; ceux des pentes du sud continuent dans cette direction et viennent se perdre dans le grand chott du Hodna. Le Dirah, par sa pente méridionale, n'appartient plus au Tell.

Bougie, sur la côte, marque la limite Est de la grande Kabylie Au delà, les montagnes ont moins d'élévation et leur masse est moins compacte; elles offrent des ravins plus larges, même des vallées. Les cimes élevées de la grande Kabylie s'affaissent sur la rive gauche de l'oued Sahel; et, sur la rive droite, les montagnes qui de ce point se continuent à l'est jusqu'à Philippeville et au sud jusqu'à la hauteur de Constantine forment ce que l'on a appelé *petite Kabylie*. Là se trouve la chaîne des Babor, grand et petit (1979 et 1965 mètres), et entre eux les Portes de fer qu'une colonne française, conduite par le duc d'Orléans en 1839, fut assez heureuse pour franchir en l'absence de tout opposant.

Au milieu de ces monts passe depuis longtemps la grande route très suivie d'Alger à Sétif, et bientôt la locomotive fera entendre son sifflet strident aux rudes habitants de ces contrées que rien n'étonne, que rien n'émeut. Cette petite Kabylie, dans laquelle nos colonnes ont passé de longs mois, a été bien difficile à entamer et à soumettre. En 1851, après deux mois d'expédition, nous comptions trente-sept combats sérieux et, en supputant nos pertes, le rapport officiel accusait un homme sur 7 hors de combat.

Le Tell de la province de Constantine a beaucoup plus de profondeur que dans le reste de l'Algérie et son sol y est meilleur. Cette partie de l'ancienne Numidie, autrefois si renommée pour sa fertilité qu'elle était appelée le grenier de Rome, a conservé son renom; elle possède des plaines bien arrosées, des montagnes peu élevées et bien boisées qui arrêtent les vapeurs aqueuses de l'atmosphère et les condensent en pluie au bénéfice des cultures. Au sud de Bône sont les immenses plaines des Abd el Nour, des Haractas, des Nemenchas, et les monts laissent entre eux de larges vallées d'une fertilité heureuse. Si un grand avenir agricole est réservé à l'Algérie, certainement la province de Constantine doit en avoir la plus grande part, parce que plus qu'ailleurs les conditions de succès sont réunies.

A partir de la côte, depuis le golfe de Stora, les montagnes s'élèvent très sensiblement : c'est le massif de l'Edoug qui porte son sommet à 1004 mètres et enveloppe la rade de Bône, en étendant ses ramifications jusqu'au sud de la grande plaine de Bône. Ce massif montagneux est fort intéressant, il est admirablement planté en très beaux arbres dont beaucoup ont déjà été exploités pour notre marine. Ces forêts sont surveillées par l'administration des forêts, qui ne parvient pas toujours à empêcher les incendies que les Arabes allument dans la broussaille autant pour ménager de verts pâturages à leurs troupeaux que pour éloigner les fauves, lions et panthères, encore très nombreux dans les forêts, surtout depuis que l'on empêche les incendies (1).

Les vallées de l'Edoug sont admirablement cultivées, le pays est riche en eau, et, comme partout où cet élément indispensable de la végétation ne fait pas défaut, les cultures sont abondantes et variées. J'ai vu dans les vallées des vignes s'accrocher aux arbres les plus hauts et les couvrir de raisins jusqu'au faîte.

Des colonies sont établies depuis longtemps dans ce pays, entre autres Jemmapes, près de laquelle on rencontre en quantité des grottes et des cavernes naturelles ou artificielles que l'on peut regarder comme les tombeaux de ces peuples qui ont habité le pays à une époque tellement éloignée qu'il ne nous est resté aucune trace de leur identité. L'Edoug, comme tout le pays qui avoisine Bône, est riche en minerai de fer; il affleure le sol. Le cap Filfila, ce prolongement de l'Edoug qui borde à l'est la rade de Philippeville, est appelé par les indigènes le *ras el Adid* (la tête ou le cap de fer).

Les habitants de quelques parties de l'Edoug offrent un intérêt historique et ethnographique; ils n'ont aucun des caractères physiques de la race berbère; ils sont blonds, aux yeux bleus; leur nez est souvent aquilin; eux-mêmes croient qu'ils sont des descendants des Vandales. Pareille chose se présente fréquemment chez les montagnards de la province de Constantine, et elle s'explique par le lieu où les Vandales ont subi leurs plus grandes défaites; ceux qui ont été forcés de fuir

(1) Les Arabes de cette montagne ont tellement à souffrir de la présence des fauves, qui chaque nuit enlèvent dans les douars des bœufs et des moutons, que le kaïd proposait au commandant de la subdivision de Bône de fournir gratuitement de la viande à sa garnison (entre 250 et 300 hommes), si on voulait lui garantir le remboursement des pertes provenant de la rapine des fauves.

après la levée du siège d'Hippone se sont retirés dans

Les cascades de Sidi-M'Cid, le Rummel à Constantine.

le *djebel Papua* (Edoug) où nous trouvons aujourd'hui

leurs descendants; d'autres ont gagné des montagnes plus éloignées, surtout l'Aurès, où nous trouvons aussi leur descendance.

La partie montagneuse du Tell constantinois est intéressante à visiter à cause de la variété de ses productions et du pittoresque de ses sites. Elle est riche en eaux : la Seybouse, la Mafrag, l'oued el Kébir, l'oued Meskiana, l'oued Millag, la Medjarda, sont des rivières de premier ordre pour l'Algérie. De nombreux lacs sont alimentés par des ruisseaux secondaires, ce sont : dans la plaine de Bône le lac Fetzare, les trois lacs du voisinage de la Calle, et dans le sud, les lacs nombreux de la plaine du Tarf. Les eaux thermales sont représentées par les plus importantes de l'Algérie : celles d'*Hammam Meskoutin* (bains maudits), dont la température monte à 90 degrés aux sources de la Ruine et à 78 à la source ferrugineuse. Il n'est pas de visiteur qui n'y fasse cuire les œufs de son déjeuner. Ce sont les *aquæ Tibilitanæ* des Romains, qui attribuaient à ces eaux sulfatées et chlorurées sodiques des effets merveilleux. Ces eaux émergent du sol par un grand nombre d'ouvertures, et elles y laissent des dépôts calcaires qui vont s'élevant successivement jusqu'à ce que l'eau ne puisse plus dépasser la limite du dépôt; il en résulte ainsi de très nombreux cônes qui sont plus ou moins élevés et quelquefois accolés deux à deux. Il arrive qu'en creusant un peu on fait apparaître une nouvelle source, de même qu'il arrive que des sources disparaissent pour se produire dans un autre point. Cette disparition, que les indigènes ne peuvent s'expliquer scientifiquement, a vite frappé leur imagination, toujours portée au merveilleux, et ils ont brodé une légende qui se répète de génération en génération et ne trouve pas un incrédule (1).

(1) Il existait, dit la légende, un kadi qui avait une nièce fort

Constantine, chef-lieu de la province, est une ville exceptionnelle par sa position. Son histoire remonte à une haute antiquité, son fondateur est inconnu et on ne parle de Cirta que quand les Numides de Syphax et de Massinissa en eurent fait une forteresse pour résister aux Romains, qui plus tard en firent la capitale de la Numidie.

La forme du rocher sur lequel est bâtie Constantine est celle d'un triangle. Il est relié à la terre ferme par un seul point, le Koudiat-Ati, sur lequel nous avons dû établir nos batteries lors du siège; partout ailleurs le rocher est coupé verticalement à une profondeur de 150 à 200 mètres et dominé par les hauteurs du Man-

belle dont il ambitionnait la possession ; il voulait l'épouser malgré les lois musulmanes qui n'autorisent pas les unions entre parents. C'est en vain que ses amis lui font les plus pressantes sollicitations pour revenir sur sa résolution. Il trouve un autre kadi qui consent à consacrer cette union, les invitations sont faites, le jour est fixé et chacun se rend au lieu désigné où le kadi officiant avait sa tente. Un cortège nombreux suivait les futurs époux, il y avait des chameaux chargés de butin et de présents, des chevaux, des mulets et toute cette suite obligée qui accompagne les cérémonies chez les Arabes. Le couple s'approcha de la tente du kadi, derrière lui venaient les assistants; mais au moment où les paroles sacramentelles allaient être prononcées, il se fit un grand bruit à l'intérieur de la terre; elle s'entr'ouvrit, laissant échapper des colonnes de fumée ; la chaleur devint intolérable et tous les assistants furent instantanément pétrifiés. Un seul être avait échappé à la métamorphose, c'était un nègre qui avait gémi sur les résolutions de son maître et n'avait suivi le mouvement que par force ; une voix intérieure lui cria de marcher devant lui sans se retourner, il obéit et prit la direction du plateau de l'oued Zenati ; mais avant de perdre de vue le fond du ravin dans lequel la scène se passait, il eut l'imprudence de se retourner. Aussitôt il fut changé en caroubier et son derbouka en jujubier. Il existe deux arbres sur le bord du plateau : ce sont les seuls de l'immense plaine qui se dirige vers Constantine, les Arabes disent avec conviction qu'ils sont le nègre et son derbouka.

sourah et de Sidi-M'Cid. Sur cet espace rétréci vit une population de plus de 30,000 âmes : Français, juifs et musulmans, et heureusement pour elle la ventilation est assez forte pour entraîner toutes les exhalaisons qui se dégagent d'un foyer humain aussi compacte, d'autant plus que le ravin est le réceptacle de toutes les immondices de la ville et qu'il faut attendre les grandes eaux de la saison des pluies pour en opérer le balayage.

Bien que cette ville étrange soit comme un nid d'aigle dans une position peut-être unique au monde, elle a été souvent livrée aux chances des assauts et nous savons, par notre première tentative contre Constantine, combien le succès était difficile.

Le Rummel, grossi du Bou-Merzoug, entoure Constantine sauf sur un point; il a peu d'eau en été, mais en hiver son volume d'eau est considérable et produit un roulement effrayant ressenti dans toute la ville. Rien n'est curieux comme les pentes de ce ravin : les oiseaux de proie y nichent, des bandes de corneilles tourbillonnent au-dessous des promeneurs, les chacals et même les hyènes ne dédaignent pas de visiter le fond du ravin parce que souvent on a l'imprévoyance d'y jeter des charognes.

Le Rummel sort de son lit rocheux par la coupure de Sidi-M'Cid et traverse les montagnes de la Kabylie pour se rendre à la mer, près de Djidjelli, sous le nom d'oued el Kebir. Autrefois il existait un fort beau pont romain jeté sur la coupure du rocher pour donner accès à Constantine, aujourd'hui il est remplacé par le pont du chemin de fer qui déplacera peu à peu le centre de population.

Au milieu de ses monts le Tell de Constantine a reçu de nombreux villages de création récente et tous pros-

Arc de triomphe de Caracalla, à Tebessa.

pèrent assez bien. De Bône à Guelma il en est plusieurs qui ont plus de trente ans d'existence; plus au sud, le long du chemin de fer de Bône à Tunis, ils se sont multipliés et leurs conditions de prospérité se sont accrues de l'extension de notre autorité sur la Tunisie. Soukharras, autrefois notre ville frontière, est devenue une halte dans une partie d'un pays qui réunit les plus grandes chances d'avenir. L'heureuse et exceptionnelle position de Soukharras, à la jonction des lignes ferrées de Constantine et de Bône avec les autres chemins de fer algériens, l'importance du commerce qui s'est effectué de tout temps avec les différents points du sud de l'Algérie et de la régence de Tunis, dont il n'est distant que de 35 kilomètres en ligne droite, la grande quantité de grains, de bestiaux que fournit la contrée, les belles forêts qui l'environnent, les nombreux avantages dont le pays est doté au point de vue de la fertilité et de la salubrité, font prédire à cette contrée une grande prospérité. La Medjarda, l'ancien Bagrada des Romains sur les bords duquel l'armée de Régulus fut arrêtée par le fameux serpent Python, naît au milieu de ce pays; elle abandonne bientôt notre territoire pour entrer sur celui de Tunis, mais aujourd'hui nous pouvons en suivre le cours jusqu'à Bizerte sans quitter les possessions françaises. C'est un avantage inappréciable eu égard à l'excellence du pays et à tout ce qu'une direction intelligente pourra en tirer.

A la limite sud du Tell, Batna, ville naissante, était primitivement un camp de protection sur la route de Constantine au Sahara, après la prise de Biskra, et un point d'observation des montagnes de l'Aurès. Eu égard à son altitude (1021 mètres) et à cause du voisinage des montagnes qui l'entourent, Batna est, en hiver, une Sibérie africaine; son voisinage immédiat n'est pas très fertile, mais il possède de belles forêts de cèdres.

Cette ville est bâtie au pied du versant Nord de l'Aurès, massif montagneux qui appartiendrait encore au Tell par ses cultures, mais qui fait partie des hauts plateaux par sa position géographique et la direction de ses eaux qui vont se perdre dans les lacs des steppes, ou dans le grand lac du Sahara.

Près de Batna sont les belles et importantes ruines de Lambèse, résidence de la IIIe légion romaine et point de concentration de toutes les routes qui établissaient les relations entre la Numidie et la Mauritanie. On suit encore aujourd'hui les routes qui se dirigent sur Sitifis (Sétif) et surtout celle qui conduit à Teveste (Tébessa) et aux nombreuses villes qui se groupaient dans la Byzacène et la province romaine d'Afrique. Cette partie de l'Algérie est la plus riche en ruines romaines; elles ont été déjà très étudiées par les sociétés archéologiques fondées depuis une vingtaine d'années, et surtout par celle de Constantine, qui nous initie chaque année à des découvertes nouvelles et nous retrace l'histoire complète et exacte de cette intéressante contrée.

CHAPITRE III

RÉGIONS DES HAUTS PLATEAUX — LES STEPPES.

Au pied du versant Sud des montagnes du Tell commence une zone de plaines ayant plus ou moins de profondeur du nord au sud et étendue de l'est à l'ouest dans toute la largeur de l'Algérie. Ces plaines couvrent une superficie qui n'est pas moindre de 10 millions d'hectares, c'est-à-dire celle de 12 à 17 départements français (Onésime Reclus). Elles sont élevées de 800 à 1000 mètres, et leur aspect général ne se retrouve en aucun autre point de l'Algérie ; leur sol est d'un gris marneux, dur, et n'offre qu'une maigre et chétive végétation. Si on goûte une parcelle de terre on la trouve salée, et cette qualité n'est pas sans influence sur la végétation. Les céréales y poussent mal ou plutôt n'y poussent pas; dans aucun point cette région n'est un pays à blé ; les végétaux qui y croissent spontanément sont broutés par les nombreux troupeaux des indigènes qui viennent périodiquement s'établir dans les parties qui leur sont en quelque sorte dévolues par les traditions. Chaque tribu a ses terres, on les appelle *terres de parcours* parce qu'on n'y séjourne que le temps nécessaire pour y faire brouter les troupeaux.

Nous l'avons dit précédemment, toutes les eaux qui se produisent dans ces régions coulent du nord au sud et vont gagner les lacs qui s'étalent dans le steppe même,

Ruine romaine à Lambessa. — Le Prætorium.

ou bien elles traversent une seconde zone de montagnes pour aller rejoindre les grands lacs du Sahara.

Une seule rivière fait exception, c'est le Chéliff, qui, bien que né dans la partie méridionale des hauts plateaux, parcourt un bassin dont le thalweg a une inclination du sud au nord.

Le steppe est divisé en cinq régions qui ont entre elles la plus grande analogie et pourraient être confondues; mais les indigènes se servent de dénominations différentes pour les faire connaître, et les cartes géographiques les indiquent (1).

De l'est à l'ouest la première région est celle du Sebkha qui comprend les lacs de la plaine du Tarf et ceux des grandes plaines des Haractas et des Nememchas. Elle peut être considérée comme une région tellienne; les terres sont riches en blé et les eaux ne coulent pas vers le sud, elles se perdent dans les lacs, et au sud de ceux-ci existe même une rivière qui porte ses eaux au nord : c'est l'oued Meskiana,

(1) Sebkha, zarez, chott, sont des noms différents employés selon les provinces, mais qui signifient la même chose, c'est-à-dire un pays caractérisé par la présence de grands lacs plus ou moins salés. Le nom de chott est celui qui a toujours prédominé, bien qu'il soit surtout appliqué aux lacs du sud de la province d'Oran. Les chotts sont des dépressions plus ou moins profondes du sol argileux dans lesquelles s'accumulent pendant la saison des pluies toutes les eaux d'une région. Elles contractent leur salure en lavant le sol toujours chargé de sel de magnésie sur lequel elles glissent, ou en parcourant des surfaces de sel gemme comme on en rencontre un peu partout et surtout au Rocher de sel, sur la route de Bogar à Djelfa; pendant l'été les eaux s'évaporent et il reste au fond du lac desséché des dépôts de sel cristallisé que les Arabes exploitent. La qualité saline des eaux au moment de l'évaporation préserve des fièvres qui sont si générales dans toutes les régions où les eaux stagnantes s'évaporent en été.

Ces chotts n'existent que dans le steppe, les lacs du Tell ne sont pas salés et leur évaporation n'est jamais complète en été parce que leur profondeur est beaucoup plus grande.

affluent de la Medjerda sous le nom d'oued Milleg. Du reste, dans toute la province de Constantine la région des hauts plateaux se confond avec le Tell, car au sud des grandes plaines que nous venons de signaler s'élève l'Aurès, dont les monts et les vallées très fertiles nous retiendront un moment.

A l'ouest des Sebkha est le Hodna, grande plaine dont le centre est occupé par un grand lac salé, le grand chott de Msila où aboutissent toutes les eaux venues des monts qui bordent la plaine. Il est à 400 mètres d'altitude, il a 70 kilomètres de longueur sur 10 à 25 de largeur. Son étendue superficielle égale 27,654 hectares ; mais il n'est pourvu d'eau que quand les nombreux ruisselets qui y aboutissent lui en apportent, pendant la saison des pluies.

La plaine du Hodna peut avoir de l'avenir ; son sol ne demande qu'à être irrigué, et puisqu'il a fourni autrefois de belles cultures, il pourra en fournir encore, quand nous aurons creusé, comme les Romains et les Berbères, les canaux nécessaires pour irriguer les 100,000 hectares dont il est parlé dans l'histoire de cette contrée. Nous avons déjà entrepris cette tâche utile ; de nombreux puits artésiens y ont été creusés avec un plein succès ; il ne manque que des bras pour la culture, et les indigènes n'en fournissent pas assez.

Un peu au sud de la pointe du lac se trouve une ville arabe : Bou-Saada, oasis de palmiers, adossée à des monts élevés ; elle est à 578 mètres, aussi ses palmiers ne fournissent pas des dattes bien estimées. Le nom de cette ville doit lui avoir valu bien des avantages : Bou-Saada veut dire *père du bonheur*, et je ne sais si ses habitants s'estiment heureux, mais à les voir on ne peut pas se persuader que des haillons pour vêtements, recouvrant des corps amaigris et maladifs, soient l'indice d'un grand bonheur.

La ville a une partie haute et une partie basse ; les Romains avaient déjà profité de cette disposition pour leurs constructions. Les bâtiments militaires dominent les constructions arabes en briques sèches qui donnent à Bou-Saada un cachet saharien.

Au sud de la province d'Alger, les hauts plateaux sont appelés Zarhez, du nom des deux grands lacs salés qui s'y trouvent, le Zarhez oriental à 840 mètres d'altitude et le Zarhez occidental à 857 mètres ; ces deux lacs sont extrêmement salés ; une évaluation que l'on peut croire exacte (Onésime Reclus) attribue au premier une provision de sel de 330 millions de tonnes et une superficie de 50,000 hectares, et au second 200 millions de tonnes de sel et une surface de 32,000 hectares.

Ces lacs ont peu d'affluents ; le Zarhez occidental en reçoit un assez fort après les pluies : c'est l'oued Melah (ruisseau salé), dénomination bien commune partout et surtout dans cette région. Cette rivière prend sa source dans les environs de Djelfa, coule sous le nom d'oued Djelfa jusqu'au Rocher de sel au delà duquel elle a pris une saveur qui justifie son nouveau nom d'oued Melah.

Ce rocher de sel est une des curiosités de la route de Boghar à Laghouat, il s'élève à une quarantaine de mètres avec des pentes verticales sur lesquelles la lumière se joue de manière à produire des effets surprenants : tantôt un prisme décompose la lumière et reproduit à l'œil toutes les couleurs de l'arc-en-ciel, tantôt ce sont des masses bleuâtres ou grises, suivant qu'il y a plus ou moins de substances terreuses mêlées au sel. Cet ensemble de sel et de matières terreuses se délite, se fond avec beaucoup de facilité, et non seulement les aspects extérieurs changent souvent à cause de l'action des phénomènes atmosphériques, mais les eaux souterraines, en amenant des fontes de sel, produisent des effondrements qui changent la surface, et ces eaux salées

Femme arabe du Sud.

filtrant à travers le sol gagnent les lacs dont ils entretiennent la salure.

Il existe plusieurs sources salées qui émergent du Rocher de sel et vont rejoindre l'oued Melah. Pour les besoins des troupes et de la population des villes de

Boghar, Djelfa et Laghouat, l'administration a fait creuser des bassins en argile damée, dans lesquels on laisse évaporer l'eau, et après peu de temps on obtient une couche de sel très beau, très blanc, de 12 à 15 centimètres d'épaisseur. Les Arabes viennent de très loin se fournir de sel sur le bord des sources où les dépôts sont meilleurs que le sel du rocher.

J'ai cité Djelfa ; c'est le nom d'une ville naissante, à 1167 mètres au-dessus du niveau de la mer et où par conséquent les froids de l'hiver sont vifs. Comme toujours le premier bâtiment fut un fortin, un *bordj*, bâti en peu de temps, quand déjà nos troupes étaient en route pour s'emparer de Laghouat en 1852. Les environs sont riches en bois ; les hauteurs qui dominent Djelfa ont plus de 1500 mètres et sont couvertes de belles forêts que l'on dépouille malheureusement beaucoup pour les besoins des constructions et du chauffage. De ce point élevé, l'œil embrasse un horizon étendu et se repose sur d'autres sommets. C'est dans ces monts que prend sa source l'oued Melah dont nous avons parlé sous sa troisième dénomination : à sa source il est oued el Haoura, dans son cours moyen oued Djelfa, et enfin Melah après avoir été sursalé. Quoique Djelfa soit aussi élevée, nous avons eu, dans les premiers temps de l'occupation, à faire de nombreux travaux pour dessécher des marais aujourd'hui cultivés; quant au froid, il est généralement rigoureux jusqu'en mars; j'ai vu, en février, un soldat dont les deux pieds étaient pris de congélation ; il est vrai qu'étant ivre il avait dormi une nuit à la froide étoile.

Djelfa occupe à peu près le centre de la grande tribu des Ouled Naïls dont les femmes ont une grande réputation de beauté : c'est pour cette raison qu'on les recherche et qu'elles se répandent dans toutes les villes arabes des Ksours ; elles sont nombreuses à Laghouat, à Biskra, dans toutes les oasis ; à d'autres spécialités elles joignent celle de danseuses, ce sont les almées du pays, elles sont les indispensables de toutes les réunions *où l'on s'amuse*, et certes leurs exercices chorégraphiques sont bien faits pour étonner et réjouir un touriste qui y assisterait pour la première fois. Les femmes des Ouled Naïls qui n'ont pas recherché cette réputation ont celle de travailler particulièrement les tissus de laine.

La route de Boghar à Laghouat traverse le Zarhez dans toute sa largeur. C'est une route que l'on suit déjà beaucoup et que l'on suivra plus encore quand on saura combien elle est intéressante à connaître, surtout à cause de sa nudité et des effets grandioses qu'elle offre, malgré cette pauvreté. La province de Constantine ne présente nulle part un pareil tableau; les steppes d'Alger et d'Oran ont seuls, sur certaines parties de leur étendue, des accidents de terrain et des colorations aussi surprenantes. Un peintre qui était en même temps un écrivain de talent nous a laissé, dans une page que je ne puis mieux faire que de transcrire, des impressions d'une vérité saisissante sur ces régions dénudées. « Quand on quitte Boghar pour suivre la route de Laghouat, on entre dans la vallée du Chéliff, dit Fromentin (1). Cette vallée ou plutôt cette plaine inégale et caillouteuse coupée de monticules et ravinée par le Chéliff est, à coup sûr, un des pays les plus surprenants que l'on puisse voir. Je n'en connais pas de plus singulièrement construit et de plus fortement caractérisé, et même, après Boghari, c'est un spectacle à ne jamais oublier. Imaginez un pays tout de terre et de pierres vives, battu par des vents arides, et brûlé jusqu'aux entrailles; une

(1) Fromentin, *Un été dans le Sahara.*

terre marneuse, polie comme de la terre à poterie, presque luisante à l'œil tant elle est nue, et qui semble, tant elle est sèche, avoir subi l'action du feu; sans la moindre trace de culture, sans une herbe, sans un chardon; des collines horizontales qu'on dirait aplaties avec la main ou découpées par une fantaisie étrange en dentelures aiguës, formant crochets comme des cornes tranchantes ou des fers de faux; au centre, d'étroites vallées aussi propres, aussi nues qu'une aire à battre le grain; quelquefois, un morne bizarre encore plus désolé, si c'est possible, avec un bloc informe posé sans adhérence au sommet, comme un aérolithe tombé sur un amas de silex en fusion; et tout cela d'un bout à l'autre, aussi loin que la vue peut s'étendre, ni rouge, ni tout à fait jaune, ni bistré, mais exactement couleur peau de lion. Quant au Chéliff, qui, 40 lieues plus avant dans l'ouest, devient un beau fleuve pacifique et bienfaisant, ici c'est un ruisseau tortueux, encaissé, dont l'hiver fait un torrent et que les premières ardeurs du soleil épuisent jusqu'à la dernière goutte. Il s'est creusé dans la marne molle un lit boueux qui ressemble à une tranchée, et, même au moment des plus fortes crues, il traverse sans l'arroser cette vallée misérable et dévorée de soif. Les bords, taillés à pic, sont aussi arides que le reste; à peine y voit-on, accrochés à l'intérieur du lit et marquant le niveau des grandes eaux, quelques rares pieds de lauriers-roses poudreux, fangeux, salis, et qui expirent de chaleur au fond de cette étroite ornière incendiée par le soleil plongeant du milieu du jour. D'ailleurs ni l'été, ni l'hiver, ni le soleil, ni les pluies, ni les rosées qui font verdir le sol sablonneux et salé du désert lui-même, ne peuvent rien sur une terre pareille. »

Ce tableau est exact, et il se reproduit dans toute la

région du Zarhez et des chotts et, si Fromentin y a apporté la couleur de sa palette d'artiste, il n'est pas sorti de la vérité, il a laissé aux tons leur valeur et leur désolante harmonie. Il ne faut pas croire pourtant que cette tristesse soit dépourvue de poésie, au contraire; et si elle

L'outarde.

captive moins que le désert avec ses oasis qui ont été et seront toujours si vantées et si chantées, elle a encore du charme par le grandiose des lignes et le sentiment dont on ne peut se défendre en présence d'une nature si étrange et si majestueuse.

La route du Sahara passe entre les deux Zarhez; quand

je dis route, je ne veux parler que de la direction suivie, parce que la route elle-même n'est encore qu'amorcée; néanmoins les voitures, les lourds chariots, qui vont porter des vivres à la population de Djelfa, Laghouat, et rapportent des laines, peuvent suivre les voies pendant presque toute l'année, excepté pendant la saison des pluies où il existe alors des ornières et des effondrements quelquefois dangereux. Sur tout le parcours on peut suivre les poteaux télégraphiques qui relient nos villes du littoral avec nos postes les plus éloignés. Les stations sont marquées par les caravansérails.

Dans cette région, le mirage se produit presque invariablement; il est un objet d'étonnement, d'espérance, et quelquefois de crainte. Dans les premiers temps, quand nos colonnes traversaient ces pays, après des journées chaudes et fatigantes, n'ayant pas trouvé d'eau sur la route et n'ayant que la faible ressource d'un peu d'eau chauffée dans les bidons, nous avons entendu bien souvent les soldats pousser des cris de joie en voyant au loin une belle nappe blanche avec ces bandes lumineuses comme il s'en produit sur les lacs; entre l'œil et cet horizon se dessinaient, avec des tons estompés, vaporeux, des arbres, des animaux aux formes gigantesques. La chaleur du jour dilatant l'atmosphère produisait ces ondulations de l'air que nous constatons, même dans nos contrées, quand la chaleur est grande ; au milieu de cette instabilité, de ce tremblottement de l'air passent des formes variées, insaisissables, qui étonnent et frappent l'imagination déjà prédisposée et surexcitée par la chaleur, le manque d'eau et souvent la fatigue. Le manque d'eau surtout doit jouer un grand rôle dans cette disposition de l'esprit, car c'est toujours l'eau que l'on voit, tant on la désire, et l'illusion est ordinairement d'autant plus grande que la soif est plus ardente. Maintes fois nous avons vu, dans une pause de quelques minutes, des soldats haletants, fatigués, se précipiter avec leurs petits bidons vers une nappe d'eau qui fuyait à mesure qu'ils approchaient. Chez eux l'illusion plus grande était augmentée par un besoin de boire plus pressant ; leur imagination était à l'eau comme rêvent à la fraîcheur, à la verdure, ces pauvres matelots, qui, sous les tropiques, tourmentés par les ardeurs de la calenture, sautent par-dessus le bastingage et font un plongeon dans la mer, croyant s'élancer dans une verte prairie.

Tout ce pays a du caractère et produit des impressions comme aucun autre en Algérie : il s'écarte de la nature de toutes les autres contrées, mais il n'est pourtant pas improductif dans toutes ses parties. Certaines plantes du steppe y croissent assez facilement; ce sont : le chiehh qui fait la nourriture presque exclusive des troupeaux ; le diss qui sert au même usage et qui de plus est une plante textile; le jujubier sauvage, le betoum ou térébinthe, plante au bois dur, épineux, que les chameaux broutent en passant sans se soucier des longues pointes dont les branches sont hérissées, et surtout l'alfa qui est exploité en grand dans tout le pays pour le plus grand avantage de l'Angleterre, qui nous fournit des tissus et du papier dont nous lui procurons la matière première : c'est presque faire croire à notre impuissance. — Le pays, malgré son infériorité au point de vue des cultures, peut donc être utilisé pour l'élevage des troupeaux, et c'est aussi sa seule destination ; les terres de parcours de différentes tribus reçoivent tous les ans des milliers de moutons qui vivent sur ce sol, en apparence ingrat, mais qui en réalité donne encore la vie.

Les gazelles, les antilopes, qui vivent du même pâturage que les moutons, commencent à se montrer isolément ou en troupeaux dans cette partie du steppe. Quelle agréable fatigue on éprouve à chasser à courre ces charmants animaux ! Quel véritable plaisir que celui d'une course à fond de train avec ces délicieux chevaux arabes, si intelligents qu'ils semblent comprendre le désir de leur cavalier ! La chasse dans ces régions découvertes, où on suit de l'œil le gibier qui fuit, est le passe-temps favori de tout indigène de grande tente; c'est un exercice équestre et une occasion de faire preuve d'adresse qui n'est jamais négligée. L'Arabe, qui ne peut se produire ni dans la lutte scientifique ni dans aucune de celles qui sont du domaine de l'intelligence, recherche toutes les occasions de faire preuve d'adresse; il tient à être cavalier intrépide, chasseur adroit, guerrier audacieux; il veut produire tout ce qui frappe les yeux, et il déploie, quand il le peut, un véritable luxe oriental qui nous paraît d'autant plus intéressant que nous sommes moins familiarisés avec ce genre d'exhibition. C'est dans les fantasia, dans les chasses, que ce luxe est poussé à son plus haut degré, surtout quand il s'agit d'un chef que l'on veut recevoir dignement.

Dans le courant de l'hiver 1853-1854, le général Randon, gouverneur de l'Algérie, se rendait à Laghouat pour recevoir la soumission des Chambaa; il s'était constitué pour cette solennité un cortège de généraux; ils étaient sept, dont la plupart devaient être enlevés par la guerre dans les années suivantes. J'avais le plaisir de faire partie de la colonne qui accompagnait le gouverneur, et je pus jouir du luxe vraiment oriental que les Arabes ont déployé sur tout le parcours de Boghar à Laghouat. Le caïd ben Yaya, surnommé la Jambe de bois parce qu'il avait perdu une jambe dans les combats au service d'Abd el Kader, avait conservé un train de maison de véritable grand seigneur, comme nos puissants en avaient au moyen âge. Il avait ses

Le pic et le lac de Tessala (province d'Oran).

meutes, composées de magnifiques slougis dont la généalogie était soigneusement inscrite au grand-livre de sa vénerie; il avait sa fauconnerie, composée d'oiseaux de race portés au poing par des fauconniers habiles, et un cortège considérable de cavaliers brillants dont les chevaux étaient drapés des plus riches étoffes de soie brochées d'or. C'était le temps où les beaux chevaux et les splendides harnachements étaient encore nombreux, aujourd'hui ils ont presque disparu.

Les selles étaient couvertes de velours orné des plus belles broderies d'or; quelques-unes étaient rehaussées de pierreries de couleurs différentes, arrangées en forme de fleurs; aux poitrails pendaient des agréments en or, le mors était supporté par des têtières richement brodées. Quelquefois une peau de panthère, recouvrant une djbira, pendait sur le flanc du cheval, elle attestait l'adresse du chasseur et celle du cavalier. Sur la croupe des chevaux flottaient des housses de soie brodées d'or sur lesquelles étaient attachés de petits grelots. Parmi les cavaliers, les uns avaient de fins burnous d'une blancheur de neige ou des burnous rouges et écarlates, insignes du commandement; les autres étaient en vestes de couleur tendre, tout émaillées de broderie ; tous avaient le fusil haut. Par moment, un groupe de cavaliers s'élançaient, et, arrivés en face du gouverneur, déchargeaient leurs armes, puis tournaient bride immédiatement; les uns étaient debout sur leurs selles, les autres faisaient tournoyer en l'air leurs fusils qu'ils ressaisissaient sans ralentir leur allure. Il ne manquait à ce spectacle que celui des femmes assistant de loin à ce tournoi et applaudissant du haut de leurs *attatiches* portés par les chameaux ornés de leur harnachement de parade.

Durant nos cinq ou six jours de route ce ne furent que fêtes, que fantasias, que chasses; celles-ci surtout étaient intéressantes et nouvelles pour nous tous : quand on levait un lièvre, on décapuchonnait le faucon qui s'élevait dans les airs, planait un moment et se lançait comme un trait sur le pauvre animal, blotti souvent contre une touffe d'alfa, immobilisé par la frayeur; des cavaliers galopaient dans la direction du faucon pour le reprendre ainsi que la victime, et si par hasard le lièvre avait pu se réfugier dans un trou, on jetait au faucon un leurre sur lequel il se précipitait, et le fauconnier le reprenait ; cette chasse aux lièvres se renouvelait souvent. Mais la plus intéressante fut la chasse à l'outarde. Ce gros volatile, du volume d'une grosse poule, attaqué dans les airs par un oiseau à peine gros comme un pigeon, donne bien l'idée de ce que peuvent l'audace et l'énergie contre l'indolence ; le faucon se précipite sur sa victime, s'y accroche, celle-ci se pelotonne, tombe, puis déploie ses ailes et reprend son vol, son ennemi toujours accroché. Le groupe se sépare, de nouveau le faucon attaque ; ces passes d'arme se renouvellent plusieurs fois ; parmi les spectateurs on entend des paroles d'encouragement à l'oiseau de race, on le flatte, on lui persuade qu'il n'existe nulle part son pareil, qu'il peut entrer en lutte avec les plus renommés. Enfin, le plus souvent, après un combat plus ou moins long, la victoire reste au faucon qui tombe avec sa proie. Deux fois, nous avons assisté à ses triomphes.

Les slougis, lévriers de grande taille aux puissantes mâchoires, ont été lancés sur des gazelles en troupe, et les pauvres bêtes n'ont pas tardé à être mises en pièces, malgré leur agilité.

Durant ces jours de fêtes, un groupe de cavaliers suivait le flanc de notre brillante colonne et prenait sa part des plaisirs en chassant pour son compte : c'était le commandant Margueritte avec quelques cavaliers du goum. Le commandant, chasseur émérite, dédaignait toutes les chasses autres que la chasse à tir et il faisait à lui seul une besogne plus productive que les meutes et les faucons, mais moins intéressante. Le commandant, que la mort a frappé à Sedan dans la fameuse charge de nos chasseurs d'Afrique, a publié un livre intéressant de ses chasses en Algérie. Il s'est adressé à tous les animaux de cette contrée, depuis le lion jusqu'aux levrauts. Son livre est un régal pour les disciples de saint Hubert (1).

En nous laissant entraîner par le souvenir des hauts plateaux, nous nous sommes écartés de leur description, nous nous empressons d'y revenir.

A l'ouest de Zahrez est la plaine du Sersou qui n'a pas de lac salé, comme sa voisine, mais qui est au contraire bonne terre à blé dans la plus grande partie de son étendue ; ses eaux viennent toutes aboutir au Chéliff et à son principal affluent, le Narh Ouassel. A l'ouest toute la région des hauts plateaux qui embrasse le sud de la province d'Oran est couverte de chotts : chott el Chergui et chott el Rarbi, grands lacs salés qui envoient des prolongements dans tous les sens de façon à faire une ligne non interrompue de terrains submergés dans la saison des pluies. Pendant la majeure partie de l'année ces chotts sont desséchés, excepté dans les bas-fonds. Le chott el Rarbi appartient au Maroc et à l'Algérie. Sur notre territoire il a plus de 40 kilomètres de l'ouest à l'est sur 12 à 15 de largeur, et couvre 55,000 hectares ; le chott el Chergui est à 1000 mètres d'altitude, il a 140 kilomètres de l'ouest à l'est, sur une largeur de 12 à 15 et mesure 165,000 hectares. Dans toute cette région déshéritée il n'existe ni fontaines ni ruisseaux. Il ne faut pas prendre au sérieux ceux qui sont indi-

(1) *Les chasses de l'Algérie et notes sur les Arabes du Sud*, par le général Margueritte, 1 vol. illustré (Bibliothèque instructive), Jouvet et Cie, éditeurs.

qués sur les cartes, ils n'existent que dans la saison des pluies, encore l'eau n'y reste-t-elle pas ; elle est de suite

Chellala des Ouled Sidi Cheik (sud oranais).

absorbée par les sables. Mais en creusant on trouve toujours à une faible profondeur, dans les bas-fonds des rivières indiquées, une certaine quantité d'eau à peu près potable, tandis que celle des puits est saumâtre, nauséeuse, et a une véritable odeur de putréfaction, tant est grande la masse de débris organiques qui y pourrit.

Entre Saïda et la ligne des chotts sont les grands terrains à alfa exploités par la Compagnie algérienne, 300,000 hectares d'alfa ont été concédés à cette compagnie, qui a établi jusqu'à Arzew son chemin d'exploitation, chemin continué récemment jusqu'à Mécheria pour les besoins stratégiques contre la bande de Bou-Améma. C'est dans ces terrains à alfa que sont établis les Espagnols employés par la société; ils étaient placés à propos pour être les premières victimes du chériff qui a su imposer un si rude labeur à nos troupes.

Il est, en effet, bien pénible pour une colonne qui doit tout transporter avec elle, bois, eau, vivres, munitions, de parcourir sous un soleil brûlant des plaines arides, desséchées, toutes de sable dans lequel on enfonce jusqu'à la cheville, pour chercher un ennemi qui se fait un jeu et un plaisir de nos misères et fuit sans cesse dans les immenses espaces ouverts devant lui. N'ayant rien à porter, il est léger, se meut facilement; les oasis lointaines sont ses points de concentration; si nous séjournons dans le pays, nous ne portons aucune atteinte à un ennemi qui n'y possède ni maison ni culture, et quand, fatigués de ne rien atteindre, nous revenons sur nos pas, le même ennemi nous poursuit, nous harcèle, et reprend possession du pays que nous avons abandonné. C'est toujours ainsi et c'était ainsi déjà quand des agitateurs excitaient les populations contre les Romains; nous retrouvons les mêmes procédés, la même tactique toujours bonne, au moins pendant un certain temps.

Géryville est le seul poste que nous ayons entre Saïda

et la limite du steppe, il est à 1300 mètres d'altitude. Il a été fondé pour servir de point d'appui à nos colonnes qui en 1845, 1846 et 1847 traquaient Abd el Kader sur les frontières marocaines. Les montagnes qui entourent Géryville ont une grande hauteur, elles atteignent près de 2,000 mètres, aussi les eaux de Géryville sont-elles excellentes et le climat très sain.

Au sud de Géryville le pays est aride, sablonneux ; les monts sont escarpés, déchirés, rocheux, sans aucune végétation ; il est ainsi jusqu'au pays des Ouled Sidi Cheikh, tribu puissante de marabouts guerriers, dont les ancêtres sont les héros de légendes accréditées et entretenues par les intéressés avec un soin scrupuleux.

Pendant la campagne soutenue par nos troupes dans le Sud oranais, il a été souvent question de la destruction du marabout des Ouled Sidi Cheikh. Les uns y voyaient une profanation bien faite pour exciter le fanatisme religieux des Arabes ; les autres y voyaient une juste représaille du meurtre commis par les Arabes sur des femmes et des enfants. Pour ma part, je crois qu'il n'est pas bon de s'attaquer aux constructions élevées en mémoire des morts, fussent-elles des centres de réunion pour la propagande insurrectionnelle. Un mort et son tombeau doivent avoir droit au respect de tous, et ce ne me paraît pas acte bien méritoire que de détruire ces marques du respect et de la vénération des populations qui seraient, par ce fait, autorisées à se soulever contre les profanateurs.

Quoi qu'il en soit, et à titre de curiosité, je transcris, d'après mon confrère M. le Dr Leclerc, la légende d'après laquelle Sidi Cheikh, qui s'appelait d'abord Abd el Kader, changea de nom : « Un jour, une femme de l'Abiod, appuyée sur la margelle d'un puits, y laisse tomber l'enfant qu'elle avait au bras ; dans son désespoir, elle s'écrie : *Abd el Kader! Abd el Kader!* Incontinent, notre Abd el Kader s'élance à travers la terre, saisit l'enfant au moment où il allait toucher l'eau et le remet à sa mère. Cependant l'invocation maternelle s'était fait entendre jusqu'à Bar'dad (Bagdad). Du fond de sa tombe, un autre Abd el Kader était accouru fendant les terres et les mers. Quand il arriva, son assistance était inutile. « Pourquoi m'a-t-on appelé? » demanda-t-il. Abd el Kader, le Saharien, lui expliqua le fait. « Je suis plus grand saint que toi, répondit le djilali, et pour qu'à l'avenir on ne confonde plus, tu cesseras de t'appeler Abd el Kader, tu t'appelleras Sidi Cheikh. » Ce nom resta donc à notre saint homme.

Sidi Cheikh mourut à Ressoul. Sentant sa fin approcher, il recommanda qu'après sa mort on le mît sur sa mule, d'autres disent sa chamelle, et qu'on la laissât aller; qu'à la première pause qu'elle ferait on descendît son corps pour le laver et qu'on l'enterrât dans l'endroit même de la deuxième pause. La mule s'arrêta la première fois près d'une fontaine appelée depuis Aïn el Mer'acil, fontaine des lotions; la seconde fois elle s'arrêta à El Abiod, où l'on enterra Sidi Cheikh.

La koubba de Sidi Cheikh peut avoir en hauteur une dizaine de mètres, dont un tiers pour la grande coupole et les deux autres tiers pour la partie basse ou cubique. Aux quatre coins de la terrasse sont des coupoles plus petites... Une partie vestibulaire y est attenante du côté du nord, haute de moitié, longue du double. A la distance de quelques mètres règne un mur d'enceinte d'un mètre d'élévation, relevé en pointe aux angles et au milieu de chacune de ses faces, parallèlement à la terrasse de toutes les koubbas. L'édifice est soigneusement blanchi et dans un parfait état de conservation. On entre par la partie vestibulaire, d'où

Pont d'El Kantara (côté nord).

l'on pénètre à droite dans la chambre funéraire. Au milieu s'élèvent quatre piliers se raccordant en arcades; dans l'intervalle, au-dessous de la grande coupole, est le tombeau de Sidi Cheik recouvert d'un catafalque, *tabout*, sur lequel sont tendues des étoffes de soie; de beaux tapis couvrent le sol et de petites lucarnes laissent pénétrer une faible lumière.

C'est ce même marabout que nous avons détruit, en conservant toutefois les restes vénérés du saint et que nous avons fait reconstruire. Mais j'ai ouï dire que nous n'avions pas respecté ces restes et qu'au moment de leur réintégration dans leur asile, on avait constaté une substitution bien regrettable, si elle est vraie. Ce n'est jamais impunément que l'on se joue des objets de la vénération d'un peuple si facile à fanatiser et aussi persistant dans ses rancunes.

La région des hauts plateaux est bordée au sud par une chaîne de montagnes à peu près parallèle à la région montagneuse du Tell et terminée à ses deux extrémités par deux massifs importants : à l'est l'Aurès, à l'ouest le djebel Amour. Entre eux règne le djebel Sahari, chaîne rocheuse absolument aride, qui n'a pas une grande épaisseur et s'ouvre sur plusieurs points par de brusques échancrures aux arêtes si vives qu'elles paraissent faites de main d'homme. La plus importante est celle d'El Kantara, sur la route de Biskra, par laquelle l'oued Kantara pénètre dans le Sahara. Les Romains ont jeté sur cette rivière, au point le plus rétréci de l'échancrure, un pont monumental qui subsiste encore et auquel malheureusement nous avons enlevé son cachet par les prétendues restaurations auxquelles nous l'avons soumis.

El Kantara n'est pas à moins de 1000 mètres d'altitude. Pourquoi les Romains l'appelaient-ils *Calceus*

Herculis (le talon d'Hercule)? Je préfère l'appellation arabe *Foum es Sahara* (la bouche du désert). C'est en effet la porte, la bouche du désert, et quand on se trouve placé au milieu du pont, on est saisi du merveilleux effet qu'on a sous les yeux. Après avoir cheminé longtemps au milieu des rochers nus, au pied desquels sont des éboulements produits par l'émiettement des schistes, la route tourne brusquement à gauche et l'on se trouve en face de la bouche du Sahara, au fond de laquelle une lumière vive éclate sous un ciel bleu qui remplace le ciel généralement nuageux de la région montagneuse. Au premier plan le pont, de 10 mètres d'ouverture, relie les roches aiguës. Cette partie ombrée fait valoir l'intensité de la lumière du fond qui se joue dans les cimes des palmiers. De l'oasis d'El Kantara étalée à la sortie de la gorge, l'horizon est borné par des collines que l'éloignement adoucit sous des colorations bleuâtres et devant lesquelles se déploie la plaine d'El Outaïa.

L'oasis d'El Kantara a pris un grand développement depuis que la tranquillité règne dans la contrée. On y a planté beaucoup de palmiers, à l'ombre desquels croissent des arbres fruitiers, surtout l'abricotier et quelque peu de céréales. Cette oasis est toute en longueur à côté de la rivière qui fournit ses alluvions et son eau pour les irrigations, facilitées par des barrages. Le passage d'El Kantara est le plus fréquenté, il est même le seul possible dans la région pour les caravanes et les émigrations de tribus; les autres passages sont, plus loin dans l'ouest, du côté du djebel Amour.

L'Aurès, bien qu'appartenant topographiquement à la région des hauts plateaux par sa partie septentrionale, et à la région saharienne par sa partie méridionale, puisque ses eaux vont se perdre au nord dans les Sebkha et au sud dans les grands lacs sahariens, l'Aurès, dis-je, malgré cette situation, appartient à la région tellienne par sa végétation. Ses vallées et ses monts sont riches en arbres et en cultures variées, c'est un pays de grandes ressources, eu égard à sa région. On évalue sa superficie à un million d'hectares. L'Aurès septentrional comprend les monts les plus élevés du massif, l'*Amar Kraddou* (la joue rouge), au milieu duquel se dresse le Chélia, pic élevé à 2328 mètres. C'est le mont le plus haut de l'Algérie; il dépasse d'une dizaine de mètres le pic de Lella Kradidja du Djurdjura.

Les cours d'eau qui prennent naissance sur ce versant sont peu nombreux et viennent tous se perdre dans les lacs du steppe. Au pied de ce versant septentrional, et en contournant l'Aurès du côté des Nememcha, on est frappé de la stérilité du pays, quand les contrées voisines sont vertes et richement dotées; c'est que le *chehli*, ce vent desséchant, vient couvrir de son souffle embrasé toute cette partie orientale du massif. Mais il n'en est pas de même de l'intérieur, ses vallées sont cultivées et bien habitées; les villages sont nombreux, il y a même des oasis de palmiers dont les fruits, il est vrai, ne sont pas comparables à ceux des oasis sahariennes. Trois vallées principales traversent le massif, à peu près du nord au sud : l'oued Abdi, qui vient mêler ses eaux à celles de l'oued Kantara, en avant de Biskra; l'oued Abiod (la rivière blanche), et l'oued el Arab; ces deux derniers se perdent dans les sables avant d'avoir atteint le lac *Melrir*.

Entre ces vallées existent de nombreux villages dont plusieurs ont eu leur jour de célébrité parmi les indigènes pour avoir lutté contre les colonnes françaises; il suffit de rappeler Ménah, sur l'oued Abdi; Narah, qui se croyait imprenable sur son piton élevé et qui fut emporté d'assaut par la colonne Canrobert en 1850,

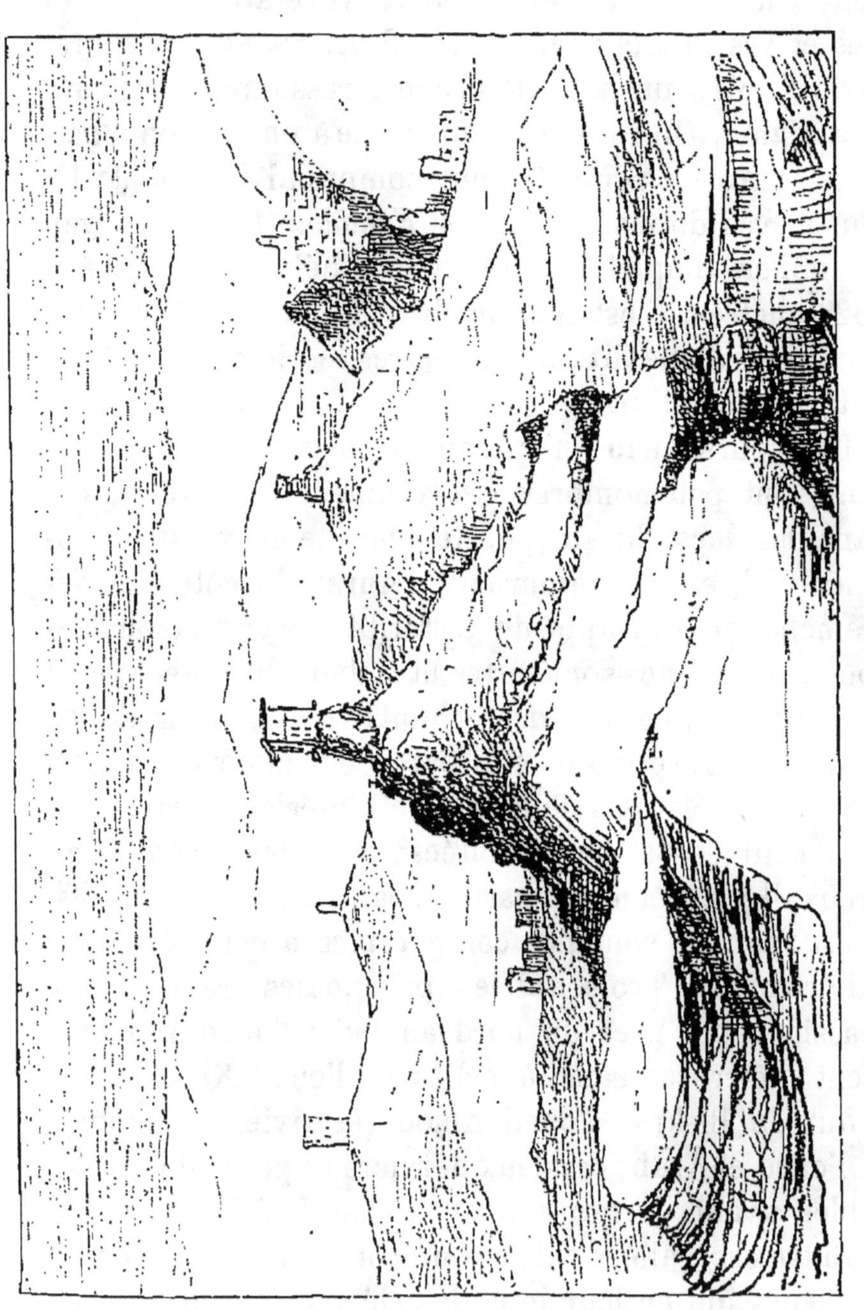

Avant-postes de Narah (colonne Canrobert. — 1850).

pendant une tourmente de neige; sur l'oued Abiod, Benian, Mechoumech, où furent livrés de véritables combats de rues par le duc d'Aumale et par le général Bedeau, et, bien que la soumission du pays date de 1844, il y eut depuis de nombreux soulèvements, en 1849, 1859, 1876.

L'oued el Arab est le plus long oued du massif. Né au sommet le plus élevé, au Chélia, il serpente à travers le pays et le quitte par une profonde échancrure qui lui donne accès dans le Saharah, à Kranga Sidi Nedji.

Presque tous les villages de l'Aurès sont bâtis sur des pitons ou en amphithéâtre sur le flanc d'une montagne rocheuse auprès d'une des rivières; en décrire un c'est les décrire tous. Bénian est dans cette situation : au pied du rocher où est bâtie cette bourgade coule l'oued Abiod. Sur les bords sont de beaux jardins, plantés de dix à douze mille pieds de palmiers dont beaucoup ont le tronc caché par des vignes qui s'élancent jusqu'au sommet de l'arbre. Il y a aussi quantité de figuiers, d'abricotiers, de pêchers, quelques poiriers et pommiers, qui font de ces jardins, pendant l'été, de véritables lieux de délices. Rien n'est plus pittoresque que l'assemblage des demeures aériennes des montagnards de Bénian, on dirait de vieilles forteresses démantelées, de vieux châteaux forts. Presque tous les villages sont placés de la même façon, comme le sont, du reste, ceux de la Kabylie du Djurdjura, habités comme ceux de l'Aurès par la race berbère.

L'occupation romaine a laissé des traces dans l'Aurès; de nombreuses et grandes villes existaient au pied des monts : Lambèse, Mascula, etc.; d'autres moins considérables ont encore leurs ruines dans les vallées, et partout des routes reliaient entre eux les villes et les postes. Dans le défilé de *Tiranimin*, au fond duquel coule l'oued Abiod, on peut lire l'inscription suivante très bien conservée, gravée dans le roc même et nous apprenant qu'une route (celle de Lambèse à Biskra) a été faite dans ce défilé sous les règnes d'Antonin le Pieux et de Marc Aurèle par la VIe légion.

Voici l'inscription :

SMP COS T ÆTILIO HADRIANO ANTO
NINO AUG PIO PP IIII ET M. AURELIO
CÆSARE II PER PRASTINA CONS MES
SALINUM LEG PR PR VEXIL LEG
VI FERRA VIA FECIT

Cette inscription inattendue causa un profond désespoir au colonel Carbuccia, de la légion étrangère. Voici en quelle circonstance. En 1850, le général de Saint-Arnaud, qui venait de prendre le commandement de la province de Constantine, voulut faire une reconnaissance de toute la province et parcourir des régions encore inexplorées ; c'est ainsi qu'il avait conduit la colonne vers la source de l'oued Abiod et que nous avons campé en avant du défilé de Tiranimin. Or pour remonter l'oued Abiod il n'y a qu'une voie, c'est le lit même de la rivière, coulant sur un fond de rochers, remplis d'aspérités, et que nos bêtes de somme ne pouvaient parcourir sans danger. On fit séjour pour avoir le temps d'aplanir la voie. A cet effet, on éleva un barrage en amont et on put donner quelques coups de mine dans la roche la plus saillante, le reste fut fait à la pioche. Quand une voie praticable fut ouverte, on détruisit le barrage ; il n'y avait pas abondance d'eau, comme toujours puisque nous n'étions pas dans la saison des pluies. Le colonel Carbuccia, archéologue distingué, qui s'était voué à la recherche des nombreuses ruines romaines avoisinant Batna, sa garnison, avait hâte de franchir le défilé. — « Cette fois, disait-il, nous ne trouverons les traces d'aucune légion romaine comme nous en trouvons partout. » — Nous franchîmes le défilé bordé, comme celui d'El Kantara, de hautes falaises rocheuses verticales, et au delà, sur le roc préparé, poli, nous trouvâmes dans un parfait état de conservation l'inscription que je rapporte : le désappointement du colonel fut grand ; il n'avait pas encore pu parcourir un seul endroit du pays que les Romains n'eussent visité et où ils n'eussent laissé les marques de leur occupation.

Suivant une tradition locale, les Romains furent chassés du pays par un grand chef arabe nommé Abdallah, qui pénétra dans la vallée d'El Abiod par le défilé de Tiranimin, appelé encore aujourd'hui foum Abdallah (bouche d'Abdallah).

Tout le long de l'oued el Abiod existent des villages misérables qui ne sont guère habités qu'à l'automne. Dès que la récolte des fruits et des dattes est faite, les indigènes vont passer l'hiver dans des *afri*, cavernes situées au milieu des rochers sur lesquels paissent les chèvres. Au printemps ils gagnent les sommets de la montagne où les pluies ont fait croître un peu d'herbe sur les *atils* (champs cultivés l'année précédente et laissés en jachère).

Durant un long parcours, le chemin n'est possible que dans la rivière dont le lit, bordé de plantations de palmiers, est encaissé par une suite non interrompue de rochers de 80 à 100 mètres de hauteur ; dans beaucoup d'endroits ces rochers sont tapissés de vignes magnifiques. Au flanc de ces rochers sont de nombreuses excavations et cavernes qui servent d'habitations ; on y parvient avec les plus grandes difficultés en suivant des sentiers de chèvres ou bien au moyen d'échelles de cordes qu'on fait descendre ou que l'on retire suivant les besoins. Cette prédilection pour les lieux élevés et

Défilé de Tiranimin (Aurès).

escarpés est générale dans tout le pays; elle est due à la nécessité dans laquelle se trouvent les populations de se déplacer pour la vie des troupeaux, et, comme elles n'emportent pas tout avec elles, elles ont construit sur les sommets les plus abrupts, accessibles seulement d'un seul côté, des *Gueloa* (magasins) dont la surveillance est confiée à quelques gardiens seulement, tant l'approche en est difficile.

A cette hauteur, les palmiers cessent de croître, ils sont remplacés par les chênes verts et les pins; puis on se trouve en plein dans la haute montagne de l'Amar Khaddou (montagne à la joue rose) dont le nom vient d'un escarpement rouge, qui, vu de loin, a des reflets splendides, et bientôt on arrive à un village perché au sommet d'un roc élevé formant l'entrée d'une brèche qui laisse loin derrière elle celle du Rummel, à Constantine, comme grandeur et pittoresque. On ne peut monter au village et en descendre qu'au moyen d'échelles de cordes.

Une puissance tombée, Hadj Ahmet, le bey de Constantine, au moment de la prise de cette ville, s'était réfugié avec les débris de sa grandeur passée dans l'Amar Kaddou ; sa présence était toujours un espoir pour les populations, qui ont toujours espéré et espèrent encore que notre séjour dans le pays n'est pas définitif, et il était utile de leur enlever au moins cette occasion d'espérance : deux colonnes commandées, l'une par le colonel Canrobert et l'autre par le regretté commandant de Saint-Germain, pénétrèrent dans le pays. Sur le point d'être pris, Hadj Ahmet vint faire sa soumission. Le 7 juin 1848, il remit ses armes au colonel Canrobert, ne lui demandant qu'une chose : « le respect à ses femmes ». L'ex-bey était accompagné de son harem fort déchu probablement de sa splendeur passée.

Hadj Ahmet était un beau vieillard à l'air imposant

et majestueux ; il avait, à notre point de vue, bien des crimes à se reprocher et il supportait sa déchéance avec résignation. Il dit au colonel Canrobert : « Tu sais que j'étais autrefois le chef de tout ce pays, que mon autorité n'avait pas d'égale. Est-ce que tu assistais à la prise de ma ville? — Oui. — Et qu'étais-tu alors? — J'étais un simple siaf (officier). — Comment! quand j'étais grand, tu n'étais qu'un simple siaf, et c'est à toi que je viens me confier aujourd'hui ! Dieu l'a voulu; c'était écrit. » Et il s'absorba dans une profonde méditation.

La partie sud-est de l'Aurès a nom djebel Chechar. C'est le pays le plus aride, le plus stérile, le plus desséché que l'on puisse imaginer; il n'y croît absolument rien sur les monts. Le long des cours d'eau il y a quelques palmiers et quelques arbres fruitiers. L'oasis de Kriran, sur l'oued el Arab, est une des plus importantes, et pourtant elle se réduit à quelques groupes de palmiers au pied d'un mamelon sur lequel repose un misérable village. Ce pays déshérité est soumis à l'action pernicieuse du *chehli*, ce vent du sud-ouest qui corrode tout et fait un sol nu de celui qui fut couvert de végétation. Il est certain que ce pays eut autrefois ses cultures, ses futaies, puisque l'on trouve partout des traces de l'occupation romaine et des travaux de canalisation ; mais le chehli a successivement tout desséché, tout brûlé. Les pentes sud et sud-ouest de l'Aurès sont rongées, à tel point que la végétation ligneuse des genévriers et des chênes verts rabougris s'y maintient à peine à 1200 mètres de hauteur. Les eaux fuient et remontent d'année en année sur les hautes pentes; elles disparaissent sous le sol l'une après l'autre. Les habitants ne se font pas d'illusion sur ce pays, ils l'appellent « le pays de la misère ».

Heureusement pour ce pauvre pays, l'oued el Arab multiplie ses courbes dans la montagne et a permis aux habitants de cultiver ses bords.

Nous avons parcouru tout ce pays en 1850 avec la colonne du général de Saint-Arnaud et nous avons gardé le souvenir de l'affreuse dégradation dans laquelle la misère a fait tomber la population. Une seule localité offre quelqu'intérêt : c'est la petite ville de Kranga Sidi Nadji, bâtie sur l'oued el Arab, au point où cette rivière s'échappe par une profonde échancrure rocheuse pour pénétrer dans le Sahara; elle est à 254 mètres d'altitude, dans le lit même de la rivière; les palmiers sont des deux côtés de la berge. A cause de sa situation pittoresque, mais trop encaissée, cette oasis doit avoir, en été, des chaleurs sénégaliennes; aussi elle produit les meilleures dattes du cercle de Biskra, parce que, comme disent les Arabes, les palmiers ont le pied dans l'eau et la tête au soleil.

Kranga diffère des autres ksours des Zibans par sa construction : au lieu de briques séchées au soleil, on y a employé des matériaux plus résistants : de la pierre, du marbre. Quelques maisons, celle du kaïd, entre autres, ainsi que la mosquée, sont curieuses à voir.

Les habitants de l'Aurès appartiennent à la race berbère, comme presque tous ceux qui habitent les montagnes élevées ; mais dans ce massif surtout ont été remarquées des tribus dont les habitants diffèrent tout à fait du type berbère ; on les fait descendre des Romains, des Vandales surtout, parce qu'ils ont les cheveux et la barbe blonds, des yeux bleus et une peau blanche partout où elle n'est pas exposée au soleil.

Une tradition arabe présente le mont Aurès comme le dernier refuge de l'indépendance de la race *chaouïa* avant qu'elle fût entièrement soumise. Les Chaouïa

Kriran, sur l'oued el Arab Aurès).

habitent des maisons et cultivent des jardins comme les Kabyles du littoral de la Méditerranée.

A l'ouest du djebel Sahari s'épanouit le djebel Amour, massif montagneux qui, bien qu'il soit au sud du steppe, envoie pourtant ses eaux du versant nord à la mer.

C'est dans cette montagne que le Chéliff prend sa source par des aïn nombreux qui déversent leurs eaux sur les deux flancs : au nord, le Chéliff; au sud, l'oued Mzi que nous retrouverons sous le nom d'oued Djédi, traversant le désert algérien de l'ouest à l'est jusqu'au Melrir.

Au sud-ouest le djebel Sahari se continue par des massifs rapprochés les uns des autres, laissant entre eux des défilés, passages qui donnent accès dans le Sahara en venant du Tell.

CHAPITRE IV

LE SAHARA.

L'idée que l'on se fait généralement du Sahara est celle d'une immensité nue, déserte. Cette idée n'est pas tout à fait exacte. Le désert est plus ou moins habité selon les lieux et suivant ses ressources. Il existe des puits et des sources autour desquels se sont groupées des habitations : c'est l'oasis que l'on nomme encore *Fiafi*. Sur certains points, un peu déprimés, les pluies de l'hiver séjournent et permettent à quelques herbes de croître sur le sable ; les Arabes y viennent, au printemps, faire paître leurs troupeaux : c'est le *Kifar*. Enfin il y a des parties où rien ne croît, où le roc est vif, où la vie est impossible, où elle est quelquefois difficile pour ceux qui ne font que passer : c'est le *Falat*, où il n'y a que des cailloux et du sable que le vent soulève par couches minces en laissant des ondulations à la surface, qui est comme moirée.

Vu dans son ensemble, le désert ressemble à une mer fauve traversée par des bandes, des stries sur lesquelles se joue la lumière ; il n'est pas absolument plan, il offre, au contraire, des mamelons isolés, des chaines de collines, des sillons noirâtres qui sont des vallées et des aspérités qui sont des monticules de rochers ou de sable. Ces formes diverses se multiplient et vont se perdre dans un horizon lointain d'un gris rougeâtre, où tout est confondu, ciel et terre, car le ciel n'est pas bleu, il n'est pas même à l'horizon d'un bleu atténué par l'éloignement, il est franchement gris clair; et, même au milieu du jour, on croirait qu'une gaze est tendue entre l'œil et l'horizon. Quelquefois une tache noire plus ou moins large agrémente la surface nue du désert : c'est une oasis. Je dis agrémente parce que l'on sait que dans l'oasis il y a de l'eau, de l'ombre et du repos possible.

Mais les oasis ne sont pas distribuées uniformément sur toute la surface du Sahara algérien. Elles sont nombreuses dans le sud de la province de Constantine; moins nombreuses dans le sud de la province d'Alger; il en existe très peu dans le sud de la province d'Oran, où il faut gagner les ouled Sidi Cheikh pour en trouver quelques-unes.

La raison de la présence des oasis se trouve tout naturellement dans la disposition du sous-sol saharien, qu'il n'est pas sans intérêt d'examiner. Sous la couche sablonneuse du Sahara existe une nappe d'eau plus ou moins rapprochée de la surface, suivant les ondulations du sol; quelquefois même, l'eau coule dans un véritable lit aux berges encaissées, comme dans l'oued Djédi, puis elle se perd, absorbée par les sables, et va rejoindre la nappe d'eau souterraine. A Zaatcha, la grande difficulté du siège consistait en un fossé toujours rempli d'eau qui entourait la ville; ce fossé était alimenté par la nappe d'eau souterraine parce qu'en ce point elle se trouvait à peine à 2 mètres du sol.

L'inclinaison générale du Sahara algérien est de l'ouest à l'est. A l'ouest, sur le méridien d'Oran et de Tlemcen, existe une surélévation du sol saharien dirigée du nord au sud, de sorte que les eaux suivent deux directions différentes, l'une de l'est à l'ouest vers l'océan, l'autre de l'ouest à l'est vers le Sahara. Ce sont

Kranga Sidi Nadji (Aurès). Maison du kaïd.

les seules qui nous occupent. Ces eaux, bues par les sables, se réunissent dans les parties déclives de l'intérieur du sol ; c'est un bénéfice puisqu'elles ne sont pas aussi vite vaporisées, et elles viennent donner naissance à de nombreux cours d'eau qui se perdent dans des lacs, ou sont absorbées par les sables, ou bien elles vont aboutir à l'oued Mzi et l'oued Djédi. Celui-ci est le plus grand oued du Sahara et au lieu de couler du nord au sud, comme tous les ruisseaux sahariens, il coule de l'ouest à l'est, comme pour recueillir sur son passage toutes les eaux de la contrée. A mesure donc que l'on se rapproche de l'est, la nappe d'eau souterraine est moins profonde, l'humidité du sol est plus grande et les oasis sont en plus grand nombre. C'est en effet dans la province de Constantine qu'on en rencontre le plus.

Dans le voisinage de Biskra, les oasis sont assez nombreuses pour qu'on les ait groupées sous des dénominations différentes. Les Zibans sont en effet désignés sous les noms de Zab Cheurgui ou de l'est ; Zab Guebli ou du sud ; Zab Dahraoui ou du nord, et toutes sont plus ou moins bien arrosées par la nappe souterraine et par les rivières venues des montagnes de l'Aurès.

La partie déclive du Sahara est dans la Tunisie où se trouve le lac de Melrir à 20, 25, 27 mètres au-dessous de la Méditerranée, et pourtant ce lac est presque toujours sans eau. C'est un bourbier sale autour duquel sont des efflorescences salines. C'est là que l'on projette la mer saharienne, la mer intérieure, en joignant le Melrir aux autres lacs tunisiens qui aboutissent presque au fond du golfe de Gabès. La difficulté de l exécution ne serait pas grande avec les moyens dont l'industrie dispose et la nature des terrains à extraire, mais quel serait le résultat ? Pas ou peu de produit dans tout le pays qui environne; pas de possibilité de transformer le sol, dont l'imprégnation saline est opposée à toute culture. Cultivons le Tell cultivable et laissons le Sahara aux peuplades de pasteurs qui savent profiter du peu qu'il produit.

Malgré cette apparence de dénuement, le Sahara est habité par des tribus nombreuses, riches en troupeaux qui doivent à cette possession le genre de vie particulier auquel ils sont soumis ; toutes ces tribus sont nomades, vivent sous la tente. Ayant auprès d'elles tout ce qui est nécessaire pour les déplacements, elles ne restent sur place que le temps nécessaire pour faire manger par les troupeaux ce que fournit le sol, puis elles vont s'établir sur un autre point. Mais pour qu'il n'y ait pas de contestation entre elles, ces tribus ont des territoires qui leur sont affectés et que l'on nomme terre de parcours de telle ou telle tribu.

Indépendamment de ces déplacements auxquels les tribus nomades sont assujetties pour la nourriture des troupeaux, elles sont obligées encore à des déplacements pour elles-mêmes. Le Sahara ne produit que des dattes, et cette nourriture sans mélange finirait par être nuisible; aussi, chaque année, au moment où les chaleurs ont desséché le peu d'herbes du Sahara et tari les sources, les tribus nomades prennent la route du nord et viennent dans le Tell vivre à côté de tribus à qui elles payent une redevance. De tout temps les choses se sont passées ainsi et les tribus sahariennes reviennent chaque année estiver près de leurs amies du Tell à qui elles achètent du grain qu'elles emportent au désert pour vivre pendant la saison d'hiver. Ces voyages du sud au nord donnent lieu à des échanges de produits : le Sahara apporte des dattes, des laines brutes ou travaillées, et le Tell lui fournit des grains et d'autres objets de consommation qui proviennent des commerçants du littoral. Vers le mois de novembre les nomades quittent toujours le Tell pour rentrer dans le Sahara. Mais la nécessité de leurs déplacements fréquents pour faire paître les troupeaux les oblige à laisser en dépôt les provisions qu'ils ont apportées du Tell, c'est alors qu'ils ont recours aux Arabes sédentaires qui habitent les ksours où ils ont des maisons en terre grossièrement construites. Ces Arabes sédentaires sont aussi chargés des soins multipliés qu'exigent les palmiers, soit pour la fécondation, soit pour les irrigations fréquentes. Ces hommes, chez qui l'instinct de la vie nomade n'est pas développé, ne sont pas de la même origine que les Arabes, s'il faut en croire la tradition. Ils seraient les descendants des Authoctones poussés par Okba dans les montagnes élevées et dans le Sahara, où les uns et les autres se sont fixés au sol par instinct de race. L'Arabe, au contraire, conserve ses goûts nomades, autant par nécessité que par habitude, car il doit pourvoir à la vie de ses immenses troupeaux et tout empêchement lui serait un grand préjudice. Il y a quelques années, je voyais à Lagouat le bach Aga des Larbaa, homme intelligent, très dévoué, officier dans un de nos régiments de spahis ; il se disposait à se rapprocher du Tell, en suivant, du sud au nord, la direction des cours d'eau si nécessaires pour les troupeaux. Or, sur son chemin, il devait rencontrer des concessions d'alfa que les troupeaux devaient fouler. L'embarras était grand ; le concessionnaire de l'alfa voulait avec raison faire respecter son terrain ; le chef arabe devait protéger son monde, il disait : « Si nous sommes forcés de nous écarter des cours d'eau, c'est la mort pour nos troupeaux et pour nous la misère », et dans son exaspération il ajoutait quelques réflexions qu'il fallait trouver justes sans toutefois en convenir.

Arabe du Sud.

Cette nécessité de se procurer dans le Tell ce qui est nécessaire à sa nourriture met l'habitant du Sahara dans une sorte de dépendance, et nous pourrions toujours le prendre par la famine en lui interdisant l'accès du Tell ; les Sahariens le savent et en conviennent : « La terre du Tell est notre mère, disent-ils, celui qui l'a épousée est notre père. » Ils disent encore : « Nous ne pouvons être ni musulmans, ni juifs, ni chrétiens, nous sommes forcément les amis de notre ventre » ; et pourtant la solidarité est si grande entre musulmans que, même menacés de se voir interdire l'entrée du Tell, ils bravent la défense pour secourir leurs frères. En 1849, lors du siège de Zaatcha, au mois de novembre, les nomades quittaient le Tell pour rentrer au désert, et pour qu'ils ne vinssent pas grossir le nombre des défenseurs de Zaatcha, ou nous créer des embarras par des attaques extérieures, on leur a fait défendre de franchir les passes, sous peine de se voir interdire l'entrée du Tell l'année suivante. Ils n'ont tenu aucun compte de notre défense et, comme nous nous y attendions, ils sont venus nous attaquer avec leur nombreuse cavalerie, et comme toujours aussi, poussés par un sentiment d'humanité, l'année suivante nous avions oublié notre menace et nous leur ouvrions l'accès du Tell. Il est vrai qu'ils avaient subi de grandes pertes dans leurs attaques et que la leçon avait été bonne.

Dans ces conditions, le Sahara ne serait pas habitable si le palmier ne lui donnait une valeur et n'en était le plus bel ornement. Aussi l'amour du Saharaoui pour le palmier est si grand que la poésie arabe en a fait un être animé, créé par Dieu le sixième jour, en même temps que l'homme.

« Toute oasis se compose principalement de palmiers dattiers, dit M. Charles Martin, professeur à la Faculté de médecine de Montpellier (1), qui semblent former une forêt continue; mais, en réalité, ils sont plantés en ligne dans des jardins séparés par des murs en terre percés en amont d'un orifice par lequel la rigole d'irrigation pénètre dans le carré.

« Le dattier est l'arbre nourricier du désert; c'est là seulement qu'il mûrit ses fruits ; sans lui le Sahara serait inhabitable et inhabité. Pour exprimer à quelles conditions il prospère, l'imagination des Sahariens exagère le vrai afin de le rendre plus palpable. « Ce roi des oasis, disent-ils, doit plonger ses pieds dans l'eau et sa tête dans le feu du ciel. » La science consacre cette affirmation, car il faut une somme de chaleur de 5100 degrés accumulée pendant huit mois pour que le dattier mûrisse parfaitement ses fruits (la chaleur n'étant utile à cet arbre qu'à partir de 18 degrés, toute température inférieure à ce degré n'entre pas dans ce calcul). La somme de chaleur est-elle moindre, les fruits nouent, mais ils grossissent à peine; restent âpres au goût et privés de la fécule et du sucre qui constituent leurs propriétés nutritives.

« Le climat du Sahara réalise ces conditions : la température moyenne de l'année doit être de 20 à 24 degrés suivant les localités. Les chaleurs commencent en avril et ne cessent qu'en octobre. Pendant l'été, le thermomètre atteint souvent 45 degrés et même 51 à l'ombre. L'hiver est relativement froid. A Biskra, le thermomètre descend quelquefois, en février, à 2 et 3 degrés au-dessous de zéro. Dans l'oued Rir, nos soldats ont eu leurs bidons remplis d'eau couverts le matin d'une mince couche de glace. Les dattiers supportent parfaitement un froid nocturne sec et passager de 6 degrés au-dessous de zéro

(1) *Les oasis de l'oued Rir.*

et une chaleur de 50 degrés. Le sable du désert qui

Palmiers de l'oasis de Biskra.

rayonne beaucoup se refroidit plus que l'air et conserve à quelques décimètres de profondeur une fraîcheur qui se communique aux racines des arbres.

Gorge d'El Kantara, oasis côté du sud.

Les pluies sont rares dans le Sahara; elles tombent en hiver, et provoquent le réveil de la végétation desséchée par les chaleurs de l'été. Quelquefois elles sont torrentielles, mais de courte durée. A Tougourt et à Ouargla des années entières se passent sans qu'il tombe une goutte d'eau. Comprend-on maintenant la reconnaissance des Arabes pour l'arbre aux fruits sucrés qui, arrosé par des eaux saumâtres, mortelles à la plupart des végétaux, prospère dans le sable, restant vert quand tout autour de lui se torréfie sous les rayons d'un soleil implacable; résistant aux vents qui courbent jusqu'à terre sa cime flexible, mais ne sauraient rompre son stipe composé de fibres entrelacées, ni déraciner sa souche retenue par des milliers de racines adventives qui, descendant du tronc vers la terre, le lient invariablement au sol? Aussi peut-on dire sans métaphore: Un seul arbre a peuplé le désert; une civilisation rudimentaire comparée à la nôtre, très avancée par rapport à l'état de nature, repose sur lui; ses fruits, recherchés dans le monde entier, suffisent aux échanges et créent non seulement l'aisance, mais la richesse.

Dans les trois cent soixante oasis qui appartiennent à la France, chaque dattier acquitte un droit qui varie de 20 à 40 centimes suivant les oasis, et ces cultures prospèrent, le produit de chaque arbre étant de 3 francs environ. Le nombre des dattiers fait la richesse d'une oasis; mais tous ne donnent pas des fruits; en effet, cet arbre est dioïque. Il y a des pieds mâles et des pieds femelles. Les pieds mâles ont des fleurs munies d'étamines seulement et formant une grappe renfermée, avant la maturation du pollen, dans une enveloppe appelée spathe.

Les pieds femelles, au contraire, portent des régimes de fruits enveloppés également dans une spathe, mais qui ne sauraient se développer si le pollen ou poussière des étamines ne les a pas fécondés.

Pour assurer cette fécondation, sans planter un trop grand nombre de mâles improductifs, les Arabes montent à l'époque de la floraison, vers le mois d'avril, sur tous les individus femelles et insinuent dans la spathe un brin chargé de fleurs mâles dont les étamines fécondent sûrement les jeunes ovaires. Alors les fruits grossissent, deviennent charnus et forment des grappes appelées régimes, dont le poids atteint quelquefois de 10 à 20 kilogrammes. Pour multiplier les dattiers on ne sème pas les noyaux des fruits, quoiqu'ils germent avec une extrême facilité, car on ne saurait deviner à l'avance le sexe de l'arbre ; on préfère donc détacher du tronc des palmiers femelles un rejeton que l'on plante et qui devient un arbre productif à partir de l'âge de huit ans.

« Chaque arbre produit dans sa plus grande force, dit M. Hardy, directeur du jardin d'essais à Alger, de huit à dix régimes par an donnant chacun 6 à 10 kilog de dattes, ce qui fait une moyenne de 72 kilogrammes par arbre, 7200 kilogrammes par hectare, un hectare ayant généralement une centaine de palmiers. Considérées en masse, les dattes valent dans le désert, au moment de la récolte, une fois moins que le blé. Dans le Tell, au contraire, au moment de la moisson, les dattes valent deux fois le blé, c'est-à-dire que l'on a deux de blé pour un de dattes : d'où il suit que la valeur du blé et des dattes est la même ; la différence qui peut exister s'établit par les frais de transport, de conversion et de magasinage. La culture du blé produit aux indigènes du Tell six quintaux à l'hectare dans les bonnes récoltes ; la culture du dattier dans le Sahara produit un poids de dattes douze fois supérieur à surface égale. »

Outre les dattes destinées à la consommation régulière, on récolte encore des dattes de luxe, qui sont préparées avec des soins particuliers pour l'exportation et qui se vendent plus cher.

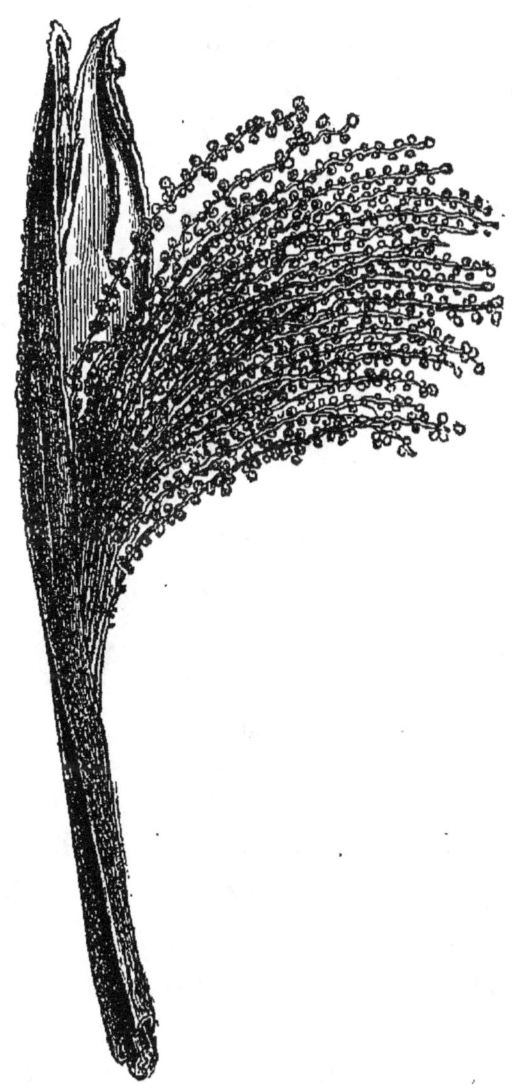

Grappe de fleurs du dattier.

Le dattier cultivé par les indigènes n'a pas produit moins de variétés que nos arbres fruitiers les mieux cultivés : on compte soixante-dix variétés de dattes dans les Zibans.

Le dattier offre encore quelques autres ressources utilisées sur place par les indigènes. Les branches appelées *djrid* servent à faire des toitures, des clôtures, des plafonds ; les folioles servent à tresser des nattes, des paniers, des couffins, les troncs refendus servent aux charpentes des maisons, à boiser les puits, à établir des ponts sur les canaux d'irrigation.

Lorsque les dattiers sont vieux et près d'être sacrifiés, on en extrait la sève pour en faire du vin de palmier; d'autres fois la partie cellulaire et naissante du bourgeon est enlevée, ce que l'on appelle cœur de palmier;

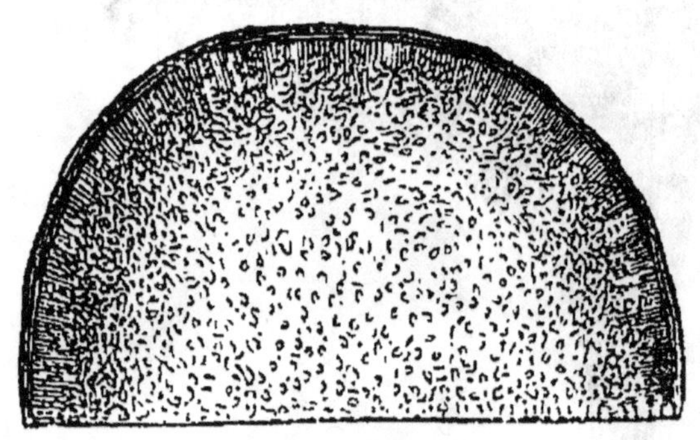

Coupe de palmier.

elle fournit un mets dont les indigènes sont très friands. Les fruits peuvent donner un alcool d'excellente qualité; on les emploie peu pour cet usage. Les noyaux de dattes, concassés ou ramollis dans l'eau, sont souvent donnés au bétail, même aux chameaux et aux chevaux.

La tête des palmiers s'élève à environ 15 mètres au-dessus du sol. L'air circule sous le vaste parasol formé par les cimes rapprochées; mais le soleil n'y pénètre pas. De l'ombre, de l'air et de l'eau, tels sont les trois éléments qui permettent les cultures les plus variées dans les jardins de palmiers. Malgré les chaleurs accablantes de l'été, on y cultive des arbres à fruits : figuiers, abricotiers, grenadiers, oliviers; des légumes : navets, choux, oignons, carottes et surtout le piment, des potirons, des melons, des pastèques; le henné, qui sert à teindre les ongles des femmes, la paume de leurs mains et les cheveux des enfants.

Après ces quelques généralités sur le Sahara, examinons-le plus en détail.

Nous avons dit qu'après avoir traversé le djebel Sahari, à El Kantara, dans la grande coupure de l'oued Kantara que les Arabes appellent *foum es Sahara* (la bouche du désert), nous avions pénétré dans cette intéressante partie de l'Afrique septentrionale. En effet, nous trouvons de suite la première oasis qui, soûs l'influence de la paix, de la sécurité, a singulièrement prospéré depuis vingt ans. J'ai mis cet intervalle entre deux visites, et j'ai constaté avec satisfaction que, là où il n'y avait que quelques palmiers chétifs et une population misérable, il y a aujourd'hui un luxe inouï de végétation, des travaux d'irrigation bien compris et une apparence de bien-être, autant dans la physionomie des habitants que dans leurs maisons. Il en est de même à la seconde oasis que l'on rencontre à *el Outaia*, où autrefois il n'existait qu'un *seul* palmier, laissé par ordre d'un bey de Constantine qui avait fait massacrer la population et détruire l'oasis. Aujourd'hui une verte ceinture entoure la ville reconstruite et un centre important de population arabe est reformé sur l'emplacement d'une ancienne cité romaine, près de laquelle on retrouve des traces d'aqueduc.

El Outaia (la plaine) est à 266 mètres d'altitude sur le bord de l'oued Kantara, par conséquent dans une position où un barrage aurait les plus grands avantages pour les cultures de cette plaine. La rivière est quelquefois à sec, mais, après les pluies dans l'Aurès, elle devient très forte et a un débit considérable. A un retour de Biskra avec la diligence, nous avions déjà traversé plusieurs fois la rivière dans ses nombreuses sinuosités et nous avions encore à la traverser plusieurs fois ; il avait plu dans la montagne, et l'Amar Khaddou était encore enveloppé de nuages; le conducteur, en homme prudent, fit arrêter la diligence sur un terrain un peu élevé et attendit. Nous entendions au loin un bruit sourd qui allait s'accentuant davantage; bientôt ce fut comme un roulement de tonnerre, et nous vîmes dans le lit de la rivière d'abord un soulèvement de poussière, puis l'eau dont le flot s'élevait à chaque minute, poussant devant lui des arbres déracinés et de grosses masses de pierres dont les angles arrondis montraient qu'elles n'étaient pas à leur premier voyage. C'était un spectacle grandiose et effrayant. On avait peine à calmer les chevaux dont les oreilles droites et les naseaux ouverts attestaient la frayeur; après quelques heures passées dans l'anxiété, le ciel s'éclaircit, la pluie cessa dans la montagne et les eaux diminuèrent avec la même promptitude qu'elles avaient augmenté, et nous pûmes nous remettre en route. Mais surgissait un nouvel embarras: le gué s'était modifié sous l'avalanche et il était nécessaire de le sonder. Des Arabes traversèrent la rivière dans plusieurs parties de l'ancien gué, relevèrent des pierres, en écartèrent d'autres, et nous pûmes traverser. Nous avions encore à renouveler trois fois la même opération. C'est ainsi que les choses se passent toujours, après un orage dans les régions voisines des montagnes abruptes comme l'Aurès. Des barrages au débouché des ravins, outre qu'ils préviendraient les inconvénients des grandes crues subites, fertiliseraient une étendue considérable de terres sahariennes.

Nous avons tous pu faire dans la plaine d'el Outaia une ample moisson de coquillages fossiles, comme des huîtres, des oursins, des peignes et même des hippo-

Murs de clôture d'une oasis.

campes, tous réduits à l'état de silex ; on en trouve, du reste, dans beaucoup de parties du Sahara, d'où l'on conclut que cette région était autrefois couverte par la mer.

Dans le sud de la province de Constantine il n'y a pour ainsi dire pas de steppe. L'Aurès meurt dans le Sahara et à ses pieds sont les oasis du Zab Chergui ou Zab de l'est. Elles sont nombreuses et à des altitudes bien différentes. Ainsi quand Sidi Okba est à 44 mètres d'altitude, Kranga Sidi Nedji est à 254 et El Faïd à 9 mètres au-dessous du niveau de la mer. Aussi cette région est-elle bien dotée sous le rapport de l'humidité; elle se trouve dans la partie déclive du bassin saharien, où vont se perdre les eaux de l'oued el Arab, et elle jouit d'abondantes moissons.

La plus renommée des oasis du Zab Chergui est Sidi Okba; elle renferme le tombeau d'Okba ben Nafi, le même qui conduisit les Arabes à la conquête de l'Afrique septentrionale, et ne s'arrêta qu'au bord de la mer en face de l'Espagne. Il avait fondé Kaïrouan, chemin faisant; mais ces exploits ne s'étaient pas produits sans irriter les Berbères, premiers occupants, et ils attendaient une occasion favorable pour tirer vengeance de l'usurpation de leur territoire. Quand Okba se crut bien assuré de la possession du pays, il renvoya à Kaïrouan la plus grande partie de ses forces; les Berbères de l'Aurès profitèrent de cette circonstance pour attaquer Okba, qui fut tué avec presque tous les siens Il est enseveli à Sidi Okba depuis l'an 63 de l'hégire (682 de J.-C.).

Biskra est la plus grande des oasis, elle en est comme la capitale. Elle a un passé légué par les Romains, que nous trouvons partout dans cette Numidie. C'est une oasis francisée. Les maisons à l'usage des Européens sont construites comme celles des indigènes, en briques séchées au soleil, mais on a pris le soin de faire des arcades qui abritent du soleil. L'eau y est abondante

Mosquée de Sidi-Malek aux environs de Biskra.

et circule partout dans les rues et les jardins, où elle arrose plus de 150,000 palmiers et un grand nombre d'autres arbres. J'ai visité avec grand intérêt un parc comme on ne peut en voir que dans un pays aussi favorisé que celui-ci; il a été créé par M. Landon, qui, au milieu des palmiers indigènes, a introduit toutes les plantes tropicales. C'est un coup d'œil ravissant; on se croirait transporté dans une serre, seulement ici tout est grand, tout est puissant, les plantes sont en pleine végétation et en pleine prospérité. L'heureux possesseur de cette merveille y a fait construire une charmante habitation, mais on regrette de ne pouvoir lui faire sur place compliment de son bon goût : il ne fait à Biskra que de rares apparitions.

Le Zab Guebli du sud contient un groupe d'oasis qui n'en forment pour ainsi dire qu'une seule, bien que les trois ksours (villages) soient séparés; ce sont : Zaatcha, Lichana et Farfar. Zaatcha n'a de remarquable que son fossé qui entoure le ksour et dont l'eau se renouvelle sans cesse, parce qu'elle est fournie par la nappe d'eau souterraine. Ce fut une des grandes difficultés du siège de cette oasis. Nous n'avons pas à nous en occuper en détail, mais nous pouvons dire que pas un siège, pas même celui de Constantine, n'a offert les péripéties de celui de Zaatcha. A Constantine, nous avons eu surtout contre nous le mauvais temps, mais nous n'avons pas tenté infructueusement un assaut. A Zaatcha, le 20 octobre 1849, nous avons donné l'assaut et nous avons été obligés de nous retirer après avoir laissé une compagnie de la légion étrangère enfouie sous des terrasses écroulées, sans autre passage pour pénétrer dans la Dachéra. Là, tout se trouvait réuni pour perpétuer un siège qui présentait chaque jour des difficultés nouvelles : chaque jardin de l'oasis était une forteresse dont les Arabes se servaient merveilleusement; ils passaient de l'un dans l'autre, nous échappant sans cesse et utilisant les créneaux préparés à l'avance dans les murs des jardins pour fusiller nos soldats à bout portant. Une première tentative, dirigée au mois d'août par le colonel Carbuccia, avait échoué. Au mois d'octobre, le général Herbillon échouait aussi. L'audace des Arabes et leur confiance s'augmentaient de nos échecs. Enfin il fallut des travaux de sape, des batteries nombreuses pour faire dans ces murs en terre une brèche suffisante; encore les boulets n'arrivaient-ils pas à abattre ces pans de murs en terre qui s'effritaient sous le projectile et que les Arabes bouchaient immédiatement avec de la terre.

Après l'assaut du 20 octobre, deux colonnes commandées l'une par Canrobert, le colonel des zouaves, l'autre par le colonel de Barral, vinrent nous rejoindre, et un mois après seulement nous étions en mesure de tenter un nouvel assaut. Trois colonnes sous les ordres du colonel Canrobert, du colonel de Barral, et du colonel de Lourmel, parvinrent à pénétrer dans cette place énergiquement défendue. Bou Zian, l'instigateur de la révolte, son fils et Hadj Moussa furent tués et leurs têtes exposées au camp français, puis au marché arabe de Biskra.

Tougourt est une oasis qui a beaucoup perdu de son importance, elle avait autrefois des fossés aujourd'hui desséchés par mesure hygiénique. Les habitants, comme tous ceux des ksours, ont l'air chétif et misérable. Nous y avons un poste militaire qui habite la kasba; de ce point il peut exercer une surveillance sur toutes les oasis voisines. Il existe une mosquée plus belle que celles que l'on rencontre dans les ksours; elle fut bâtie en 1805 par un des cheiks de Tougourt, Ibrahim ben Ahmed ben Mohamed ben Djellab.

Cette famille des Djellab a été de tout temps désignée

Le marché à Biskra.

sous le nom de sultans de Tougourt, chaque membre y a son tombeau.

A l'ouest du Ziban il existe encore des oasis, mais elles sont disséminées surtout dans le voisinage des rivières souvent taries de l'oued Djédi; les oasis groupées sont toutes au sud de la province de Constantine, dans l'oued Rir et l'oued Souf. A l'ouest la première oasis importante est Laghouat, c'est à peu près la seule.

Laghouat est une magnifique oasis. Quand on a cheminé pendant trois jours et presque trois nuits dans une affreuse patache qui a nom diligence, et que l'on arrive, exténué, à une pointe de montagne appelée communément, à cause de sa forme, *le Chapeau de gendarme*, on est agréablement surpris par la vue des cultures répandues au milieu d'une plaine et par le groupement des palmiers dans la vallée qui sépare deux monticules voisins. On est en présence de Laghouat, bâtie sur ces deux monticules à 780 mètres d'altitude. L'oued Mzi, descendu du djebel Amour, passe au pied de Laghouat après avoir fourni un canal de dérivation, obtenu au moyen d'un barrage, pour l'irrigation des palmiers de l'oasis.

On sait comment Laghouat est tombée en notre pouvoir. Comme à Zaatcha, il a fallu un siège, un assaut, et, d'un côté comme de l'autre, nous avons eu de nombreuses victimes à regretter. Les noms de Bouscaren, de Morand donnés à des forts de Laghouat rappellent des noms de victimes. Au moins ici avons-nous gardé le territoire chèrement acheté, tandis qu'à Zaatcha nous avons laissé l'oasis dont nous ne pouvions rien faire, et les Arabes la laissent aussi parce que, pour eux maintenant, c'est un lieu maudit. Laghouat au moins nous ouvre une des grandes routes du sud.

Laghouat est beaucoup mieux bâtie que les villes des oasis, même mieux que Biskra. Nous avons certainement transformé cette ville en y faisant des constructions à arcades plus élégantes, en y construisant une mosquée et en ouvrant de larges rues ; mais nous n'avons pas changé le mode de construction. Ce sont toujours des briques crues que l'on recouvre d'un badigeonnage. Quelques quartiers n'ont pas été modifiés. Les changements importants ont été commandés par l'élargissement d'une place publique où se trouvent tous les établissements officiels et le cercle des officiers qu'agrémente un magnifique jardin, décor parfait pour les fêtes arabes comme celle à laquelle j'ai eu le plaisir d'assister, et qui a bien droit à une mention particulière, ne fût-ce que pour donner au récit une couleur locale.

Ces fêtes (nebita) sont toujours les mêmes ; ce sont des soirées dansantes pour lesquelles les actrices sont recrutées dans une certaine population de mœurs faciles. Au son ou plutôt au bruit assourdissant d'un tambour, d'un rebec et d'un darbouk, ces almées du désert exécutent en cadence des torsions chorégraphiques qu'elles nuancent, selon l'expression qu'elles veulent leur donner. Le début est lent ; le mouvement s'accentue, les poses deviennent lascives, et de même que nous jetons des bouquets aux actrices qui nous ont charmés, les indigènes mettent des pièces d'argent, d'or, sur le front, sur les joues, sur les bras des almées suivant que leur enthousiasme est porté plus ou moins loin. Les Européens sont généralement assez indifférents à ces exercices ; les indigènes, au contraire, se pâment de bonheur devant ce déhanchement cadencé auquel l'expression de la physionomie ne prend aucune part.

Ces bayadères sont toutes des Ouled-Naïls qui, comme nous l'avons dit, ont depuis longtemps la spécialité de fournir à toutes les villes de la région saharienne. Elles ont des vêtements faits de belles étoffes, la tête surchargée de nattes de cheveux, d'autres de laine, enveloppées dans des étoffes aux couleurs brillantes, et le tout à demi couvert par une autre étoffe qui

Tombeaux des Ben-Djellab, anciens sultans de Tougourt.

du sommet de la tête est attachée sous le menton et flotte par derrière.

Mais ce qui est le plus remarquable dans le costume,

Femme du Ouled-Naïls (Bayadère).

ce sont les bijoux dont elles se parent : il en est de toutes les formes. Le plus grand nombre est constitué par des pièces d'or de 20, 40 et même de 100 francs, françaises, ou des sequins, le tout formant chapelet. Elles portent ainsi leur fortune sur elles et elles en font parade; c'est une gloire d'exhiber de nombreuses pièces d'or parce qu'elles sont la preuve du charme qu'elles ont exercé sur les admirateurs de leurs talents chorégraphiques et autres.

Cette surcharge d'ornements est accompagnée d'une surcharge de peinture. Les yeux sont agrandis avec le khol, la figure, les lèvres sont colorées en rouge; les mains, les ongles ont été couverts de henné qui laisse une coloration brune, et les huiles rances dont les cheveux sont enduits, mêlées aux parfums pénétrants de musc qui s'exhalent de partout, prennent à la gorge et suffoquent quiconque n'y est pas habitué; mais c'est encore une couleur locale qui complète la fête.

Fromentin, qui s'était pris de passion pour les pays sahariens, a peint des tableaux d'une saisissante vérité, autant avec la plume qu'avec le pinceau. Rendant compte d'un de ces tableaux, Th. Gautier fait un véritable portrait des rues de Laghouat : « Une rue de Lar'ouat, dit-il, ne plairait pas aux amateurs du progrès qui demandent pour toutes les villes de l'univers, trottoirs, macadams, alignement, becs de gaz et numéros sur lave de Volvic. De chaque côté de la voie accidentée comme un lit de torrent à sec, s'élèvent des maisons, les unes en saillie, les autres en retraite; celles-ci surplombant, celles-là se penchant en arrière et se terminant par un angle carré sous un ciel d'un bleu intense calciné de chaleur. Grands murs blancs, petites fenêtres noires semblables à des judas, portes basses et mystérieuses; tout un côté dans le soleil, tout un autre dans l'ombre; voilà le décor. Au premier coup d'œil la rue paraît déserte; à l'exception d'un chien pelé qui fuit sur les pierres brûlantes, comme sur le sol d'un four, et d'une petite fille hâve, se dépêchant de rentrer, quelques paquets au bras, on n'y distingue aucun être vivant. Mais suivez, quand votre regard sera moins ébloui par la vive lumière, la tranche d'ombre bleue découpée au bas de la muraille à droite ; vous y verrez bientôt une foule de philosophes pratiques allongés l'un à côté de l'autre dans des poses flasques, exténuées, semblables à des cadavres enveloppés de leur suaire, qui dorment, rêvent ou font le kief, protégés par la même bandelette bleuâtre. Lorsque le soleil gagnera du terrain, vous les verrez se lever, chancelants de somnolence, étirer leurs membres, cambrer leur poitrine avec un effort désespéré, secouer leurs draperies pour se donner de l'air et, traînant leurs savates, aller s'établir autre part jusqu'à ce que vienne la nuit apportant une fraîcheur relative. A Lar'ouat, le bonheur comme l'entend Zafari :

Dormir la tête à l'ombre et les pieds au soleil.

serait incomplet; il faut aussi que les pieds soient à l'ombre, sans quoi ils seraient bientôt cuits. »

Dans le désert, il n'y a pas de route. Les directions que l'on suit sont tracées par des citernes, des puits, des daias (1) et, une fois adoptées, elles sont suivies par tous. Ainsi la route de Laghouat au Mizab est toujours la même que suivent les caravanes ou nos colonnes; on y rencontre du chihh que les chevaux et les chameaux mangent, des daias épaisses de betoums et de jujubiers sauvages et une citerne construite par le génie militaire. Enfin, à une centaine de kilomètres de Laghouat, on rencontre les premières assises d'un plateau rocheux qui affecte des formes si bizarres, qui est si découpé en tous

(1) Espaces où sont groupés des betoums (pistachiers térébinthes) et des jujubiers sauvages.

sens, qu'il ressemble à un damier ou à un filet, d'où lui est venu son nom de Chebka (filet). Ce sol est sans verdure et souvent sans eau à la surface, mais il existe à une profondeur variable entre 20 et 30 mètres une nappe souterraine marquée par la profondeur des puits. C'est le pays occupé par les Béni M'zab. Il est à une altitude de 700 à 300 suivant que l'on mesure telle ou telle partie du plateau, qui a une inclinaison très marquée du nord-ouest au sud-est.

Les Mozabites, dont on entend souvent parler dans tous les centres de l'Algérie, parce que partout ils se livrent au commerce, sont intelligents, industrieux. Ils sont à l'index chez les musulmans parce qu'ils ne sont pas orthodoxes; ils forment une secte à part que désavouent hautement les quatre sectes officielles de l'islamisme; aussi ont-ils longtemps été pourchassés par les vrais croyants et ont-ils fini par adopter la Chebka, ce rocher aride, espérant qu'ils y seraient tranquilles, ne privant personne d'une terre sans valeur. Cependant ils ont su en tirer parti, et grâce à leur industrie, à leur activité, ils ont fondé au M'zab sept villes, toutes prospères, et ont planté un grand nombre de palmiers. Néanmoins, comme s'ils ne se trouvaient pas encore tout à fait en sûreté, ils se sont attaché des familles arabes qui vivent à côté d'eux et ont pour mission de les défendre au besoin. Aujourd'hui, c'est plutôt la continuation d'un ancien usage qu'une nécessité.

La confédération des Béni M'zab renferme dans ses sept villes une population d'environ trente mille âmes, et ses jardins n'ont pas moins de cent quatre-vingt mille palmiers, dont cent trente mille en état de produire des dattes excellentes. Comme dans toutes les oasis, indépendamment des palmiers, il existe sous leur ombrage un grand nombre d'arbres fruitiers et des légumes. La capitale de la confédération est Gardaïa, « immense ville,

L'oasis et les cultures d'Ourblana, entre Biskra et Tougourt.

dit M. le capitaine Coyne, qui n'a pas moins d'un kilomètre carré de surface ; bâtie en amphithéâtre tout autour d'un mamelon dont la mosquée occupe le sommet, Gardaïa (530 mètres d'altitude) a environ onze mille âmes de population sédentaire; elle est entourée par une enceinte bastionnée percée de trois portes. Elle contient trois quartiers différents formant chacun, dans l'intérieur de la grande enceinte, trois villes bien distinctes; l'une est le quartier des Juifs, tous bijoutiers, que les Mozabites pressurent le plus possible; à qui il est interdit de posséder un jardin dans l'oasis; qui ne peuvent même puiser l'eau que dans le puits qui leur est affecté. Le centre de Gardaïa est occupé par les Mozabites et la partie sud-ouest par le quartier des Medabiah, qui, bien que peu nombreux, s'imposent aux Mozabites et leur inspirent des craintes sérieuses. Ce sont les descendants de ces guerriers mercenaires que les Mozabites ont autrefois appelés pour leur défense. Les autres villes du M'zab sont: Béni Isguen, Mélika, boû Noura, El Attef, Berrian et Guerrara. Ces résultats obtenus dans un pays d'une aridité désespérante sont l'effet de la persévérance et de la volonté, et ils doivent nous donner la confiance que partout où l'homme veut produire il le peut; mais pour cela il faut être actif, laborieux et sobre. Pour le Mozabite, il est vrai, le plus grand stimulant était la nécessité. Il était pourchassé de partout; il fallait donc qu'il s'attachât au seul point où il était supporté; mais il n'en a pas moins fallu un travail immense et une persévérance sans pareille pour atteindre le résultat obtenu dans ce pays. Chez les Mozabites personne ne peut rester inactif, ils sont en cela bien différents des Arabes qui ne se complaisent que dans le *far niente;* ils ont plutôt l'activité du Kabyle, étant comme lui de race berbère. L'enfant se livre aux occupations de son âge, le père cultive les jardins, la mère, les filles tissent les tissus de laine vendus dans le Tell, et le plus grand nombre des Mozabites émigre annuellement pour s'occuper de négoce dans toutes les villes; ils se livrent à toutes les industries et tous prospèrent par leur sobriété et leur économie. On les appelle les Juifs musulmans; il y a bien un peu de vrai.

La reine des oasis est Ouargla; c'est aussi la porte qu'il faut franchir pour pénétrer dans la région saharienne avancée. Comme pour la création de toutes les oasis, les indigènes ont cherché un lieu bas, mouillé, et, à 128 mètres d'altitude, ils ont trouvé la Sebkha Safioun pour planter les premiers dattiers de leur oasis. Cette Sebkha est une nappe d'eau salée, boueuse, couverte par l'évaporation de l'eau d'une couche de sel que les Arabes exploitent et vendent sur les marchés. Ouargla compte, dit-on, avec les oasis adjacentes, environ trois cent cinquante mille palmiers, dont un grand nombre appartiennent aux Mozabites. Ceux-ci, avec la persévérance qui les caractérise, absorbent petit à petit toute la richesse qui les entoure et, par ruse, autant que par activité, se substituent à tous ceux qui possèdent.

Ouargla était autrefois un centre, un grand marché d'esclaves; tout ce que le Soudan produisait, aboutissait à Ouargla avant de prendre la direction de l'est ou de l'ouest. Aujourd'hui, cette reine déchue n'a plus que ses palmiers, heureusement arrosés par les eaux souterraines qui suivent le bassin de l'oued Mia.

Depuis une dizaine d'années nos colonnes ont visité souvent Ouargla et le pays entre Laghouat et Biskra; aussi Ouargla n'a plus de mystère pour nous. Le général de la Croix a dépassé Ouargla et battu les tribus rebelles du sud de la province de Constantine à Tamesguida et à Aïn Taïba; il avait ainsi obtenu la soumission des Chambaa; mais, à cause des chaleurs, il n'avait pu pousser jusqu'à El Golea, à environ 70 lieues au sud d'Ouargla, où s'étaient réfugiés les insurgés.

Gardaïa, ville principale du Béni M'zab.

De là ils s'attaquaient aux tribus qui nous étaient sou-

Ouargla et les mahara.

mises et les razziaient. Aussi, pour faire cesser cet état de choses, le général de Gallifet poussa une pointe hardie jusqu'à El Goléa, point extrême que nous ayons encore atteint avec une colonne. Parti de Biskra le 20 décembre, le général de Gallifet était à Tougourt le 30 et à Ouargla le 8 janvier; il en repartit le 11 et atteignit El Goléa le 24 du même mois.

Par cette opération, exécutée avec beaucoup de talent militaire et d'audace, les Arabes comprirent qu'aucun point du désert n'était inaccessible, comme ils le croyaient; aussi ceux qui avaient à craindre pour eux et pour leurs biens nous envoyèrent des protestations d'amitié. Mais il ne faut pas faire plus de fond sur elles que sur ce qui est écrit sur le sable. Les protestations d'amitié ne coûtent pas à l'Arabe, quand il ne se sent pas le plus fort il les prodigue; mais vienne l'occasion, et il les aura bientôt oubliées. Avec lui il faut toujours être prêt à la répression, et il faut qu'il le sache.

Au delà des régions explorées par nos colonnes, le pays ne nous est connu que par les communications des voyageurs, par les renseignements recueillis par le général Daumas, par le récit du premier voyage de la mission Flatters. Nous connaissons l'Igharghar, les Aregs ou Sahara sablonneux avec ses immenses dunes, et le Sahara de pierre qui s'étend au sud encore inexploré et, sans l'immense malheur qui nous a frappés dans le massacre de la mission Flatters à son second voyage, nous aurions aujourd'hui une connaissance très exacte de cette route inconnue du pays des noirs. En 1880, j'ai eu la bonne fortune de voir à Laghouat plusieurs des membres de la mission au retour de leur premier voyage; j'ai recueilli des renseignements bien intéressants publiés déjà; mais je suis resté en relation avec M. le capitaine Masson, avec le docteur Guiard. J'étais en correspondance avec ce dernier, à qui je m'étais attaché, parce que je voyais en lui un désir immense d'être utile, au service duquel il mettait une belle intelligence. Il se proposait de rapporter de ce voyage une ample moisson de toutes choses, ainsi qu'il me le dit dans une lettre que je ne puis m'empêcher de transcrire ici. Elle n'a pas de beaucoup précédé la catastrophe, et il parle des avis qui ont été donnés dans la crainte précisément de ce qui s'est produit.

Voici cette lettre qui n'est pas déplacée dans une note sur le Sahara :

Lundi 6 janvier 1881.

M...

« Je n'espérais plus avoir l'occasion et l'honneur de vous écrire quand notre caravane a été rejointe par des messagers envoyés à notre suite par l'aga d'Ouargla, lesquels nous ont apporté jusqu'ici des lettres et des nouvelles de France, relativement fraîches, puisque les dernières sont datées du 3 décembre; ils emporteront demain nos réponses. Je profite de la circonstance pour me rappeler à votre souvenir avec d'autant plus d'empressement que, si notre expédition continue à bien marcher, ce sera certainement la dernière fois avant le retour.

« Nous sommes en un point nommé *Hassi Messeguen* par 28° 15 latitude N. et 2° 10 longitude E., c'est-à-dire à peu près sur le même parallèle que Temassinine, où nous sommes passés l'année dernière, mais beaucoup plus à l'ouest.

« Nous avons parcouru depuis Ouargla un peu plus de 600 kilomètres dans une direction générale sud-ouest en passant par Hassi Djemel, Hassi Inifel, situés dans l'oued Mia et par Hassi Inssokki, point le plus occidental que nous ayons atteint, et à partir duquel nous n'étions plus

Colonne expéditionnaire dans le Sud.

qu'à quatre journées de marche d'Insalah. D'Issakki, nous nous sommes alors dirigés au sud-est jusqu'à Messeguen, et maintenant nous allons piquer à peu près directement au sud par Aghelacken, Ideles, etc.

La tente du touarcg en campagne.

« La route a été assez pénible, moins pour nous que pour nos chameaux, qui ont trouvé fort peu de pâturage et d'eau ; aussi nous en avons perdu un grand nombre et nous avons été forcés de séjourner ici plusieurs jours pour laisser les autres se refaire un peu.

« Depuis Ouargla, en un mois, nous n'avons trouvé que quatre fois de l'eau, et cet itinéraire serait tout à fait impraticable en été; heureusement la saison est favorable, malgré des écarts considérables de température : nous avons eu un minimum de — 6° 2°, l'eau était gelée dans les bidons sous la tente, et un maximum de + 28° en fronde. Dans la même journée nous avons eu des différences de 30 degrés. Malgré ces variations, nous n'avions pas encore eu de ces vents violents qui transportent le sable et sont la grande plaie du pays; mais depuis deux jours, notre vieil ennemi revient à la charge et je vous écris pendant une véritable tempête du sud-ouest qui me force à fermer mon encrier chaque fois que j'ai trempé ma plume, et encore n'ai-je que de la boue.

« Les membres de la mission se portent bien. A part quelques indispositions légères, je n'ai eu à soigner chez nos hommes qu'un cas assez sérieux, une fracture de l'extrémité inférieure du radius. On descendait cet homme au fond du puits de Messeguen, en partie comblé et qu'il fallait nettoyer, quand les cordes cassèrent. Il y eut une chute de plusieurs mètres qui aurait pu être plus malheureuse, car, dans les conditions où je me trouve, sans autre moyen de transport que le chameau, je redoute surtout les fractures des membres inférieurs.

« Nous n'avons pas eu à nous plaindre des habitants du pays, pour la bonne raison que notre grosse caravane a fait fuir les quelques tentes établies sur notre route et que nous-mêmes ne nous sommes pas rapprochés d'un centre de population.

« Pourtant nous avons eu la visite de plusieurs individus d'Insalah, venus à notre camp sous un prétexte quelconque, mais en réalité pour reconnaître qui nous sommes, et tous nous ont affirmé que nous n'avons rien à craindre de leur côté. Une dépêche du consul général de Tripoli nous avertit de nous méfier de certains Touaregs qui auraient organisé une bande pour nous piller. Nous faisons, en effet, bonne garde, mais sans grande appréhension, car, étant données les excellentes intentions à notre égard de Aïtharen, le chef de Hoggar, nous n'aurions jamais affaire à une armée organisée, mais seulement à quelques coupeurs de route.

« Messeguen est sur le chemin des caravanes d'Insalah à Rhadames; nous avons vu, en effet, hier une caravane arrivant de cette dernière ville et qui s'est arrêtée quelques heures près de nous. Elle portait à Insalah, à destination du Soudan, des marchandises de provenance anglaise et italienne, arrivées à Rhadames par Tripoli; elle avait conduit à Rhadames quelques plumes d'autruche et un peu de poudre d'or, mais surtout des nègres. Nous avons encore vu quelques échantillons de ces malheureux dont elle n'avait pu se défaire avantageusement.

« Je m'occupe principalement de botanique, la flore de ce pays étant notablement plus riche que la faune. Nous n'avons pas encore rencontré d'autruche ni même de trace de ces oiseaux, et, comme autres animaux intéressants, je ne trouve guère à vous signaler que le lièvre, le fennec, la gazelle, l'antilope, le mouflon, encore sont-ils surtout intéressants au point de vue de la cuisine. Je fais aussi des photographies dont j'attends un bon résultat.

« Enfin, Monsieur, vous pouvez constater que tout va pour le mieux dans le meilleur des mondes, et nous avons bon espoir dans l'avenir.

« Veuillez...

« Dr GUIARD,

attaché à la mission Transsaharienne du colonel Flatters. »

Cette lettre complète les détails que l'on pourrait donner sur les généralités du Sahara, surtout sur la rareté de l'eau et le vent.

On sait que le Tell algérien est en communication par les caravanes avec l'Afrique centrale; qu'elles passent par des stations fixes, où sont des puits, des oasis, et qu'elles y sont rançonnées par les Touaregs. En effet, les uns, sédentaires, ont surtout le monopole de l'eau avec laquelle ils font des échanges à gros bénéfices: ce sont les plus honnêtes; les autres, en qualité de guides, vendent cher une protection qui n'est parfois qu'un simulacre ou une trahison : ce sont les voleurs hypocrites. Enfin la troisième espèce se compose des écumeurs du désert. Montés sur leurs sobres et agiles mahara, chameaux qui peuvent rester trois jours sans boire et faire des journées continues de 30 lieues, ils ont pour lucrative industrie le pillage des caravanes qu'ils peuvent surprendre.

Ainsi il est avéré que le grand désert est encore habitable, et que, quelle que soit son aridité relative, de grandes tribus peuvent encore y vivre avec leurs troupeaux. Mais que des caravanes entières soient englouties sous les sables soulevés par le brûlant simoun, ce n'est plus une vérité. Dans certaines contrées, dans les dunes, le vent soulève un sable fin qui pénètre partout, et ce sable, par des poussées successives, est porté fort loin, jusqu'à ce qu'il rencontre un point d'appui. Sur la face sud de toutes les masses rocheuses que l'on rencontre dans le Sahara existe une accumulation de sable de la base jusqu'au sommet. Une montagne de sable se trouve en face de Laghouat, appuyée au rocher du Chien, mais cet amoncellement est le résultat du temps. Il est aujourd'hui reconnu que les catastrophes dues au simoun sont racontées avec l'exagération que les Orientaux apportent

Targui armé en guerre et son mahari.

dans tous leurs récits. Bon Derba (1), dans son voyage à R'at, s'en exprime très clairement : « Le 28 août 1858, dit-il, j'ai vu, par un très violent vent du sud (Guebli), des dunes, de 5 à 6 mètres de hauteur, se transporter d'un point à un autre. Je dois cependant confesser que ces dunes, qui sont habituellement représentées comme le tombeau de caravanes entières, sont loin d'être aussi terribles qu'on a bien voulu le dire. Elles n'ont jamais enterré que des corps inertes. Le mouvement du sable n'a pas lieu subitement, mais bien par couches très minces qui viennent se superposer l'une sur l'autre. » Il paraît que dans l'oued Souf le sable est en telle quantité et le vent si fréquent que les dattiers sont enfouis ; leur tête seule dépasse le sable. Que devient donc l'assertion de Plutarque relativement à l'armée de Cambyse, engloutie dans les tourbillons du désert ? Elle s'explique probablement d'une façon bien simple : le manque d'eau, le siroco, le soleil, c'est-à-dire la soif, la chaleur et l'asphyxie qui s'ensuit, sévissant pendant plusieurs jours sur les soldats de Cambyse, au milieu de la région des Syrtes, ont dû les frapper de congestion cérébrale ou pulmonaire et leur faire éprouver de grandes pertes ; mais les sables n'ont pas pu les ensevelir. Quant aux caravanes qui périssent dans le désert, c'est plutôt, comme nous le disait un chamelier chef qui y avait fait plusieurs voyages, par le fait des Touaregs pillards, qui, suivant leur inspiration, laissent passer moyennant forte rançon ou tuent. Nous en avons un triste exemple dans la mission Flatters.

Il est démontré par la science et par l'expérience qu'il existe sous le sol du Sahara une nappe d'eau souterraine qui parfois jaillit d'elle-même parce que les eaux tendent

(1) Voyages à R'at.

sans cesse à reprendre le niveau de leur point d'infiltration; c'est ce qui se produit quand la couche superficielle du sol ne se compose que de matières faciles à déplacer; il existe alors un puits artésien naturel plus persistant que ceux qui sont creusés de main d'homme. On en rencontre beaucoup dans la plaine saharienne qui ont été l'origine d'oasis prospères. Mais les Arabes ont voulu multiplier ces puits, dont l'exécution est rendue difficile parce qu'ils n'ont pas les moyens de combattre la mobilité des terres et la résistance de certaines couches profondes superposées à l'eau. Pour soutenir les terres, les Arabes se servent de blindage, en bois de palmier, qu'ils maintiennent au moyen de poutres; aussi quand le puits peut être creusé jusqu'à l'eau, il est déjà obstrué dans toute sa hauteur par un boisage qui ne laisse que quatre petits passages entre les poutres croisées.

Ce procédé primitif est encore employé et il existe une corporation de gens (les rtassa) qui ont pour mission de creuser la dernière couche et d'extraire du fond des puits les sables qui s'opposent à l'arrivée de l'eau. Ces plongeurs sont fort respectés dans le Sahara, et jouissent de grands privilèges; mais leur vie est courte; quelques-uns parviennent à rester trois et quatre minutes sous l'eau. Quand ils opèrent, les compagnons sont toujours en observation à l'ouverture du puits, prêts à descendre si un trop long temps s'écoule. C'est au moyen de paniers que les rtassa enlèvent les sables extraits. Cette opération est toujours fort longue et les puits ainsi obtenus ont peu de durée. Les bois de soutènement pourrissent, les sables s'éboulent, le puits se comble, et les oasis disparaissent faute d'eau.

Aussi avec quelle immense joie les Arabes ont-ils vu le résultat de nos travaux! un appareil de sondage et une équipe d'ouvriers leur apportaient la renaissance, la richesse. Aux luttes de chaque jour pour l'eau allait succéder l'abondance et la paix. C'est aussi le nom qu'un marabout a donné à la première fontaine qui a jailli; en la bénissant il l'a appelée *Fontaine de la paix.*

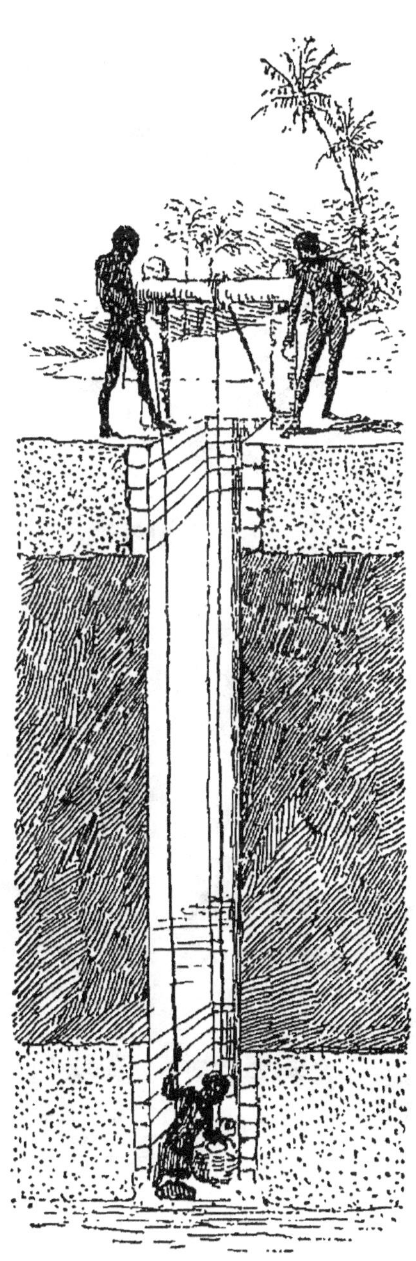

Les R'tassa.

Le général Desvaux eut le premier l'idée, en 1854, de faire explorer le bassin saharien et d'en faire jaillir des puits artésiens. Les premiers travaux ont été exécutés sous la direction de M. l'ingénieur Jus, en mai 1856, et le 19 juin une rivière, fournissant 4,010 litres d'eau par minute (610 litres de plus que le puits de Grenelle à Paris), s'élança des entrailles de la terre. Un grand nombre de puits ont été creusés : dans l'oued Rir, dans le Hodna, dans l'oued Souf et partout le succès a couronné nos efforts. Mais comme toujours le musulman ne sait pas apprécier le service à sa valeur; il ne croit pas que le savoir, l'expérience, nous permettent de triompher des difficultés invincibles pour lui. Si nous réussissons dans une entreprise utile, surtout pour lui, c'est que le Dieu de Mahomet le veut ainsi et nous ne sommes que

Puits artésien à Ourblana, dans l'oued Rir.

ses instruments. C'est le fatalisme outré, celui devant lequel aucun raisonnement ne prévaut. Il rappelle celui des Turcs à Constantinople, lors de notre intervention en Orient : nous étions là, disaient les Turcs, par ordre du sultan, qui avait voulu ménager la vie de son peuple durant la guerre.

Ces puits varient de profondeur entre 6 et 170 mètres et la température de l'eau ne diffère pas sensiblement de celle de l'air. Le tube de sortie est au centre d'une cuvette. La nappe d'eau, en s'échappant, forme un dôme transparent qui éveille le besoin de savourer cette belle eau; mais son goût ne répond pas à son aspect, et ses qualités purgatives sont trop connues de quiconque ne s'est pas habitué à leur usage. Dans beaucoup de ces puits on constate la présence de petits poissons qui proviennent des profondeurs de la terre. L'exactitude de faits analogues a été si souvent constatée qu'il n'y a plus lieu de craindre d'être accusé au moins d'exagération en les annonçant. Ces petits poissons ont de 3 à 4 centimètres et ressemblent à nos ablettes. Je n'y ai pas vu ces petites crevettes que l'on rencontre souvent dans les sources de France.

M. l'ingénieur Jus, directeur des travaux de sondage, résume ainsi les travaux qui ont été exécutés sous sa direction :

« De 1856 à 1880, il a été exécuté dans le département de Constantine :

« 1° Cent soixante-dix-neuf recherches d'eaux jaillissantes, représentant une longueur forée de 15,035 m. 99 c, qui ont fourni 224 nappes ascendantes et 330 jaillissantes, débitant ensemble 175,757 litres par minute, desquels on a capté 160,288 litres ;

« 2° Deux cent quatre-vingt-dix-sept recherches d'eaux ascendantes, représentant une longueur forée de 5931 m. 74 c. qui ont fourni 225 nappes potables et 37 saumâtres. Au 1er juin, la profondeur totale forée dans le département représentait donc une longueur de 20 kilomètres 957 mètres 73 c.

« Le gouvernement, en introduisant la sonde artésienne dans l'oued Rir, avait pour but : 1° de sauver de la ruine plusieurs oasis sur le point de s'éteindre et d'assurer la paix à un pays qui ne cessait d'être en guerre avant notre occupation ; 2° de vivifier ces oasis et d'augmenter le bien-être de leurs populations en essayant de les soustraire à la rapacité des nomades. »

CHAPITRE V

MÉTÉOROLOGIE

Chacune des régions que nous venons de parcourir est soumise à des influences climatériques particulières suivant l'altitude, l'exposition et l'état de production du sol; aussi le climat algérien ne peut-il pas être envisagé tout d'une pièce. Il est, au contraire, influencé par une foule de raisons spéciales. Que n'a-t-on pas dit de l'Algérie, de son sol, de son climat? Quand on la présentait comme une terre inhabitable pour les Européens, comme le tombeau de l'armée conquérante et des émigrants qui la suivaient, on avait quelquefois raison; souvent on avait tort, parce qu'on concluait du particulier au général, et qu'ainsi on écartait de cette terre conquise ceux qui se sentaient le courage de venir y planter le drapeau de la colonisation. Il fallait savoir, il fallait dire que tout pays nouveau que l'on transforme, que l'on exploite, traverse nécessairement une période néfaste après laquelle on trouve la prospérité : c'est la période des défrichements, de la mise en culture, période pendant laquelle on a besoin d'être soutenu, encouragé, surtout quand il faut encore faire entrer en ligne de compte le défaut de sécurité. Aujourd'hui, nous pouvons dire que nous avons vu la fin de cette mauvaise période et que, bien qu'il y ait encore beaucoup de terres à remuer, nous sommes armés contre les conséquences, parce que nos installations sont meilleures et que l'acclimatement est opéré généralement.

Après une tempête de neige.

Il n'y a rien à redouter du climat algérien; quelque part qu'on l'observe, il est salubre et doux. Il y a encore des localités insalubres, comme il en existe partout, mais le climat proprement dit n'a plus à faire ses preuves. Voyons rapidement comment il se comporte suivant les temps et les altitudes.

Il n'existe véritablement que deux saisons : celle des pluies et celle des chaleurs ; les autres saisons intermédiaires n'ont aucun caractère tranché, elles sont indiquées par des journées dont la chaleur est un peu moins accusée, soit au moment où elle progresse, au printemps, soit au moment où elle décline, à l'automne. La saison des pluies dure de novembre à avril, celle des chaleurs de mai à octobre. Mais, de même que la saison des pluies est traversée par de nombreuses séries de beaux jours, celle des chaleurs, surtout vers septembre, compte des jours extrêmement agréables, qui réconfortent après la période de chaleur du milieu de la saison. A ce moment tout le monde aspire après la pluie ; car la pluie c'est la joie, c'est la richesse, et on la reçoit comme un bienfait, comme une bénédiction. Le Tell, qui n'est pas mouillé, reste dur et sec, il ne produit rien. J'ai vu des grains mis en terre en novembre qui n'avaient pas germé en mai ; aussi la pauvreté, la misère sont la conséquence de la sécheresse, et la richesse, l'abondance sont apportées par les pluies de l'hiver et du printemps.

S'il tombe en moyenne 900 millimètres d'eau par an sur le littoral, 773 millimètres sont comptés en hiver et 127 en été ; encore n'est-ce qu'au commencement et à la fin de cette saison, parce que son milieu ne voit que quelques averses, quelques pluies d'orage, d'une durée très courte. Grande est la différence dans la quantité d'eau qui tombe sur le littoral à l'ouest ou à l'est : sur la côte oranaise, il pleut relativement beaucoup moins qu'ailleurs ; si la moyenne de pluie y est de 500 millimètres, elle est à Alger de 700 à 800, et à Bône, Philippeville, de 1000 à

1200. Cette partie du littoral a des montagnes élevées et surtout boisées, conditions favorables à l'accumulation des vapeurs aqueuses et des pluies bienfaisantes. Les hauts plateaux sont généralement moins mouillés; toutefois certaines localités, au centre des montagnes boisées, comme Teniet-el-Had à 1150 mètres d'altitude, sont fréquemment et abondamment arrosées. Ces conditions locales font presque autant de climats différents dont l'effet n'est pas sans influence sur la santé des habitants et sur la prospérité de la colonie.

Quand il pleut dans les plaines basses du littoral, il neige généralement dans les montagnes, et il n'est pas rare de voir, à partir de 500 mètres d'altitude, la neige persister; elle dure même une grande partie de l'année sur les sommets élevés du Djurjura, de l'Aurès. Les hauts plateaux, bien que dans une zone méridionale, ne sont pas à l'abri de la neige persistante. Un voyageur qui partirait au printemps pour un voyage dans le sud pourrait encore être arrêté par la neige à cette époque; des colonnes ont dû rebrousser chemin en avril dans la région des Chotts. Dans ces mêmes parages des colonnes agissant contre Bou Améma (hiver de 1881-1882) ont été souvent empêchées par la neige, mais c'est dans la montagne que l'on a souvent à redouter la soudaineté et la violence de ces ouragans. Nous pourrions en citer beaucoup d'exemples. Celui qui a le plus vivement impressionné par le nombre des victimes est toujours celui de la colonne Levasseur opérant dans le Bou Taleb. Assaillie les 2 et 3 janvier 1846 par les tourbillons de neige, elle fut dispersée et ne rentra à Sétif que le 4 avec 532 cas de congélation partielle des extrémités et laissant en route 208 morts (1).

(1) *Mémoires de médecine et chirurgie militaires.*

En mars et avril les pluies deviennent moins fréquentes, moins abondantes ; les journées, dont une épaisse atmosphère voile moins le soleil, commencent à être chaudes ; le mois de mai est le plus beau, le plus agréable de l'année; le ciel est d'une limpidité parfaite; la végétation prend un essor remarquable; on se sent à l'aise, on se sent vivre. Ces sensations sont particulièrement propres au climat algérien, qui ne donne alors qu'une chaleur modérée et agréable. Mais bientôt éclate la période des chaleurs qui est déjà presque établie en juin.

A partir de cette époque, le brasier est allumé et il est plus ou moins ardent selon les altitudes. Sur le littoral pourtant il est tempéré par les brises de terre et de mer qui soufflent agréablement. De 9 heures à 11 heures, quand le vent du sud ne se fait pas sentir, s'élève la brise de mer qui dure une partie de la journée, jusqu'à ce que le soleil commence à baisser. La brise de terre lui succède, amenée par le rayonnement terrestre et procure des nuits qui seraient agréables si elles n'étaient pas aussi humides. C'est le bénéfice des pays chauds d'avoir des nuits humides en rapport avec l'évaporation diurne. La végétation ressaisit alors son eau évaporée dans le jour, et prend une nouvelle force pour arriver à maturation.

L'état hygrométrique des soirées, quoique très sensible, n'approche pas de celui du matin. L'abondance de la rosée est telle qu'elle pénètre, comme une véritable pluie; le sol en est humecté, et quand il s'agit, le matin, au bivouac, de plier les tentes, elles sont absolument mouillées comme après une pluie ; il en est de même de tous les objets qui ont été exposés à l'air pendant la nuit, surtout dans les plaines basses et humides.

Sur le littoral, la condensation des vapeurs se produit avec beaucoup d'intensité, et nos villes comme Oran, Alger, Bougie, Philippeville, Bône, doivent à leur position au pied des montagnes, une humidité si grande, qu'il est prudent le soir de ne pas savourer trop longtemps la brise fraîche. A ce moment les vapeurs d'eau se con-

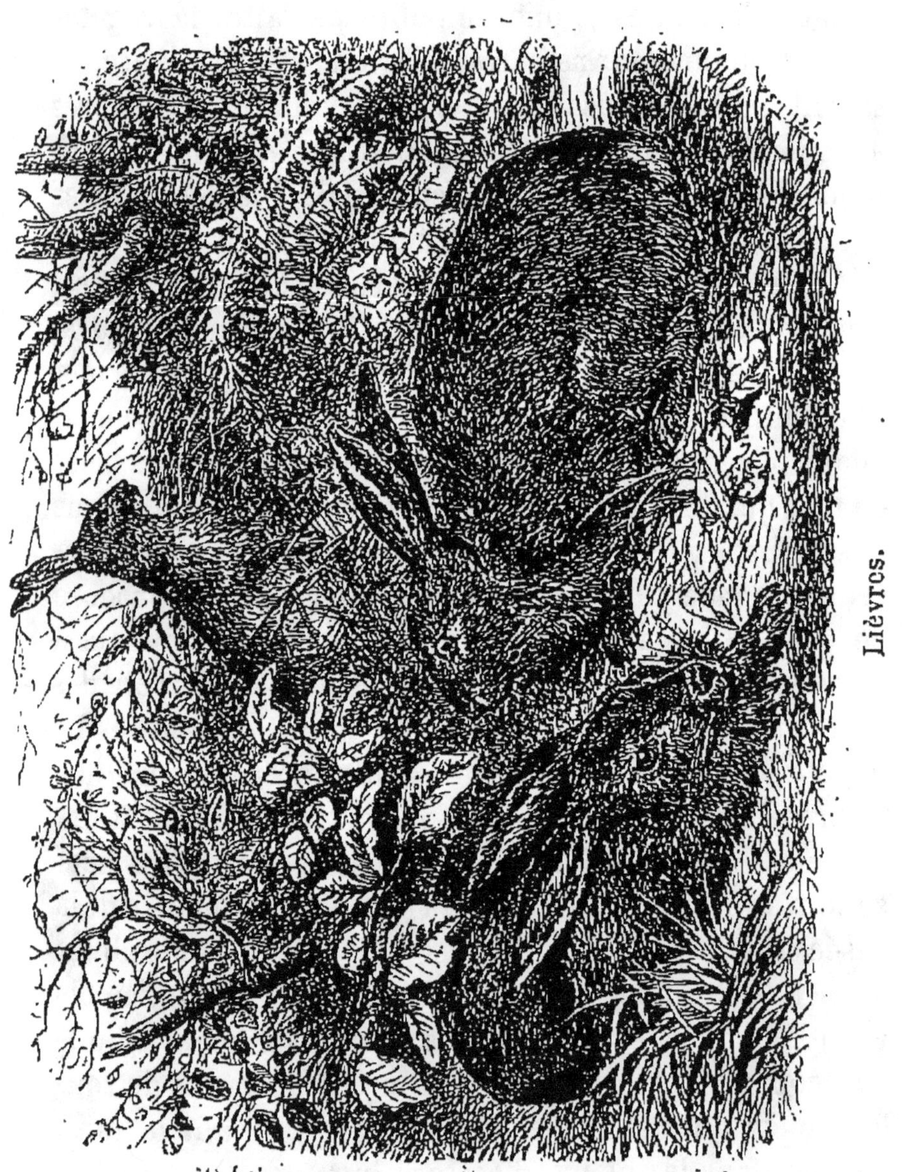

Lièvres.

densent sur les montagnes, relativement plus froides, et retombent sur la ville en une buée quelquefois épaisse; on le constate chaque soir à Alger. Quand le vent ne souffle pas du sud, les vapeurs d'eau, refroidies sur la Boudjarea, retombent sur la ville et en font déserter les promenades; mais en revanche, l'exposition au sommet du Sahel donne tous les bénéfices de la fraîcheur du soir sans humidité, parce que les vapeurs ne rencontrent aucun obstacle et qu'elles sont promenées par la brise dans l'atmosphère. C'est ainsi que les habitations du Moustapha supérieur, et des différentes localités du Sahel d'Alger, sont si appréciées, et que tous ces versants sont, aujourd'hui, couverts des plus belles villas, comme ils l'étaient déjà avant notre occupation.

La chaleur du jour est très supportable en Algérie parce qu'elle est sèche. On fait généralement une très grande différence entre la chaleur sèche et la chaleur humide; celle-ci est déprimante, annihile les forces, inonde le corps de sueur, invite à boire sans cesse, ce qui active encore la sueur. C'est la chaleur que l'on éprouve dans les plaines basses et humides, c'est aussi souvent celle des villes du littoral. La chaleur sèche est ordinaire dans les hauts plateaux; elle est beaucoup plus facilement supportée que la chaleur humide: elle est plutôt stimulante que déprimante. Nous retrouvons dans nos régions françaises des conditions à peu près analogues; mais ce dont nos contrées ne peuvent nous offrir une idée, c'est le siroco, le simoun, le kramsin, mots qui servent à désigner ce vent brûlant du désert qui ne nous parvient qu'après avoir été surchauffé dans les régions arides du sud-est, et dont l'action se fait sentir d'une manière si pénible pour tout ce qui respire. Dès qu'il souffle, un sentiment de chaleur brûlante parcourt tout le corps; l'air sec et chaud crispe la peau, dessèche la bouche, et rend la respiration pénible. On éprouve un véritable malaise auquel les animaux n'échappent pas; les chameaux eux-mêmes, bien qu'ils soient en quelque sorte faits pour ces régions brûlantes, manifestent par leurs beuglements une sorte d'appréhension, et il n'est pas rare de les voir se coucher, la croupe tournée du côté du vent.

Pour des troupes en marche, le siroco est la plus redoutable des complications; il paralyse même la volonté. Il n'est pas d'énergie qui résiste à la dépression qu'imprime à tout l'être ce vent brûlant, âcre et desséchant. Malheur à celui qui, exténué, haletant, se couche à terre sur un sol surchauffé, il périra d'asphyxie dans cette fournaise, ou, comme il arrive malheureusement souvent, une excitation cérébrale lui présentera mille dangers, mille maux, auxquels il cherchera à se soustraire en dirigeant contre lui-même l'arme qui lui était confiée. C'est ainsi que nous avons vu le même jour jusqu'à six suicides dans ces tristes conditions.

Quant aux congestions pulmonaires, elles sont fréquentes, mais il suffit le plus souvent de tirer un peu de sang pour les arrêter. Néanmoins, il y a encore de nombreux cas d'asphyxie, surtout dans les plaines. Un bataillon parti d'Alger pour Aumale traversait la plaine de la Mitidja, lorsque le siroco vint embraser l'atmosphère; à la deuxième journée, on trouva taries les fontaines du bivouac habituel, on dut faire trois lieues de plus pendant lesquelles treize hommes périrent d'asphyxie.

On a dit que, lorsque souffle le siroco, l'atmosphère est chargée de sable fin soulevé dans le désert et transporté par la violence du vent. Je crois qu'il y a de l'exagération; pourtant on ne peut nier qu'il y ait à la surface du sol un transport de sable fin qui pénètre partout, jusque dans les boîtiers de montre et qui à plus forte raison envahit les cuisines et les aliments; mais cette couche sablonneuse ne dépasse pas une certaine hauteur au-dessus du sol et ne se produit que là où le sol est friable, Dans les lieux élevés, boisés, l'air est desséché, mais non chargé de sable; et, pourtant, quand on regarde au loin, on voit une brume dense, comme si un voile était interposé entre l'air et l'horizon; le ciel, les lointains, prennent une teinte grise que certains peintres orientalistes comme Fromentin ont parfaitement appréciée. Cette atténuation des tons, cette décoloration, tient à la sécheresse et à la dilatation de l'air qui trouble la vision normale. Ce défaut de translucidité de l'air n'a pas d'autre cause; on l'éprouve déjà lorsque commence le siroco, encore sans courant; et chaque jour, lorsque le soleil échauffe l'atmosphère, l'air qui se dilate produit devant les yeux un scintillement très visible, de sorte que tel paysage, qui étalait ses plans successifs avant que le soleil fût haut, prend une teinte effacée à mesure que l'air se dilate et s'échauffe.

On se fait difficilement une idée des températures élevées qui peuvent se produire quand souffle le siroco. Nous avons noté, et beaucoup d'autres observateurs ont aussi noté, des élévations thermométriques qui dépassent toute prévision. Le 25 mai, à l'oued Ruïna, le thermomètre a marqué à midi 58° 3/4. Le 20 juillet, au camp de l'oued Merdja (gorge de la Chiffa), à 75 mètres au-dessus de la rivière, le thermomètre, suspendu à hauteur d'homme sous les rayons directs du soleil, a marqué à 2 heures 66 degrés, à 3 heures 70, à 3 heures 35 minutes 72 1/2. Dans la tente la température était de 63 3/4. Toutes les substances végétales étaient desséchées, racornies; les chevaux étaient mornes et abattus; du parc aux bœufs partaient par intervalles de sourds gémissements; les chiens interrompaient souvent leur haletante respiration pour pousser des cris plaintifs. Ces grandes élévations de température sont exceptionnelles, mais il n'est pas rare de noter au soleil entre 50 et 60 degrés. C. Broussais avait

Scorpion.

noté 60° en 1845; M. Philippe 62° à Isly; à Orléansville et Biskra 65° (1). En 1851, pendant l'expédition de

(1) Dr Armand.

Saint-Arnaud dans l'Aurès, nous avons eu pendant de longs jours 60 degrés. Nous voyagions au soleil et notre colonne, composée d'hommes bien aguerris, n'avait presque pas de malades.

C'est le cas de remarquer que les observations thermométriques prises à l'ombre, le thermomètre exposé au nord comme il est recommandé, ne donnent pas une idée exacte des températures auxquelles une armée peut être exposée et des souffrances que doit endurer le soldat chargé de son sac, de ses armes, le tout pouvant être évalué entre 50 et 60 livres suivant qu'il a une plus ou moins grande provision de vivres et de cartouches. Ce soldat marchant sur un sol brûlant, exposé aux rayons d'un soleil qui fait monter le mercure du thermomètre à 60 degrés, subira lui-même ces 60 degrés. Mais la nature prévoyante lui donnera, pour résister, le bénéfice d'une transpiration abondante qui exigera beaucoup de chaleur pour sa vaporisation. Néanmoins ces situations ne pourraient se prolonger sans voir diminuer notablement la puissance de réaction et se produire les plus sérieux ébranlements dans la santé.

Il est des plaines en Algérie qui ont le privilège d'accumuler une grande somme de chaleur : celle du Chéliff, comprise entre deux chaînes de montagnes, est dans ce cas. C'est certainement la région la plus chaude de l'Algérie, et Orléansville surtout a cette mauvaise réputation bien méritée. En juillet 1880 le thermomètre était à midi à 57 degrés au soleil, à 42 à l'ombre. Des chiens étaient allongés dans le ruisseau, heureux de sentir couler autour d'eux une eau sans cesse renouvelée ; il y avait sur la place des marchands abrités sous des lambeaux de tentes comme sous un parasol. J'allais me rendre par la diligence à Teniez. Au moment où j'arrivais au bureau, une discussion était engagée entre deux employés; le conducteur de la diligence pariait qu'il ferait cuire des œufs sur son siège, son interlocuteur prétendait que non; le pari fut engagé et je fus prié de décider en route quel était le gagnant. Le premier temps d'arrêt fut au village *Warmier*, où nous arrivâmes 47 minutes après avoir quitté Orléansville. Le conducteur était si sûr de son fait qu'il cassa les deux œufs devant témoins. Ils étaient cuits durs dans la partie exposée au soleil, l'autre partie était devenue aqueuse. Il avait gagné son pari.

Il faut noter les grandes oscillations thermométriques qui se produisent dans le cours des vingt-quatre heures. Selon M. Aimé, le thermomètre, dans le sud, oscille en un jour de 22 à 44°, et selon M. Fournel les variations diurnes y seraient de 6 à 33°.

Dans un bivouac, le 25 mai 1840, à 6 heures du matin, écrit M. le Dr Perrier, membre de la commission scientifique de l'Algérie, nous trouvâmes la rosée de la nuit congelée sur l'herbe; l'atmosphère était + 2°; 5 heures après, 25° à l'ombre; 3 heures plus tard, 32°50. Du matin au soir les différences sont toujours excessives. A Zurich, colonie agricole près de Cherchell, le Dr Forster a vu le thermomètre centigrade monter à midi à 60°, il ne marquait que 16° à 5 heures du matin. Dans la montagne, sur les hauts plateaux, les variations sont encore plus marquées; souvent le mercure, qui est à 3 et 4° le matin et le soir, atteint 25° dans le jour. Dans les oasis les différences ne sont pas moins grandes: tous les voyageurs qui ont parcouru le Sahara ont été frappés des écarts de température entre la nuit et le jour. C'est le matin qu'a lieu le plus grand abaissement de la température; les gelées blanches y sont fréquentes à cause du rayonnement nocturne favorisé par la pureté des nuits. M. Mac Carthy signale que près de Tlemcen, chez les Béni Snouss, à environ 1000 mètres d'altitude, il a trouvé la nuit — 4°; l'eau était gelée dans les vases le

Ane.

2 juin 1850. Dans l'expédition de Tougourt il y a eu des nuits où le thermomètre marquait — 3°, et il montait le jour à 52° à l'ombre. Les mêmes différences ont été signalées par les voyageurs qui ont parcouru le Sahara

aux époques de l'année où l'on s'aventure d'ordinaire dans cette région. La température la plus basse que j'aie éprouvée à Ouargla, dit Berbugger dans le journal *l'Akbar*, a été de 7° au-dessous de 0, le 18 février à 8 heures du matin ; sous les palmiers, le thermomètre est monté à 33° le même jour à 2 heures de l'après-midi.

Nous avons admis deux saisons distinctes ; elles nous donnent en hiver et en été les moyennes de température suivantes, d'après M. le Dr Fourqueron :

A Alger l'hiver	donne	16°,40	l'été	26°,80
Sidi bel Abbès	—	9 à 10	—	26 à 27
Coleah	—	10 à 15	—	30 à 36
Maskara	—	6	—	30
Tlemcen	—	8°,12	—	26 à 28
Biskra	—	9 à 10	—	47
Teniet el had	—	9°,46	—	26 à 37
Oran	—	10 à 15	—	18 à 23
Djidjelli	—	10	—	30 à 35

Les températures extrêmes ont aussi leur importance. Le minimum observé à :

Bône	a été de	+ 3° ;	le maximum	42°
Alger	—	4,85	—	45
Tlemcen	—	0	—	34
Dans le territoire de Tlemcen	—	1	—	39,05
Plaine de la Mitidja	—	»	—	47
Littoral de la province d'Oran	—	»	—	36
Sétif	—	4,05	—	38
Médéah	—	2	—	36
Milianah	—	0	—	42
Constantine	—	0	—	40
Biskra	—	1	—	52
Lalla Maghnia	—	10	—	64
Oran	—	5	—	56
Bou Saada	—	3	—	48
Orléansville	—	3	—	45 à 50

La haute température à laquelle on est exposé en Algérie, pendant quelques mois de l'année, ne peut être supportée que par la prompte vaporisation de la respiration pulmonaire, et, bien que la nature bienfaisante ait cherché à en atténuer les effets, ce n'est pas moins un supplice que d'endurer un soleil cuisant ; c'est même un supplice pour les indigènes, puisque leur religion en fait un instrument de torture, destiné aux méchants dans l'autre vie : ceux-ci, en effet, sont menacés d'une « sueur étonnante et incroyable qui fermera leur bouche et dans laquelle ils seront plongés selon la proportion et la grandeur des crimes. Cette sueur viendra non seulement du concours de toutes les créatures, qui se marcheront sur les pieds, mais encore du voisinage du soleil, qui ne sera éloigné que de la longueur d'un poinçon. »

Abd el Kader, au début de sa puissance, et avant d'avoir pu apprécier la force de résistance de l'armée française, était si convaincu qu'elle ne supporterait pas les chaleurs de l'été, qu'il disait à ses fanatiques partisans en montrant le soleil : « Voilà le plus fatal ennemi du chrétien. » Il y mettait au moins de la modestie.

Généralement on ne soumet pas les soldats aux dangers d'une exposition aux ardeurs caniculaires, et, dans les conseils aux colons, on les engage à s'y soustraire le plus possible. Mais nécessité n'a pas de loi, et fréquemment il est arrivé que nos colonnes étaient en marche aux mois les plus chauds pour réprimer promptement des insurrections, entamées avec intention à cette époque de l'année. En ce cas, les premières journées sont pénibles à traverser. Il y a des malades, quelquefois nombreux ; puis une sorte de sélection s'opère et bientôt il ne reste que les hommes les plus vigoureux, les plus résistants, qui peuvent fournir une longue carrière. Dans ces conditions, ce ne sont pas les forts, en apparence, qui résistent le mieux ; les hommes secs, nerveux, mettent ordinairement un moral mieux trempé au service des fatigues qui leur sont imposées. Durant une expédition dans l'Aurès et le Sahara, au mois de juillet, après une sorte d'épuration de la colonne dans les huit premiers jours, il n'y avait ni traînards ni malades. Aussi ne saurait-on trop recommander une armée coloniale, rompue aux fatigues, habituée au climat et constituée par des hommes faits, c'est-à-dire ayant dépassé cette limite de 22 à 23 ans qui est comme la transition entre l'adolescence et la virilité.

CHAPITRE VI

HISTOIRE NATURELLE. — PRODUCTIONS. — RÈGNES ANIMAL, VÉGÉTAL, MINÉRAL.

Dans l'état actuel de l'Algérie, ce qu'il importe surtout de connaître, ce sont ses ressources, ses productions et les avantages que l'on peut en tirer. Tout est là, quand il s'agit de coloniser, et il serait inconsidéré de faire des sacrifices plus grands que les avantages à recueillir : ce n'est pas le cas. En Algérie, les ressources sont nombreuses, tous les règnes de la nature se sont plu à doter exceptionnellement ce pays autant dans l'intérieur du sol qu'à la surface ; les éléments de prospérité abondent, il ne faut pour en profiter qu'une mise en œuvre que d'autres apprécieront et indiqueront ; nous nous bornons à les signaler.

Les Romains faisaient un très grand cas des marbres de la Numidie, d'un beau jaune uni ou tacheté de différentes couleurs ; les traces en sont perdues. Mais il existe d'autres carrières exploitées qui donnent des marbres d'une grande variété : du marbre blanc statuaire, de l'onyx translucide, des porphyres, des grès, des calcaires en abondance. La chaux fabriquée sur place est très bonne ainsi que le plâtre. On rencontre presque partout, dans le sous-sol, des argiles propres à la fabrication des tuiles, des briques dont on peut constater la qualité dans les nombreuses constructions romaines qui

Gazelles.

couvrent le pays. La plus grande richesse souterraine

se trouve dans les nombreux minerais que l'on rencontre partout, ce sont : le fer sous différentes formes ; le cuivre associé souvent à l'argent, le plomb qui offre la même association, quelquefois à un haut degré, comme au Kef oum Téboul, près de la Calle ; l'antimoine, le mercure, la plombagine, le nickel, des lignites et de l'anthracite ; ces derniers minerais n'ont rien produit. Les seules mines exploitées sont celles de fer, de cuivre et de plomb ; elles sont au nombre de 37, bien qu'il existe près de 200 gisements reconnus. Elles ont occupé, en 1882, 3080 ouvriers. La production du minerai de toute nature a été de 569,902 tonnes. Dans la même année il a été exporté des différents ports de l'Algérie 5,910,768 quintaux de minerais de fer (valeur officielle 9,457,229 fr.) ; 179,658 quintaux de cuivre (1,796,580 fr.) ; 29,313 quintaux de plomb (1,319,085 fr.), soit au total 6,119,739 quintaux de minerai valant ensemble 12,572,894 francs (1).

Le règne animal est nombreux et varié, et offre des échantillons de toutes les espèces connues en Europe et de beaucoup d'autres. A l'état de domesticité, nous trouvons : le cheval, le mulet, l'âne, le bœuf, le mouton, la chèvre et le porc, de race propre au pays, et le chameau de charge et de selle ou méhari.

Le cheval n'est pas de haute taille, la forme de sa croupe n'est pas très élégante, mais il a tant de qualités qu'il est impossible de ne pas l'apprécier à une haute valeur, surtout dans son pays. Il est sobre, il est agile, il est doux, parce qu'il est élevé au milieu de la famille, qu'il est l'ami des enfants et de tous. Il est doué d'une très grande puissance de résistance aux fatigues et aux variations atmosphériques. C'est un animal précieux pour la guerre.

(1) *État de l'Algérie*. Statistiques officielles.

Le mulet, l'âne, quoique de petite taille, sont néanmoins très forts, très résignés et durs aux fatigues. Ce sont les souffre-douleurs de l'Arabe, surtout le pauvre petit âne, sur qui pleuvent les coups de bâton et dont le flanc est presque toujours saignant sous l'aiguillon qui perce la peau au même endroit (1).

Le bœuf est généralement petit et sert souvent de bête de somme et de labour ; les tribus en voyage chargent les bœufs comme les mulets.

Le mouton constitue la richesse des indigènes du sud ; on en compte par millions qui ne se nourrissent que des maigres plantes aromatiques que fournit le steppe ; aussi ces animaux sont généralement assez chétifs, et la disette en détruit souvent des centaines de mille dans un temps très court. Il existe dans la province de Constantine une espèce de moutons dont la queue est plus large que le corps dont elle masque complètement la forme. Cette queue, constituée exclusivement par un tissu graisseux, est fort appréciée des indigènes.

Tous les animaux qui broutent en Algérie sont plus petits et plus grêles que ceux d'Europe ; peut-être faut-il attribuer cet amoindrissement à la maigreur des pâturages, à la qualité et à l'insuffisance de l'eau. Ces conditions ne doivent pas être sans valeur, puisque dans certaines contrées du Tell où la nourriture des troupeaux est plus abondante, les animaux ont meilleur aspect.

La chèvre indigène n'est pas à apprécier. Elle est fort répandue dans les troupeaux, mais on ne peut pas beaucoup l'estimer pour son lait, qui est en petite quantité. Après sa mort elle est plus utile. Sa peau préparée

(1) L'Arabe n'a aucune pitié pour les ânes parce qu'il croit que quand un Juif meurt son âme passe dans le corps d'un âne. Les coups sont ainsi à l'adresse du Juif.

fait des cuirs de couleur réputés et, quand on écorche l'animal en laissant la peau entière, celle-ci, goudronnée à l'intérieur, forme des sacs indispensables à tout Arabe en voyage. Ce sont les seuls meubles de la tente renfermant les vivres, les vêtements; les plus solides servent à transporter l'eau. C'est avec eux que les femmes vont à la fontaine. Ce sont des outres de grande dimension dans lesquelles on retrouve les pattes, fermées par un lien, ainsi que l'orifice postérieur; la tête séparée du tronc laisse une ouverture suffisamment large pour avoir accès dans le sac.

La race canine est représentée par le chien arabe proprement dit et le sloughi, élégant levrier, compagnon du maître. Le chien arabe est un animal à la couleur fauve, à l'aspect du chacal ou du loup; il aboie et hurle pendant toute la nuit, par instinct, pour écarter du douar les animaux féroces qui rôdent autour du troupeau. Il est hargneux contre tout le monde et il faut toujours le tenir à distance avec un bâton ou des pierres, aussi personne ne le ménage. Le sloughi au contraire est l'animal aristocratique, il est l'ami du maître, le compagnon de ses plaisirs à la chasse, à la promenade; il en est dont la réputation est si bien établie qu'on apporte le plus grand soin à éviter toute mésalliance et dont on conserve sur des registres la filiation authentique.

Le chameau, *Camelus dromedarius*, dromadaire à une seule bosse, est l'animal indispensable dans les plaines sablonneuses de l'Algérie. La nature l'a créé pour ces contrées au sol mouvant, son large pied déprime le sable sans s'y enfoncer. Sa force est prodigieuse, sa sobriété proverbiale et sa docilité presque toujours parfaite. Le dromadaire est généralement employé au transport des fardeaux, mais on s'en est quelquefois servi pour les usages de la guerre ; il portait un ou deux fantassins quand on avait de longs espaces à parcourir. Les essais tentés par le colonel Carbuccia n'ont pas été très heureux, peut-être parce que nous ne savions pas nous servir de ces animaux qui n'obéissent bien qu'aux gens habitués à les conduire. Les dromadaires plus encore que les moutons forment le fond de la richesse des Arabes : un tel est riche à tant de dromadaires, disent-ils. Leur nourriture n'est pas dispendieuse ; toutes les plantes qui croissent dans les sables leur suffisent. Ils

Chiens arabes.

broutent en marchant tout ce qui est à leur portée, et le soir on les conduit en troupes dans les lieux de campement un peu mieux fournis en végétaux et en eau. Le chameau est absolument indispensable aux populations sahariennes ; sans lui point de relations avec elles, point d'échange. Vivant ou mort, le chameau est la fortune de son maître. On le tue pour en préparer des mets de choix et faire les honneurs de la diffa. Quand les caravanes sont sans eau, sans vivres, elles sacrifient un chameau dans l'estomac de qui elles trouvent de l'eau ; elles laissent coaguler la fibrine du sang et en boivent le sérum. Quant à la chair, dans ces circonstances, elle est consommée fraîche, ou desséchée au soleil pour être conservée.

Le méhari est un chameau plus élégant que le chameau vulgaire; il est plus grand, plus svelte, son encolure est souple, sa bosse est petite; elle est située assez loin du garrot pour permettre de placer devant elle une selle qui est fixée à la bosse même et sous le ventre (1). L'éducation du méhari est longue parce qu'elle doit répondre à beaucoup de conditions pour être parfaite. Il faut qu'il s'accroupisse pour que le maître se mette en selle ou la quitte; qu'il sache rester sur place si le maître l'abandonne; qu'il obéisse à l'action d'une rêne aboutissant à un anneau passé dans la cloison nasale, et enfin, qu'il puisse soutenir son allure de manière à faire de 35 à 40 lieues du lever au coucher du soleil. A cette allure ceux qui les montent éprouvent des secousses pénibles contre lesquelles ils se prémunissent en se serrant le ventre et la poitrine jusque sous les aisselles, encore faut-il être habitué pour ne pas être fortement incommodé. J'ai vu à Laghouat des chambaas absolument emmaillottés avec de larges ceintures.

Entre le méhari et le chameau ordinaire la différence en valeur commerciale est de 300 à 400 fr. pour le chameau et de 1400 à 1500 fr. pour le méhari.

Le bétail constitue, surtout pour les Arabes, la plus grande branche de richesse. Ce peuple pasteur fait paître ses troupeaux sur la grande étendue du steppe; ils n'exigent aucun frais d'entretien et se multiplient

(1) Il existe au jardin d'acclimatation deux méhara fort beaux qui font chaque jour le bonheur des enfants; ils sont harnachés et sellés absolument comme les méhara des Touaregs. Mais comme ils sont conduits au pas, on ne peut pas se faire une idée de la rapidité de leur trot.

avec facilité : ses moutons et ses chèvres se comptent par millions.

On a si souvent lu les chiffres élevés d'animaux pris dans les razzias, qu'une statistique officielle n'est pas ici hors de propos pour donner une idée des ressources animales de ce pays.

Au 31 décembre 1882 on comptait (1) :

RACES	PROPRIÉTAIRES		
	EUROPÉENS	INDIGÈNES	TOTAL
Chevaline......	26.461	113.091	139.552
Mulassière.....	17.954	115.262	133.216
Asine..........	8.904	201.208	210.112
Chameaux......	52	154.196	154.248
Bovine.........	136.939	890.974	1.027.913
Ovine..........	239.731	4.902.590	5.142.321
Caprine........	61.887	2.994.773	3.056.660
Porcine........	45.753	107	45.860
TOTAUX...	537.681	9.372.201	9.909.882

Comparée à celle de l'année précédente, cette situation fait ressortir pour 1882 une diminution de 1,098,721 dans le nombre total des animaux. Les Européens ont perdu plus de 8000 têtes de bétail et les indigènes près de 1,200,000, surtout dans les races ovine et caprine.

12.488 chevaux...	861.445 moutons	
62.252 chameaux.	85.112 chèvres.	1.116.010
86.001 bœufs.....	18.712 porcs...	

Ce sont les éleveurs du sud qui ont été le plus fortement éprouvés, et parmi ces derniers, ceux du dé-

(1) *État de l'Algérie* au 31 décembre 1882. Documents officiels.

partement d'Oran qui, à eux seuls, ont subi une perte de

Le régiment de dromadaires du général de Gallifet.

plus d'un million d'animaux. Chez les nomades du département d'Alger la diminution constatée atteint le chiffre de 360,000 têtes environ. Seul le département de Constantine a vu s'accroître le nombre des bestiaux possédés par les indigènes; l'augmentation constatée est de 290,000 en chiffres ronds. Les pertes proviennent de la disette des fourrages qui s'est fait sentir plus particulièrement dans le sud des départements d'Alger et d'Oran, et, pour ce dernier aussi, des suites de l'état d'insurrection dans lequel les populations qui l'habitent sont restées depuis 1880.

Les animaux sauvages, les fauves, sont encore nombreux en Algérie. A en juger par la grande quantité de ces animaux qui servaient aux jeux du cirque chez les Romains, ils ont considérablement diminué avec la transformation du pays, dont les forêts ont presque partout disparu. Sur la foi des écrivains anciens, il faut même admettre que les éléphants y étaient nombreux. Polybe faisant reproche à Timée, auteur comme lui d'une Histoire générale, d'avoir écrit que l'Afrique renfermait seulement des plaines sablonneuses et inhabitées, dit : « Chacun sait, au contraire, qu'on y voit des éléphants, des lions, des léopards en quantité et d'une grosseur prodigieuse. » Strabon écrit : « La Maurusie produit de hautes herbes, des éléphants, de grands serpents, des lions, des léopards. » Parlant des habitants, il dit : « Ceux qui combattent à pied se servent de peaux d'éléphants en guise de boucliers et de peaux de lions, de léopards, d'ours, en guise de manteaux et de couvertures (1). »

Pomponius Méla, l'Espagnol, parle des éléphants de la Mauritanie. Plutarque, dans la vie de Pompée, dit : « Pendant le dictature de Sylla, Pompée, ayant vaincu Domitius aux environs d'Utique, passa plusieurs jours à

(1) Strabon, *Géographie*, livre XVII.

Lion de l'Atlas.

chasser les lions et les éléphants en Numidie, afin, disait-il, de ne pas laisser les bêtes féroces de l'Afrique sans leur faire éprouver la force et la bonne fortune des Romains. » Toutes ces assertions et d'autres encore attestent la présence des éléphants en Numidie et en Mauritanie. On pourrait en trouver encore la constatation dans le nombre de ces animaux pris ou tués durant les guerres Puniques. Aujourd'hui, il n'est pas besoin de le dire, il n'existe aucun éléphant dans les parties du nord de l'Afrique qui nous appartiennent; mais il s'y trouve encore des lions, des panthères, dont le nombre s'accroît avec le plus grand entretien des forêts et la surveillance pour éviter les incendies, si contraire à la sécurité des fauves. Ces animaux se plaisent surtout dans les parties boisées et rocheuses des montagnes du Tell, et ils fréquentent de préférence les contrées habitées, où ils peuvent mettre chaque nuit les douars à contribution (1).

A côté de ces maîtres carnassiers viennent s'en ranger d'autres, inférieurs en taille, mais égaux en voracité :

(1) Ce tableau, extrait de l'*État de l'Algérie* (Statistiques officielles), donne une idée du nombre d'animaux féroces qui existent en Algérie. En 1881 et 1882, il en a été abattu :

	1881	1882	TOTAL
Lions..........	1	3	4
Lionnes........	5	1	6
Panthères......	71	48	119
Jeunes panthères	5	4	9
Hyènes........	64	132	196
Chacals........	501	1.468	1.969
TOTAL..........	647	1.656	2.303

l'once, le lynx, le chat tigre, le caracal, qui vivent surtout des nombreux lièvres qui pullulent dans les montagnes et dans les plaines. L'ignoble hyène ne s'attaque qu'aux cadavres d'animaux, et je ne sais si toutes les précautions prises ont toujours mis les victimes de la guerre à l'abri de la voracité de cet animal dégoûtant. Le chacal, moitié renard et moitié loup, prend aussi sa part des cadavres quand il ne peut pas s'attaquer aux agneaux ou aux chèvres. Autour des douars et des campements il fait entendre pendant la nuit ses sinistres hurlements.

La traversée des montagnes du Tell est souvent égayée par des bandes de grands singes sans queue, au pelage jaune clair, qui paraissent habitués au voisinage de l'homme et se livrent devant lui à leurs amusantes gambades ; mais ils font souvent le désespoir des jardiniers de la Kabylie, dont ils dévastent les cultures, même dans le voisinage des villes. En 1852 une bande de ces singes descendus des montagnes s'était abattue dans les jardins maraîchers de Stora, et en peu de

Des trois provinces, celle de Constantine est de beaucoup la plus boisée, aussi les grands fauves y sont-ils plus nombreux.

	ALGER	ORAN	CONSTANTINE	TOTAL
Lions..........	»	»	4	4
Lionnes.........	»	»	6	6
Panthères.......	44	12	63	119
Jeunes panthères	2	1	6	9
Hyènes.........	57	117	22	196

Des primes sont accordées pour la destruction des animaux nuisibles. Elles sont de 40 à 60 fr. pour les lions, lionnes, panthères ; de 15 fr. pour les lionceaux et jeunes panthères ; de 5 fr. pour les hyènes ; de 1 fr. 50 à 2 fr. pour les chacals.

temps ils y firent un tel ravage que les habitants

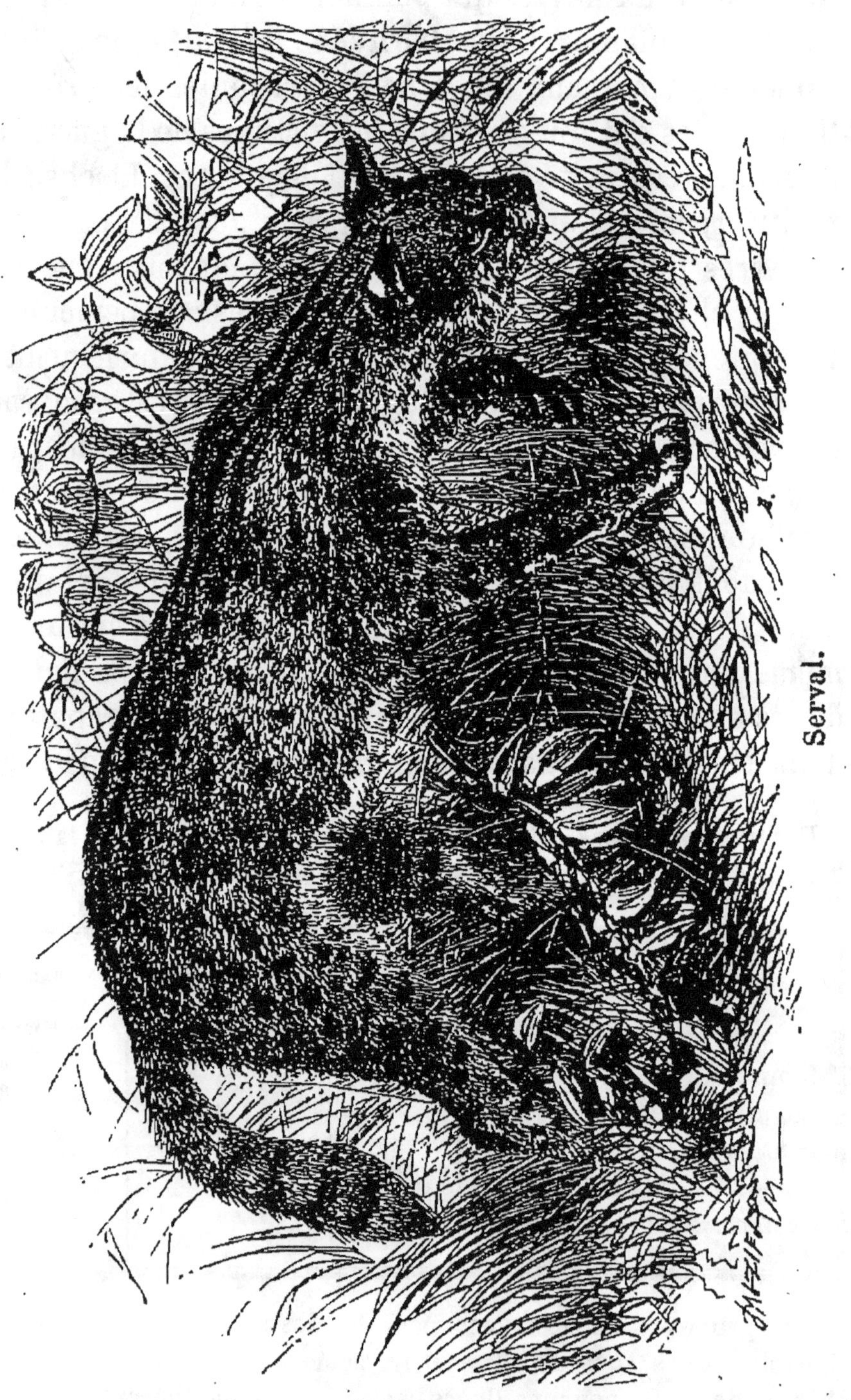

Serval.

effrayés vinrent demander à Philippeville l'assistance

de la troupe. On envoya un peloton armé qui fit feu à faible distance sur les singes. Beaucoup furent touchés; des traces de sang étaient sur le sol; mais les singes valides emportèrent morts et blessés. On put les suivre dans la montagne, chargés de leur fardeau et poussant des cris et des gémissements.

Les sangliers sont par troupes dans les fonds un peu marécageux. Les lièvres et les lapins sont très répandus; les Arabes les chassent avec le bâton (matrag), les levriers, quelquefois avec le faucon. Dans le steppe, on trouve l'antilope bubal, grand comme un veau, avec une tête disgracieuse, longue et étroite, ornée de longues cornes annelées; le léroui ou l'aroui ou mouflon à manchettes, ruminant presque de la taille des cerfs, aux pieds fourchus et portant au cou un jabot de longs poils blanchâtres et d'autres semblables autour des articulations radiales; il en existe en Corse. En Algérie ils sont communs dans le djebel Amour, sur les confins du Sahara.

Bien qu'on trouve les gazelles dans le steppe, elles sont surtout abondantes dans le Sahara, où elles vivent en troupes nombreuses, se nourrissant exclusivement de plantes odorantes qui donnent à leurs excréments une odeur de musc très prononcée dont les Arabes font leur parfum préféré. L'autruche, que l'on chassait autrefois dans la région des oasis, paraît s'être très éloignée. On n'en trouve que fort rarement aujourd'hui; elle a été tellement pourchassée, on a tant enlevé d'œufs pour le commerce qu'il pourrait se faire que la race fût fort réduite dans l'Afrique du nord. Quelques industriels ont voulu domestiquer l'autruche et la faire procréer, mais leurs tentatives n'ont pas eu, que je sache, tout le succès désiré.

Les oiseaux sont, à quelques variétés près, les mêmes

que ceux d'Europe ; mais ils sont en grand nombre. Sur les lacs, les oiseaux aquatiques sont en permanence. Tous les palmipèdes, tous les échassiers depuis les plus petits canards jusqu'aux cygnes et depuis la bécassine jusqu'au flamant flamboyant, se sont donné rendez-vous et procurent aux chasseurs des journées de bonheur. Les étourneaux sont si nombreux que leurs bandes, passant, à l'automne et au printemps, durant des heures entières, obscurcissent littéralement le soleil et produisent un grondement de tonnerre. Leur nombre n'est comparable qu'à celui des sauterelles, véritable plaie, que l'on a eu raison de compter au nombre des plaies d'Egypte. Aux jours de siroco, elles sont vomies par les bouffées de vent du sud, s'abattent sur les moissons et les dévorent en fort peu de temps. Il ne reste rien sur le sol où elles se sont posées ; l'écorce même des arbres est enlevée jusqu'à la limite de la partie dure. Rien ne préserve de ce fléau, ni le bruit que font les femmes arabes en frappant des chaudrons, ni le battage du sol avec des branches. La dévastation est partout où elles s'abattent. La circonstance la plus heureuse est la continuation du vent qui les pousse vers la mer. On voit alors sur le rivage une bordure de cadavres haute de 50 à 60 centimètres et plus, sur une longueur de plusieurs kilomètres, et l'air se charge à grande distance d'une odeur méphitique.

Les Arabes recherchent les sauterelles comme aliment, ils leur enlèvent la tête, les ailes, les pattes, salent les corps et en garnissent le couscoussou. Ils conservent même cet aliment salé dans des peaux de bouc pour s'en servir en hiver.

Le règne végétal surtout mérite de fixer l'attention. En lui réside la fortune de l'Algérie que, malgré bien des déboires, on voit s'accroître chaque année. C'est surtout à l'*Africa propria* des anciens, la Tunisie, que s'applique la réputation de grande fertilité. Elle est incontestable; mais il ne faudrait pas croire toutefois que rien n'est exagéré dans cette réputation de grenier de Rome donnée à la province romaine. La Tunisie et la Numidie étaient riches en blés; mais pas assez pour fournir à l'Italie; peut-être bien à Rome seulement, encore cette ville tirait-elle ses céréales, moitié de l'Égypte, un quart de la Sicile et l'autre quart de l'Afrique. Ce dernier était, paraît-il, indispensable à la subsistance, car lorsqu'éclatait une insurrection, dont le premier acte était d'empêcher le départ des blés d'Afrique, la disette se faisait sentir à Rome.

Néanmoins la fertilité de ce pays est incontestable, Strabon et Pline la célébraient.

Strabon dit : « Dans ce pays (la Lybie), la terre porte deux fois l'an et l'on y fait deux récoltes : l'une en été, l'autre au printemps. La tige de blé y atteint une hauteur de 5 coudées et une grosseur égale à celle du petit doigt, et l'épi y rend 240 pour un. Au printemps on ne prend pas la peine d'ensemencer la terre de nouveau ; on se contente de la sarcler avec des épines de paliures, liées en bottes; mais les graines tombées des épis pendant la moisson suffisent comme semailles et donnent une pleine récolte à l'été. » (Strabon, *Géographie*, livre XVII.)

Pline confirme cette prodigieuse fécondité de la terre, quand elle se trouve dans des conditions favorables. Il rapporte que l'intendant de l'empereur Auguste aurait envoyé à ce prince un pied de froment, venu de la Byzacène (régence de Tunis), d'où sortaient près de 400 tiges, toutes provenant d'un seul grain. L'intendant de Néron lui envoya de même 360 tiges de froment produites par un seul grain. Ces faits, déjà anciens, et auxquels beaucoup de personnes pourraient ne pas ajouter foi, sont confirmés par d'autres, datant d'hier, et que chacun a pu constater. En 1862 un phénomène de végétation fut envoyé de Msila à Constantine pour

Vipère zorreïg.

être présenté au duc de Malakoff, alors gouverneur général : c'était une gerbe de 400 épis de blé produite par un seul grain et qui pendant longtemps fut exposée dans les galeries du palais.

Ces faits, à citer comme encouragement, ne se reproduisent pas souvent ; mais on peut dire que, dans la région du Tell, à moins d'année tout à fait malheureuse, les récoltes sont presque toujours assurées, tandis que dans la zone du Sebkah, sur les hauts plateaux ou dans les plaines du Hodna, elles sont tout à fait intermittentes. Si le sol n'est pas suffisamment humecté, les laboureurs récoltent tout au plus leur semence ; mais après un hiver pluvieux, les blés tallent beaucoup et toute cette région se couvre d'une végétation exubérante. Un grain produit jusqu'à 150 et 200 épis et on s'indemnise largement des pertes éprouvées par la sécheresse.

Pour toutes les cultures, l'eau est l'élément le plus indispensable en Algérie, où il n'existe pas, comme en Egypte, un débordement bienfaiteur qui régularise les récoltes. Ici, par les temps de sécheresse, rien ou presque rien ; par les temps pluvieux, l'abondance. Et pour peu qu'on subisse l'une ou l'autre série, on verra se reproduire les sept années de disette et les sept années d'abondance de Joseph. J'ai vu des grains qui avaient passé l'hiver en terre sans germer.

En Algérie, les céréales sont cultivées un peu partout, mais principalement dans les plaines et les vallées. Dans la campagne agricole de 1881-1882 (1) on comptait 2,666,786 hectares, cultivés en céréales, ayant donné 15,578,163 quintaux métriques. Ces céréales sont surtout le blé tendre, le blé dur, l'orge, un peu d'avoine et de maïs ; les indigènes sèment surtout le blé dur et l'orge ; l'avoine est cultivée par les Européens. Aussi pour 120,000 hectares seulement, ensemencés d'orge par les Européens, les indigènes en ont 1,200,000.

(1) *État de l'Algérie.* Statistiques officielles.

Parmi les céréales, le blé dur et l'orge couvrent la plus grande surface du sol cultivable, ils comptent plus de 2 millions d'hectares.

Le rendement ne varie pas sensiblement d'une année à l'autre, excepté quand les pluies ne viennent pas à propos; dans ce cas la réduction est de plus de moitié, comme il est arrivé en 1877 et 1881. Le rendement varie entre 5 et 6 quintaux métriques par hectare. La récolte est réputée bonne quand on obtient 9 quintaux à l'hectare, ce qui est rare, à en juger par les statistiques officielles.

Il y aurait à signaler à peu près toutes les flores pour passer en revue les végétaux qui croissent en Algérie ; ils varient suivant les zones des montagnes, du steppe ou du Sahara. En général, on peut dire que presque tous les végétaux croissent dans l'une ou l'autre de ces régions; les arbres de l'Europe et de l'Amérique s'y développent sans culture. Le Tell, dans ses parties non défrichées, est couvert de lentisques, de palmiers nains, d'arbousiers, de genêts épineux, de myrtes; les agaves forment des haies; les lauriers-roses sont partout où il y a de l'eau. Toutes ces plantes à l'état de hautes broussailles, au milieu desquelles croissent des herbes fines et quelquefois abondantes, constituent le pacage des troupeaux. Les flancs de l'Atlas sont garnis d'arbres de différentes essences, surtout d'oliviers, de jujubiers, d'orangers, de citronniers, de grenadiers, de cactus qui donnent cette figue de Barbarie, si précieuse pour les indigènes; les figuiers abondent en Kabylie jusqu'au delà de 1,000 mètres de hauteur.

Dans le steppe, d'immenses surfaces de terre sont couvertes d'alfa que l'industrie utilise pour faire des papiers et des tissus; le dys, l'acheb, le chiah (*Artemisia alba*) et d'autres plantes dures, mais aromatiques, constituent la nourriture des troupeaux. Plus ou moins, il en existe partout ; aussi, dans leurs migrations, les indigènes trouvent toujours un aliment pour leurs bestiaux. Les chameaux, qui vivent aussi de ces plantes, broutent encore les béthoms térébinthes, les jujubiers épineux que l'on trouve par bouquets dans le steppe.

Le Sahara est la patrie du palmier dattier (*Phenix dactylifera*), qui ombrage les arbres fruitiers. En dehors des oasis, on ne trouve que le guetaf et, çà et là, de rares touffes de tamaris qui s'élèvent à peine à quelques pieds au-dessus du sol, mais qui sont toujours les bienvenues parce qu'elles donnent de quoi faire des feux de bivouac.

Sous l'influence de la nature de cè pays, les végétaux acquièrent une puissance que nous ne voyons pas en Europe. Les ricins sont presque des arbres; les fenouils, les carottes et quelques autres ombellifères prennent un énorme développement; les tiges des mauves ressemblent à des arbrisseaux, et les plantes fourragères atteignent, sans culture, une hauteur telle qu'un cavalier disparaît au milieu d'elles.

Cette puissance de végétation n'est pas propre seulement aux arbrisseaux et aux fourrages, on voit des vignes enroulées autour des plus grands arbres, qui portent leurs grappes vermeilles jusqu'au sommet. Ce sont les vignes incultes que les Indigènes laissent divaguer en tous sens. Mais nous avons fait école pour eux, et beaucoup déjà profitent de nos leçons et cultivent à l'européenne leurs vignobles.

La vigne prend chaque année en Algérie un très grand développement. Ce pays paraît être la terre promise des viticulteurs ; la vigne y croît presque partout en plaine, en montagne, à des altitudes différentes, et on ne redoute pas de l'élever jusqu'à des hauteurs de 500 à 600 mètres et au delà. La zone dangereuse est celle d'entre 600 et 1000 mètres, parce qu'elle est exposée à des froids tardifs, après des périodes de

Autruche.

chaleur qui ont commencé la végétation de la vigne. A 900 ou 1000 mètres il y a moins à craindre : les chaleurs étant plus tardives, le bourgeonnement de la plante est plus sauvegardé.

Les plaines du Sig, de l'Habra sont plantées depuis longtemps; les coteaux du Sahel d'Alger et d'Oran le sont aussi. Staouéli, défriché par les trappistes, a été le point de départ des essais; ils ont été des plus favorables et ont donné l'impulsion. Mais il y avait beaucoup de progrès à réaliser; on n'était pas suffisamment bien outillé pour faire un vin de conserve; on manquait de caves et, dans la fabrication du vin, la fermentation, insuffisante pour la quantité de sucre que contient le raisin, amenait promptement dans le vin des altérations décourageantes. Aujourd'hui l'expérience est faite, des vignerons d'état préparent les vins, les traitent, et obtiennent des résultats que les expositions ont déjà récompensés (diplômes d'honneur, médailles d'or, etc., Exposition d'Amsterdam, 1883).

Les indigènes eux-mêmes se livrent à la culture de la vigne, dont le produit, très rémunérateur, est toujours acheté sur pied par des vignerons, et chaque année le nombre d'hectares plantés en vigne augmente considérablement (1).

(1) Le nombre des planteurs européens en 1882 était de	10.368
— indigènes —	12.736
	23.104
Celui des hectares cultivés par les Européens était de	35.584
— Indigènes —	4.184
	39.768
La récolte des Européens était de......... hectolitres	672.030
— Indigènes —	9.305
	681.335

dont 633.771 hectolitres de vins rouges
et 47.564 — de vins blancs.

Comparée à 1881; l'augmentation est de 9,286 hectares dans l'étendue des vignobles et de 392,726 hectolitres dans la production du vin. (*État de l'Algérie*, statistiques officielles, 1883.)

Malgré les coupes considérables, on pourrait même dire les dévastations, les forêts de l'Algérie se comptent encore par millions d'hectares; mais chaque jour il y a des pertes par les défrichements et quelques gains par les reboisements. Cette dépopulation des forêts et des broussailles a de graves inconvénients qui se feront encore plus sentir dans l'avenir. Tel point de l'Algérie, en montagne surtout, qui était autrefois abondamment pourvu d'eau, n'en a presque plus par le fait du déboisement; les nuages glissent sans s'arrêter sur ces pentes lisses et la quantité de pluie annuelle dans ces parages est fort diminuée; il en résulte un amoindrissement des cultures.

On est généralement très fixé sur les dangers du déboisement, mais il est difficile de s'y opposer. Il n'existe aucune autre ressource que le bois des forêts pour les nombreux besoins de la colonie. Tout autre combustible deviendrait trop coûteux et peut-être sacrifie-t-on beaucoup l'avenir pour assurer le présent. De plus, la loi n'interdit pas les déboisements et les défrichements pour étendre les cultures, mais elle encourage le reboisement. Néanmoins dans l'état actuel, et d'après les documents officiels pour 1882, le sol forestier de l'Algérie est évalué à 2,045,062 hectares, dont la moitié se trouve dans la province de Constantine. Les différentes espèces de chênes : chêne-liège, chêne vert, chêne zeen, constituent la plus grande partie des arbres; les pins d'Alep sont presque en égal nombre; les cèdres, tuyas et autres essences complètent la statistique des sujets qui couvrent la superficie des forêts domaniales et communales (1).

(1) Il existe encore dans ces forêts des sujets remarquables. On sait combien s'était répandue à Rome la mode d'avoir des tables en bois de cèdre de l'Atlas, d'un seul morceau, montées sur pied en

Sur ces 2,045,062 hectares, 1,723,675 hectares étaient, au 31 décembre 1881, soumis à l'action du service des

Sauterelle voyageuse.

ivoire. Pline dit qu'une montagne de la Mauritanie, jadis couverte de ces arbres, en a été épuisée. La forêt de cèdres de Téniet el Hâd, sur ses 3,000 hectares, est encore très pourvue de fort beaux sujets; la Sultane a 2m,50 de diamètre; le Sultan, qui a été abattu, était plus gros; beaucoup d'autres arbres de pareille dimension ont été abattus peu après l'occupation de Téniet el Hâd. Pourquoi?

forêts. Le surplus, soit 321,387 hectares, sont encore maintenant sous l'autorité de l'administration militaire, c'est-à-dire qu'ils se trouvent dans cette partie reculée du pays qui n'est pas sous l'action de l'autorité civile.

Les incendies forestiers, dus à l'incurie ou à la malveillance, ont toujours été nombreux, et il était urgent d'employer pour les prévenir des moyens énergiques dont l'effet n'a pas tardé à se manifester. En

Chasse au faucon et au lévrier.

1882, on ne comptait plus dans les trois provinces que 148 incendies qui ont parcouru 2,464 hectares et causé un dommage évalué à 102,339 fr. En 1881 il y avait eu 244 incendies qui avaient parcouru 169,057 hectares de forêts et causé un dommage évalué à 9,042,440 fr.

La grande diminution dans le nombre des incendies ne peut être attribuée qu'à la mise en vigueur des moyens prescrits par la loi. Des postes vigies ont été établis sur les points culminants ; ils sont assez multipliés et assez bien servis pour embrasser tout le territoire boisé. Des détachements de troupes ont été envoyés dans les forêts les plus importantes, et enfin le principe de la responsabilité collective a été appliqué aux tribus. Les incendies de 1881 ont été pour les tribus l'occasion d'amendes collectives qui se sont élevées ensemble à la somme de 510,225 fr. Le résultat de cette mesure n'a

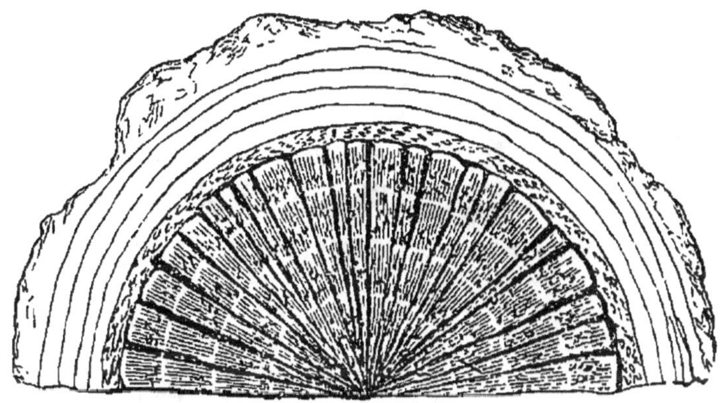

Coupe de chêne-liège.

pas tardé à se faire sentir : en 1882 les dommages causés ne s'élevaient plus qu'à 102,339 fr.

Les incendies, la destruction par la dent des chèvres des jeunes pousses qu'elles affectionnent, sont les principales causes de l'amoindrissement des forêts. Il serait utile de se montrer aussi sévère pour les propriétaires des animaux qu'on l'est pour les indigènes des territoires forestiers incendiés, la responsabilité collective aurait dans l'un et l'autre cas un effet salutaire.

CHAPITRE VII

HISTOIRE

L'histoire de l'Algérie est celle des peuples qui l'ont habitée depuis les temps les plus reculés et dont nous retrouvons encore aujourd'hui les descendants qui ont, de tout temps, subi l'autorité de nombreux conquérants.

Nous savons fort peu de choses des Lybiens, des Gétules et des autres peuplades des temps presque fabuleux; mais déjà nous avons des notions plus certaines des émigrants qui vinrent de la Phénicie et, chemin faisant, fondèrent Carthage.

En 860, Didon, fille de Bélus, quitta sa patrie pour échapper aux cruautés de son frère, passa en Afrique et aborda sur la plage où est aujourd'hui Tunis. On raconte qu'elle demanda à acquérir ce qu'une peau de bœuf pourrait comprendre de terre. Yarbas y ayant consenti, Didon fit couper la peau en lanières dont elle entoura la plus grande surface possible de terrain, où Carthage s'éleva et s'accrut vite par sa population maritime, composée surtout de Phéniciens. Elle devint bientôt maîtresse de la Méditerranée et des îles.

Mais Rome ne pouvait voir auprès d'elle une puissance rivale, et de cette rivalité naquirent les guerres Puniques. La première, de 264 à 241 avant J.-C., eut pour occasion la possession de la Sicile que Carthage dut évacuer.

Dépossédés de l'empire de la Méditerranée, les Carthaginois se rejetèrent sur l'Espagne que les Romains convoitaient aussi : ce fut la raison de la seconde guerre punique. Amilcar, chef de l'armée carthaginoise, eut longtemps l'avantage. Il s'établit solidement dans la meilleure partie de la péninsule, mais il fut tué, et Asdrubal, son gendre, lui succéda. Il fonda Carthagène pour rappeler la mère patrie et étendit les possessions ibériques ; il fut assassiné, et le commandement passa dans les mains d'un jeune homme de vingt-deux ans, fils d'Amilcar : c'était Annibal.

Avec une armée solide, bien disciplinée, éprouvée par les fatigues et les succès, ce jeune héros rêvait la conquête de Rome. Il guerroya plus de dix ans en Italie, porta son armée jusqu'aux portes de Rome et il eut la douleur de quitter le théâtre de ses succès pour aller secourir sa patrie menacée. Là, la fortune avait tourné contre lui ; il fut vaincu à Zama, et après avoir erré longtemps, il chercha dans le poison l'oubli de ses regrets. Cette seconde guerre Punique finit en 551 de Rome, 281 avant J.-C., elle avait duré dix-sept ans (218 à 202).

Mais Rome voulait l'omnipotence absolue, elle ne supportait pas la pensée qu'à côté d'elle était un peuple vivace, possesseur d'un magnifique pays ; elle voulait anéantir ce peuple et se rendre maîtresse du pays. Une troisième guerre Punique ne tarde pas à éclater sous un prétexte même peu avouable. Massinissa, roi numide, et allié des Romains, exerçait sur les Carthaginois une espèce de surveillance gênante et désagréable ; ceux-ci en témoignèrent leur mécontentement par menaces et actes. Mais, comme ils ne pouvaient prendre les armes sans l'autorisation des Romains,

Établissement des trappistes de Staouëli.

ces vainqueurs des premières guerres saisirent cette occasion de déclarer la troisième guerre Punique.

L'agression était inique ; la force l'emportant sur le droit, il se produisit, ce qui devait être, une exaltation farouche chez tout le monde. Tous les intérêts personnels disparurent devant le salut du pays, et, bien des fois, la puissance romaine fut en échec devant l'ardeur et le courage des Carthaginois. Des années se passèrent en alternatives de succès et de revers. Enfin Scipion-Émilien put vaincre l'opiniâtre résistance des Carthaginois, qui ne cédèrent qu'après deux batailles sur terre et sur mer et une lutte pied à pied dans les rues de la cité. Carthage fut réduite en cendres.

Ces guerres n'avaient pas empêché les Carthaginois de fonder sur le littoral de l'Afrique septentrionale des villes et des stations commerciales ; ils respectaient les populations autochtones, favorisaient leurs goûts en leur apportant des objets utiles, et ils étaient ainsi acceptés partout. Nous retrouvons encore bon nombre de villes fondées à cette époque : Hippo Regius (Bône). Igilgilis (Djidjelli), Saldœ (Bougie), Yol, plus tard Julia Cæsarea (Cherchell), sans compter des stations intermédiaires sur tous les points d'un abord facile. La domination carthaginoise n'avait pas duré moins de sept cents ans.

DOMINATION ROMAINE

Les Romains, tant qu'ils avaient eu besoin du concours des Numides, s'étaient montrés très généreux envers leur chef Massinissa ; mais peu à peu leurs libéralités diminuèrent et disparurent même sous le règne de Micipsa, qui n'en tenait pas moins une importante armée dans sa capitale Cirtha (Constantine) et fit prospérer le royaume de Numidie. Après lui, surgit Jugurtha, neveu de Micipsa, qui prépara son avènement en faisant disparaître successivement Hyempsal et Adherbal, légitimes successeurs, et en cherchant à constituer une nationalité numide en opposition à la nationalité romaine. C'est le premier chef de cette population autochtone qui se soit insurgé contre l'envahisseur.

Cette guerre dura sept ans sans interruption. L'armée romaine fut plusieurs fois renouvelée et les généraux les plus réputés eurent tour à tour le commandement. Le prince numide n'avait que sa volonté, son opiniâtreté et sa connaissance parfaite des lieux, dans lesquels il savait entraîner son ennemi ; il tirait un merveilleux parti du temps, des saisons, et ne connaissait ni fatigue ni privation. Il savait faire accepter son autorité par des gens dont il éveillait le sentiment d'indépendance. Marius eut la gloire de vaincre ce géant, encore ne fût-ce que par le concours de la trahison. Bocchus, roi de Mauritanie, livra aux Romains Jugurtha, son gendre, et il en fut payé par une partie de la Numidie, voisine de la Mauritanie.

La conquête de la Numidie assura la domination romaine en Afrique. Carthage vaincue, toute la côte était aux Romains. Jugurtha terrassé, l'intérieur du pays leur était ouvert, et beaucoup de contrées, qui n'avaient pas reconnu l'autorité de Carthage, se soumirent aux Romains. Un pareil résultat obtenu par la défaite d'un seul homme peut paraître surprenant, aujourd'hui que nous sommes toujours aux prises avec des difficultés renaissantes et des soulèvements périodiques. Mais la différence entre les deux époques s'explique facilement : à l'époque de la conquête romaine, les habitants ne demandaient que la liberté de cultiver leurs terres, de commercer, et, pourvu qu'ils fussent libres, ils adoptaient le voisinage de nouveaux venus avec qui ils avaient plutôt à gagner qu'à perdre. Leur religion ne leur faisait aucune loi, ne leur imposait aucune obligation. Aujourd'hui nous trouverions encore les mêmes dispositions si nous n'étions en présence de musulmans; mais la lutte recommence et recommencera longtemps encore sur le terrain de la religion. Tout s'efface, même la considération de bien-être, d'intérêt, devant les préceptes religieux : si ce n'est par conviction, c'est au moins par respect humain. On peut ainsi apprécier ce que peuvent être les insurrections et quel peut en être le nombre, quand on considère qu'autrefois elles avaient lieu pour l'indépendance du territoire, et qu'à présent, outre cette raison, toujours puissante, elles ont encore pour plus grand mobile et plus grand stimulant le fanatisme religieux.

Cependant la soumission des peuplades authoctones ne pouvait pas être définitive; leur caractère ne comporte pas la stabilité des sentiments et des résolutions. Des soulèvements se produisirent encore et se poursuivirent avec des alternatives de succès et de revers qui tinrent longtemps en haleine les vieilles troupes romaines, et il ne fallut rien moins que la grande puissance et l'autorité de César pour mener à bien une lutte pleine de difficultés.

Pour assurer la sécurité en Afrique, il avait annexé la Numidie à la province romaine d'Afrique et formé un gouvernement particulier pour le préteur Salluste. Mais de nouvelles insurrections ne tardèrent pas à éclater parmi les indigènes, même parmi ceux qui avaient été les alliés des Romains; mais, mal conduites par des chefs inexpérimentés, elles n'eurent aucun succès.

Il n'en fut pas de même de celle qui eut pour chef Tacfarinas, ancien serviteur des Romains, dont il connaissait le fonctionnement militaire. Il recruta ses bandes parmi les brigands, les mécontents et tous ces gens qui

Allée des sycomores au jardin d'essai du Hamma, près d'Alger.

n'ont en vue que le désordre et les conduisit d'abord

au pillage des colons isolés. Succès faciles, qui alléchaient les hésitants, et les bandes devinrent bientôt une armée assez bien disciplinée.

Les succès de Tacfarinas lui amenèrent des contingents indigènes en infanterie et surtout en cavalerie, et, ainsi organisé, il crut pouvoir affronter le choc des armées romaines; mais il se trompait : ses bandes, quoique un peu façonnées, n'étaient pas assez disciplinées; elles ne surent pas rester compactes comme la légion romaine, et, au premier choc, le désordre se produisit et avec lui la panique. Tacfarinas perdit beaucoup de monde, lui-même gagna le désert où il attendit une occasion nouvelle.

Il reparut trois ans plus tard (771 de Rome), ravagea tout le pays montagneux entre Constantine et Djidjelli. Se défiant toujours des batailles rangées, il adopta une tactique qui paraît avoir servi de modèle à celle que suivent encore aujourd'hui les Arabes. Il incendia les campagnes, massacra les habitants, tantôt sur un point, tantôt sur un autre, partout où il savait qu'on n'était pas en force. Mais dès que l'on était en mesure de combattre, il abandonnait le terrain, attaquant les derrières et surveillant tous les mouvements pour n'être ni enveloppé ni tourné. Néanmoins il fut cerné et le fils du consul Apronius fit un grand carnage de ses troupes.

Ce nouvel insuccès ne le découragea pas, il se retira au désert et eut encore assez de prestige et de puissance pour grouper autour de lui une nouvelle et forte armée, à laquelle le roi des Garamantes avait joint une nombreuse cavalerie. Longtemps il tint en échec le proconsul Blésus. Malheureusement Tibère avait rappelé à Rome une légion qui faisait le plus grand défaut et dont le départ, habilement exploité, contribuait à augmenter les forces de Tacfarinas. Il pouvait se croire en plein succès quand une trahison fit connaître au chef romain qu'il était campé au milieu d'un bois, d'un accès difficile et où il pouvait se croire en pleine sécurité. Les Romains partirent sans bagage, au milieu de la nuit et, à l'aube, ils fondirent sur le camp mal gardé de Tacfarinas et firent de ses troupes une horrible hécatombe. Tacfarinas trouva dans cette circonstance la seule mort digne d'un homme qui a lutté avec courage pour un principe : après avoir vu périr son fils et ses amis dévoués, il se jeta dans la mêlée et fut tué au milieu des rangs ennemis.

Sa mort amena une trêve dans l'agitation africaine; mais elle eut une cause bien naturelle de retour dans les exactions des gouverneurs et les cruautés des empereurs. Une nouvelle insurrection fut fomentée par Œdimion, homme peu capable, qui fut bientôt écrasé par Lucius Paulinus. C'est sous ce chef que les Romains franchirent pour la première fois toute la Mauritanie et la profondeur de l'Atlas. A cette occasion, Claude étendit les possessions africaines qui du Nil allaient à l'Océan. Il partagea la Mauritanie en deux parties : la Tingitane avec Tingis (Tanger) pour capitale, c'est le Maroc; et la Césarienne avec Julia Cæsarea (Cherchell). Elle comprenait nos provinces actuelles d'Oran et d'Alger.

Mais la rapacité des gouverneurs était telle que toute confiance et toute sécurité étaient perdues. Les impôts étaient écrasants sous Caligula et Claude; Néron prit tout et fit même mettre à mort ceux qui possédaient le plus pour confisquer leurs biens et les annexer au domaine impérial.

Des empereurs comme Galba, Othon, Vitellius n'ont laissé aucune trace, aucun souvenir en Afrique. Après eux, Vespasien développa la confiance, et sous ses successeurs Titus, Nerva, Trajan, Domitien, aucun événement important ne se passa. Sous Adrien, un grand nombre de Juifs vinrent augmenter le nombre déjà grand de ceux qui s'étaient réfugiés dans les provinces romaines après la destruction de Jérusalem par Titus; ils s'y sont développés, s'y sont fortifiés, et peut-être déjà était-il écrit dans le livre de l'avenir qu'ils trouveraient là une nouvelle patrie et qu'ils pourraient dire avec raison ce qu'ils disent aujourd'hui : « l'Algérie est la terre promise des Israélites ». Ils en possèdent, en effet, déjà beaucoup, de par la productive administration de leurs finances.

Adrien administra sagement les provinces d'Afrique et y introduisit d'heureuses modifications. Cependant il se produisit quelques mouvements insurrectionnels, mais de si peu d'importance que l'on n'hésita pas à diminuer l'effectif des troupes d'occupation et à faire passer l'autorité au chef civil de la province. Il en résulta un soulèvement général et il fallut rappeler les troupes (1).

Pendant une longue période, sous des empereurs nombreux, au règne court et insignifiant, l'Afrique fut paisible. Pourtant les nombreuses exactions de Maximin furent cause d'un soulèvement qui appela au trône romain le vieux Gordien, âgé de 80 ans. Mais son règne fut court (36 jours) ; une levée de boucliers fut suscitée par un gouverneur de la Mauritanie partisan de Maximin, du

(1) On n'écrirait pas autrement l'histoire de nos jours, c'est toujours la même situation : devant la force, le calme apparent; quand elle diminue, la révolte se prononce. Influence de race. Il est certain que ces populations, belliqueuses par nature, ne peuvent pas faire mentir les caractères de leur race. Si vous joignez à ces dispositions l'influence religieuse, vous aurez une idée des raisons qui amènent si fréquemment des soulèvements en Algérie.

nom de Capellanius. Celui-ci arriva jusqu'à Carthage qui lui ouvrit ses portes et il fit mettre à mort le vieux Gordien, son fils et tous leurs partisans. A partir de ce

César.

moment, l'empire romain décline et l'Afrique ressent le contre-coup de cette déchéance.

Mais encore une lueur éclaire le ciel des Africains qui, à l'appel des barbares étrangers, tentent un double mouvement insurrectionnel. D'un côté Julianus se fait proclamer empereur à Carthage, d'un autre les tribus de la partie centrale des montagnes proclament leur indépendance. Mais Julianus, traqué, abandonné par les siens et vaincu, se donna la mort, et les tribus insurgées furent soumises après une énergique résistance et disséminées sur tout le territoire.

Après cette expédition, Maximien Galère scinda en deux parts la province proconsulaire : l'une sous le nom de Byzacène, l'autre sous le nom d'Afrique ou de Proconsulaire proprement dite. La Numidie prit le deuxième rang après la province d'Afrique. La Mauritanie césarienne fut partagée en deux provinces : l'une eut le nom de Césarienne, capitale Césarée (Cherchell) ; l'autre fut nommée Sitifienne, avec Sitifis (Sétif) pour chef-lieu. La partie comprise entre les deux Syrtes conserva le nom de Tripolitaine, sa capitale était Æa (Tripoli). Quant à la Mauritanie Tingitane, capitale Tingis (Tanger), elle était annexée à l'Espagne, dont elle formait la septième province.

Mais de nouveaux événements vont se dérouler en Afrique, les luttes ne s'y produiront plus au nom de l'indépendance et à cause des vexations éprouvées par les excès de l'autorité ; des raisons plus puissantes vont remuer les populations. Depuis deux siècles le christianisme se répandait petit à petit parmi les peuples ; il avait à renverser bien des erreurs et à faire adopter ses sublimes maximes. L'Afrique n'en avait pas encore connu les bienfaits; mais des hommes à la parole puissante et persuasive allaient faire entendre les douces consolations de la parole du Christ. Le premier fut Tertullien, qui prêchait la nouvelle croyance avec une persuasion et une fougue convaincante et faisait de si nombreux prosélytes, que les gouverneurs romains avaient décidé le meurtre et le martyre pour arrêter cet élan de foi. Cyprien, vers le milieu du

IIIe siècle, continua l'œuvre avec le même succès; les églises, les évêchés se multipliaient sur le sol africain. Mais les persécutions n'avaient pas cessé, au contraire. Cyprien fut décapité « comme ennemi des dieux et de Rome, et pour avoir entraîné le peuple à une résistance sacrilège aux lois des très sacrés empereurs, Valérien et Gallien » (an 258 de J.-C.).

Ce supplice fut sans effet sur le mouvement chrétien. Malgré les efforts de Dioclétien et de Maxence, la nouvelle religion s'implantait; mais les discussions, quelquefois irritantes, amenaient des conflits, des querelles et des dissidences d'où résultèrent des sectes nouvelles. La principale fut celle des donatistes, rigoristes sanguinaires, qui ensanglantèrent souvent l'Afrique à cause des divergences d'opinion qui existaient entre les modérés de cette secte et les *circoncellions*. Ceux-ci en formaient la partie exaltée, composée presque exclusivement de gens grossiers, ignorants et féroces. Les plus exaltés se trouvaient dans les montagnes de l'Atlas, ce sont nos Kabyles d'aujourd'hui, habitant le mont Ferratus (Djurdjura) et formant ce que les Romains appelaient *Quinque gentii*.

En ce temps, des luttes de famille précipitèrent l'amoindrissement de la puissance romaine. Les fils de Constantin s'étaient détruits l'un l'autre, et le pouvoir passa aux mains de Julien l'Apostat, qui le détint avec autorité. Jovien lui succéda, et, après lui, Valentinien s'associa son frère Valens et partagea l'empire. L'un régna en Occident et l'autre en Orient (365 de J.-C.).

Ce fut la fin de l'empire : mille calamités fondirent sur lui. L'Italie fut inondée de sang, l'Afrique fut elle-même très malheureuse avec son gouverneur Romanus, qui se ligua avec les tribus du désert contre les provinces qu'il devait protéger et qui sut si bien tromper l'empereur

Valentinien par ses rapports mensongers, que celui-ci fit exécuter à Utique les principaux citoyens désignés par lui, comme les fauteurs de désordre.

Ces exécutions injustes et cruelles excitèrent l'indignation et armèrent les populations contre la puissance romaine. Firmus fut le chef de cette insurrection. Il était puissant par sa naissance, par sa position et son ambition était grande. Il eut d'abord de nombreux succès contre Romanus, gouverneur incapable et méprisé ; il prit et brûla Julia Cæsaréa. Ces victoires entraînèrent les habitants de la Mauritanie et de la Numidie. Le soulèvement devenait général, aussi Valentinien comprit qu'il devait charger de la répression un général éprouvé. Il choisit Théodose qui débarqua inopinément près de Igiljilis (Djidjelli). Firmus eut d'abord recours à la ruse en proposant sa soumission; mais Théodose ne l'accepta pas sans réserve. Connaissant les moyens dont usent ordinairement ces peuplades, il se tint sur ses gardes et fit bien, car il sut que les deux frères de Firmus arrivaient avec des secours importants. Pour empêcher leur réunion, il les attaqua séparément. D'abord il défit Mascizel et débanda son armée; mais ce chef rallia ses troupes et revint à la charge, il fut de nouveau vaincu. Firmus demanda alors son pardon aux conditions qui lui furent imposées, se réservant toutefois d'agir pour ne pas les remplir.

Son armée augmentait par l'arrivée de nombreuses tribus, désireuses de reconquérir leur indépendance sous un chef de leur race; mais Théodose put faire face à tout avec une faible armée qu'il dirigeait avec talent, et manœuvra de façon à attaquer et à vaincre l'une après l'autre chacune des fractions qu'il put atteindre. Il vainquit la tribu des Maziques, dont la réputation était établie depuis longtemps. Ce fut le signal du départ des partisans de Firmus, qui lui-même s'enfuit

La cigogne africaine.

presque seul dans les montagnes. Mais Théodose ne se contenta pas de ce succès. Persuadé que la prise du chef pouvait seule empêcher le ralliement de ces populations ordinairement divisées, il poursuivit son œuvre et décida qu'il ne s'arrêterait qu'après la mort de Firmus. Celui-ci s'était réfugié dans le désert et avait obtenu des secours en hommes d'un chef puissant, Igmazen, qui était tout imbu de l'orgueil de son nom et de sa race. Théodose conduisit son armée jusque dans ces régions ; il y rencontra des forces imposantes, rangées en bataille. La petite armée romaine ne se laissa pas entamer par les efforts répétés des barbares; son chef manœuvra, comme toujours, en forçant son ennemi à diviser ses forces et il en eut raison partie par partie. Igmazen, ne voulant pas compromettre entièrement sa position pour soutenir les intérêts d'un chef étranger, consentit à le livrer à Théodose; mais Firmus, pour ne pas s'exposer à la honte de concourir au triomphe de son heureux vainqueur, se donna la mort.

Théodose ne fut pas traité comme il méritait de l'être; le perfide et rusé Romanus sut s'attirer la protection des courtisans du pouvoir, et, bien qu'il fût démontré que ses perfidies avaient failli amener la chute de la puissance romaine, il trouva grâce devant des juges, au moment où la tête de Théodose tombait à Carthage, parce que ses succès rapides le rendaient redoutable. Triste conséquence de la décadence et de la dégradation de cet empire autrefois si prospère, si puissant quand il était bien gouverné, mais à qui il ne restait plus que des chefs incapables, qui se débarrassaient par le meurtre de ceux qui leur portaient ombrage.

Gildon, frère de Firmus, hérita de ses biens, et on eut l'imprudence de lui conférer le commandement de l'Afrique pour le récompenser d'avoir servi fidèlement dans les légions romaines. Il en profita pour exercer les plus grandes atrocités, et il put, pendant une période de douze ans, se livrer à tous les débordements d'une rare cruauté. Théodose se préparait à mettre fin à ces excès, mais il mourut. Gildon ne devint que plus puissant, et déjà il rêvait le pouvoir suprême. Il fit arrêter les navires qui devaient porter à Rome les grains de Carthage, manifestant ainsi son indépendance. Mais Stilicon, ministre d'Honorius, prépara une armée dont il donna le commandement à Mascizel, propre frère de Gildon, et qui avait à tirer vengeance d'injures personnelles. Cette armée n'était pas forte : composée de sept corps d'élite (1), elle ne dépassait pas 5000 hommes, tant était grand le désarroi qui existait, même dans l'armée. Gildon avec une armée nombreuse fut néanmoins vaincu et ses troupes se dispersèrent dans toutes les directions. Lui-même prit la fuite et s'embarqua sur un petit navire qui le porta à Tabarca, là il se tua pour ne pas être livré au vainqueur.

Ce fut le dernier soulèvement des indigènes contre la puissance romaine. Bientôt vont surgir pour l'empire des embarras autrement grands et sérieux que des insurrections locales. Les Vandales vont faire irruption en Afrique et détruire tout ce qu'avait édifié Rome déjà tombée sous Alaric. C'est une époque de misère et de calamités qui a laissé dans l'histoire les plus tristes souvenirs. Elle est venue à son heure et seulement parce que le désordre dans l'empire était tel qu'il n'y avait plus aucune force, aucune cohésion, et que l'autorité était tombée en des mains débiles et impuissantes.

(1) La légion sous Romulus comptait 3,000 fantassins et 300 cavaliers; sous la République elle fut tantôt de 4,000, tantôt de 5,000 hommes avec 200 ou 300 chevaux; sous les premiers empereurs, elle fut portée à 6,000 hommes de pied, quelquefois même à 6,200 avec 300 chevaux (Tite-Live).

Un César eût certainement empêché l'explosion de pareils malheurs dans son pays.

VANDALES

A la mort d'Honorius, Placidie gouverna au nom de son fils Valentinien III. Boniface était, à cette époque, gouverneur d'Afrique. Irrité contre Placidie, qui se laissait influencer par les calomnies d'Aétius, il se vengea en commettant une lâcheté. Il appela les Vandales alors en Espagne et signa avec eux un arrangement par lequel il leur cédait la Mauritanie, se réservant le reste de l'Afrique.

Gonderic avait signé le traité; mais ce fut Genseric qui l'exécuta. Celui-ci n'était pas homme à se satisfaire d'un pareil arrangement; son ambition allait au delà, et il ne tarda pas à démontrer qu'il voulait la domination entière et absolue.

Les Vandales, venus du nord de l'Europe, s'étaient implantés en Espagne, après avoir semé sur tout leur parcours leurs bandes dévastatrices; ils avaient déjà épuisé la contrée ibérienne dans laquelle ils s'étaient établis. C'était un coup de fortune pour eux que leur introduction dans un pays riche, où s'accumulaient, depuis des siècles, les abondantes ressources de pays commerçants et conquérants, et ils quittèrent *la Vandalousie*, à laquelle nous avons à peu près conservé ce nom.

Ils passèrent en Afrique sur les bâtiments et les galères romaines. On évalue à 80,000 hommes, plus un grand nombre de femmes et d'enfants, la population qui aborda en Afrique. Le passage à travers les Mauritanies fut l'occasion de pillage, sans toutefois ralentir la marche. Genseric voulait arriver vite dans la Numidie et menacer Carthage. Chemin faisant, l'envahissement grossissait des indigènes attirés par le pillage et divisés par les sectes religieuses : donatistes, ariens surtout accouraient aux Vandales qui, après avoir été christianisés en Europe, s'étaient faits ariens en Afrique et n'en étaient que plus ardents à maltraiter les chrétiens.

Boniface voulut arrêter le torrent qu'il avait fait déborder, il n'en avait pas les moyens; ses offres furent repoussées; Genseric s'imposa par la force des armes et

Étendard romain.

Boniface succomba. Il se retira dans Hippone où il fut assiégé. Saint Augustin, enfermé dans cette ville, dont il était l'évêque, soutint longtemps le courage des habitants accablés de privations de toutes sortes; mais il mourut durant le siège. Boniface, voulant profiter d'une occasion qu'il croyait favorable, sortit de la ville assiégée, marcha aux Vandales et il fut de nouveau vaincu. Ce fut la chute d'Hippone et un nouveau pas vers la perte complète de toutes les possessions romaines.

Avec la prudence qu'il savait apporter dans la réalisation de ses projets, Genseric ne poursuivit pas immédiatement son but encore inavoué; il consentit même à payer un tribut à l'empire d'Occident pour lui donner toute sécurité. Il réussit si bien que Valentinien crut n'avoir pas besoin de garder les otages que Genseric lui avait donnés, au nombre desquels se trouvait son propre fils Hunneric.

Pendant quatre ans les Romains vécurent dans une aveugle sécurité. Mais Genseric jeta le masque au moment choisi; il marcha droit sur Carthage sans défense et y entra le 29 février 439. Les habitants furent traités avec plus ou moins de rigueur selon leur religion; mais l'argent, les objets de valeur devinrent la proie du vainqueur, et toutes les villes perdirent leurs fortifications, sauf Carthage. Ce fut un coup terrible pour la puissance romaine. Aussi bien à Rome qu'à Byzance, on s'attendait à un envahissement général, et on chercha à prendre des mesures pour le conjurer. Une flotte fut équipée et envoyée contre Genseric. Mais ce chef rusé manœuvra de façon à traîner les choses en longueur sous prétexte de faire la paix. Pendant ce temps il faisait menacer les États romains par Attila, et il obtenait de Rome une paix par laquelle les conquêtes des Vandales en Afrique étaient validées.

Mais le moment de la chute de Rome était venu, et cette ville devait être livrée aux envahisseurs. Des infamies de toute sorte devaient précipiter sa chute. Aétius était assassiné par Valentinien; celui-ci par le sénateur Maxime, qui prenait non seulement sur le trône la place de sa victime, mais encore forçait sa femme Eudoxie à l'épouser. Celle-ci, n'écoutant que son désespoir, et dévorée de honte, appela Genseric qui devenait ainsi une seconde fois l'exécuteur de vengeances personnelles.

Genseric ne se fit pas attendre. Il débarqua à l'embouchure du Tibre, et, dès qu'il connut la situation de Rome, il marcha sur cette ville et s'en empara sans résistance. Après Alaric, qui avait respecté la maîtresse du monde, Genseric la profana. Toutes ses richesses artistiques et autres devinrent la proie du brutal vainqueur et son autorité morale se développa par ce fait au point que tout ce que les Romains avaient possédé en Afrique reconnut la puissance des Vandales. Il en fut de même des îles de la Méditerranée.

Après un premier temps de stupéfaction, une réaction se produisit : l'empire de Byzance ne pouvait pas se soumettre ainsi sans lutte nouvelle. Un homme énergique, un Romain, l'empereur Majorien, forma le projet de reconquérir son empire. Il assemble une armée, composée de tous les éléments possibles ; il passe les Alpes, vient en Gaule, en Espagne, toujours avec succès. Il avait réuni une flotte à Carthagène pour la lancer sur l'Afrique ; il fut arrêté par la trahison et sa flotte coulée bas ou brûlée. Quelques autres tentatives n'eurent pas plus de succès. Genseric restait le maître absolu, et il mourut dans cette gloire (25 janvier 477). Il y avait 38 ans que les Vandales occupaient Carthage.

Un seul homme avait suffi à produire tous ces grands résultats, après lui ils s'effacèrent successivement. Ses fils lui succédèrent, mais ils n'avaient aucune des qualités du père. Ils tournèrent tous leurs efforts vers les persécutions religieuses. Les indigènes ne tardèrent pas à s'apercevoir que le maître n'existait plus et ils surent tirer parti de la faiblesse de ses successeurs ; ils reprirent bientôt possession de ce qui leur avait été enlevé. Antalas était leur chef quand le dernier des enfants de Genseric, le jeune Hilderic, fut appelé à régner après la mort de Trasamund. Mais ce jeune prince, élevé à Constantinople, n'avait rien de ce qu'il fallait pour être à la tête du peuple vandale, et, en présence de l'insurrection des indigènes, on eut recours aux talents militaires de Gélimer, le plus voisin du trône par sa naissance. Mais celui-ci s'empressa d'emprisonner Hildéric et de s'emparer du pouvoir. Cette usurpation fut sanctionnée par l'armée. Justinien voulut intervenir en faveur d'Hildéric, mais il n'obtint rien et il se vit dans la nécessité d'appuyer par les armes ses revendications.

Ce projet ne trouvait que des timides ; un seul parmi les ministres se montrait confiant : c'était Bélisaire. Il reçut le commandement de l'armée. La jeunesse de Constantinople répondait avec héroïsme à l'appel, et bientôt, l'armée organisée put être mise en route pour l'Afrique sur une flotte bien composée et chargée d'armes et de nombreuses munitions. Après une traversée longue, mais heureuse, la flotte jeta l'ancre au cap Vada, à quelques journées de marche de Carthage : le débarquement commença aussitôt.

Le premier soin de Bélisaire fut de se faire des partisans en Afrique ; il respecta les propriétés, donna aux habitants toute sécurité et il put ainsi se rapprocher de Carthage sans avoir à combattre. Toutes les villes avaient eu leurs fortifications détruites, elles ne pouvaient faire aucune résistance. Carthage avait encore ses murailles, mais en si mauvais état qu'elles ne pouvaient être un grand obstacle.

Les choses se présentaient favorables aux Romains. Cependant Gélimer ne pouvait pas rester inactif devant la marche rapide de Bélisaire. Il réunit ses troupes et marcha à la rencontre des Romains, mais il fut vaincu, et prit la fuite avec son armée. Bélisaire, maître du terrain, entra dans Carthage. C'était un revirement de la fortune, plus prompt qu'on ne pouvait l'espérer ; aussi frappa-t-il l'imagination des indigènes qui, hostiles aux

Tortue.

Vandales, parce qu'ils les sentaient faibles, devinrent

aussitôt soumis aux nouveaux vainqueurs, parce qu'ils redoutaient leur puissance.

Néanmoins Gélimer voulut tenter une fois encore le sort des armes et il fut de nouveau vaincu. Sa défaite fut complète, il abandonna dans son camp ses immenses richesses et il se réfugia, avec une partie des siens, dans la montagne qui abrite Hippone, le djebel Papua (Édoug). La flotte gréco-romaine compléta la reprise des anciennes possessions romaines par la soumission des îles de la Méditerranée.

Gélimer fut assiégé dans sa retraite, et, à bout de ressources, il consentit à capituler. Bélisaire le reçut avec distinction, lui promit la vie sauve, et il fut assez heureux pour voir ratifier par l'empereur la promesse qu'il avait faite au vaincu. La domination vandale en Afrique n'avait pas duré un siècle.

GRÉCO-BYZANTIN

Bélisaire, par la vigueur de son attaque, par ses succès rapides, rendit aux Romains la position prépondérante qu'ils avaient avant l'arrivée des Vandales. Les indigènes eux-mêmes abandonnèrent la lutte; mais avant de se soumettre, ils voulurent cependant tenter, une fois encore, le sort des armes. Dans ce temps, comme aujourd'hui, c'était une œuvre toujours reprise et jamais achevée que l'assujettissement des peuplades de l'Atlas. Dès qu'une circonstance leur paraissait favorable, elles cherchaient à en profiter. Un changement de gouverneur était une de celles qu'elles ne laissaient jamais échapper.

Salomon succédait à Bélisaire en qualité d'exarque. Il était à peine investi de son autorité, que toutes les tribus se groupèrent et fondirent sur la Numidie et la

Byzacène, détruisant tout sur leur passage et emmenant captifs les habitants. Leur audace devint telle, après quelques succès, qu'ils défièrent les généraux byzantins. Salomon obtint une victoire que l'on aurait pu considérer comme décisive, sans la ténacité bien connue de ces peuples qui ne comptent pas avec les pertes et gardent toujours l'espérance. La lutte continua en Numidie avec un chef assez puissant pour entraîner les masses : c'était Yabdas, chef de l'Aurès, qui exerça d'abord ses cruautés et ses rapines sur les amis des Romains. Mais cette fois Salomon ne put aller à leur secours. Une insurrection éclatait à Carthage même, et Salomon se vit dans la nécessité de fuir en Sicile. Les Maures prirent pour chef Stoza. Ils espéraient tirer parti de la situation faite à Carthage et s'emparer de cette ville; mais ils rencontrèrent une résistance inattendue qui donna à Bélisaire le temps d'arriver de Sicile avec un très faible renfort. Mais le nom seul de ce chef jeta la consternation dans les troupes de Stoza qui se débandèrent sans combat.

Le courage des indigènes ne faiblit jamais; ils combattaient pour leur indépendance et chaque jour ils trouvaient des ruses nouvelles pour vaincre ; ils eurent ainsi plusieurs succès sur des généraux byzantins et un moment Stoza se trouva maître de la Numidie et de la Byzacène. Il rêvait plus encore et voulait s'emparer de Carthage. Dans cette situation précaire, Justinien avait fait choix de son neveu, Germanus, pour rétablir la tranquillité en Afrique. Le résultat ne se fit pas longtemps attendre : après plusieurs victoires, les foyers d'insurrection étaient éteints dans Carthage et les indigènes étaient réduits à l'obéissance. Ce qui contribua surtout à ce résultat fut la soumission des tribus de l'Aurès, que le successeur de Germanus, Salomon, obtint après une lutte vigoureuse comme en savent soutenir les Arabes dans les montagnes.

Mais les fautes commises étaient nombreuses, le favoritisme byzantin désignait des chefs incapables et barbares qui commettaient fautes et atrocités; aussi les Maures victimes se soulevèrent-ils en masse, sous le commandement d'Antalas.

Tous les généraux favoris furent successivement défaits et tués.

Enfin Jean Troglita fut heureusement choisi pour réparer de véritables désastres. Il remporta sur les tribus une série de victoires décisives; mais il n'avait amené encore qu'une soumission incertaine et passagère. Retirées dans le désert ou dans les parties inaccessibles des montagnes, ces tribus n'attendaient que le moment favorable pour reprendre les armes, les Maures ne se rebutaient jamais, et leur persistance leur donnait ce qu'ils désiraient. A la fin du Bas-Empire, le territoire de la province d'Afrique était réduit à un tiers de celui que Rome avait possédé. En Numidie, la limite byzantine ne dépassait guère les premières chaînes de l'Atlas; la Mauritanie était tout entière au pouvoir des Maures. Aussi la dépopulation se produisait-elle partout, au point que Procope assure que dans l'espace de vingt ans, depuis l'invasion de Bélisaire, la population de l'Afrique diminua de cinq millions d'habitants. Les désertions s'opéraient surtout devant les exigences fiscales qui étaient sans limite.

INVASION ARABE

La cour de Byzance n'avait plus rien de ce qu'il fallait pour résister aux attaques incessantes des Maures. Ceux-ci se montraient d'autant plus audacieux qu'ils voyaient s'augmenter le désordre et l'incapacité chez les Romains déchus, et, vraisemblablement, ils seraient par-

Lynx ou loup-cervier.

venus seuls à les expulser de l'Afrique du Nord. Mais le

grand mouvement religieux et militaire qui venait de se développer en Arabie allait se propager au loin, en suivant le littoral méditerranéen et faire peser son joug sur toutes les populations grecques ou maures.

Les Arabes avaient accepté la religion prêchée par Mahomet, et ils voulaient la répandre par la persuasion, et au besoin par le glaive. Pendant que des bandes faisaient irruption en Asie, d'autres traversèrent l'Égypte qu'elles réduisirent facilement, et pénétrèrent dans l'Afrique septentrionale, conduites par Abd Allah, l'an 23 de l'hégire (647). Elles arrivèrent sous les murs de Tripoli, où le patrice Grégoire, qui voulait arrêter l'invasion, fut complètement battu et tué. La plus grande partie des habitants de cette contrée embrassa l'islamisme pour avoir la vie sauve. Les Arabes quittèrent bientôt le théâtre de leurs exploits pour retourner en Égypte, et les Byzantins rentrèrent en possession du territoire perdu.

Leurs exactions, leur despotisme devinrent si intolérables que les habitants, pour s'y soustraire, appelèrent eux-mêmes les Arabes qui rentrèrent en l'an 34 de l'hégire (653), conduits par Moawiah, et s'étendirent de nouveau dans le pays, ravageant la Cyrénaïque, la Tripolitaine et la Byzacène, sans toutefois s'y établir encore définitivement. La prise de possession du sol africain ne fut pas facile pour les Arabes ; s'ils avaient assez aisément raison des Byzantins, ils avaient à combattre les Maures indigènes, et ces terribles populations de l'Atlas défendaient leur terrain pied à pied. Nous les retrouvons encore aujourd'hui ce qu'elles ont été de tout temps, énergiques, braves, persévérantes et toujours prêtes à la lutte pour garder leur indépendance. Il ne fallut pas aux Arabes moins de trois invasions pour se fixer dans le pays. La troisième invasion eut lieu sous les ordres du fameux Okba ben Nafy, qui avait déjà fait partie de la précédente invasion. Il défit les Berbères et les Byzantins réunis pour résister à l'invasion, et, afin d'établir sa prise de possession du sol, il fit bâtir Kaïrouan, ville sainte, qui conserve encore le prestige de son origine.

Malgré ses succès, Okba devait subir une sorte de disgrâce; il fut rappelé et une quatrième invasion, en 55 de l'hégire (645), fut confiée à Abou el Mahadjar. Il arriva jusqu'à Tlemcen, après avoir battu Koceila, chef des Berbères, qu'il garda prisonnier bien qu'il eût embrassé l'islamisme. En 62 de l'hégire (681) le bouillant Okba fut de nouveau investi du commandement de la cinquième invasion, et il la mena si vigoureusement qu'il traversa l'Afrique septentrionale, faisant tomber sous sa loi les tribus du nord et du sud de l'Atlas. Il arriva ainsi jusqu'au bord de l'Océan, où, dit-on, il fit entrer son cheval et se plaignit à Dieu de ne pouvoir aller plus loin porter la gloire de son saint nom.

Okba, convaincu qu'il avait éteint à jamais la puissance berbère, renvoya une partie de ses troupes et revint à Kaïrouan, pour présider aux embellissements de cette ville; mais il comptait sans la persistance des Berbères. Ceux-ci virent dans la diminution des forces d'Okba une occasion favorable pour reprendre la lutte; ils s'insurgèrent de nouveau et offrirent la bataille dans les environs de Tehourda, sur la route de Lambessa à Carthage. Les combattants d'Okba, fort inférieurs en nombre, se firent tous tuer; Okba lui-même succomba. On dit qu'il mourut de la main du chef berbère Koceila qu'il avait humilié pendant qu'il le tenait en captivité. Le corps d'Okba fut enseveli sur le champ de bataille, à l'endroit où se trouve aujourd'hui l'oasis de Sidi Okba, centre religieux du Ziban, dont la grande mosquée renferme le tombeau vénéré.

Après cette défaite, les Arabes crurent ne pas pouvoir tenir contre le réveil des Berbères et ils évacuèrent même Kaïrouan, que Koceila vint occuper. Ainsi, après trente-sept années de combats, livrés par les Arabes, l'Afrique romaine revenait à peu près aux Berbères, et leur chef Koceila, malgré sa défaite antérieure et sa captivité, avait repris assez de puissance pour être le maître dans l'intérieur de l'Afrique, car les Byzantins ne possédaient plus que quelques villes du littoral.

La sixième invasion eut lieu en 64 de l'hégire (685), sous le kalifat de Abd el Malek. Hassen qui la dirigea eut d'abord des succès; en 688, Koceila perdit la vie dans une bataille décisive. Kaïrouan et l'Afrique furent de nouveaux ouverts aux Arabes qui s'emparèrent de Carthage et la détruisirent.

Au milieu de ces luttes sans cesse renouvelées, les populations byzantines diminuaient graduellement et perdaient leur prestige en même temps que leurs forces; bientôt elles disparurent, absorbées par les peuples indigènes, et il ne resta plus en face des Arabes que les Berbères. Cela ne veut pas dire que les émirs sarrazins aient eu bon marché des Maures livrés à eux-mêmes ; au contraire, ceux-ci, ayant toujours été le plus grand obstacle à l'envahissement, continuèrent avec une ardeur soutenue. Koceila tué eut un successeur dans Kahina, reine de l'Aurès, à laquelle s'étaient ralliés tous les Berbères. Comme ses prédécesseurs, Hassan fut battu et obligé de revenir en arrière. Ce ne fut qu'en 703 qu'il se présenta de nouveau avec de puissants renforts pour venger sa défaite. Kahina accepta le combat, et dans une mêlée sanglante elle fut tuée. Sa mort fut le signal de la déroute des Berbères.

Une dernière invasion pénétra en Afrique en 90 de l'hégire (705), elle fut conduite par Moussa ben Noseir, le futur conquérant de l'Espagne, qui poussa vivement la

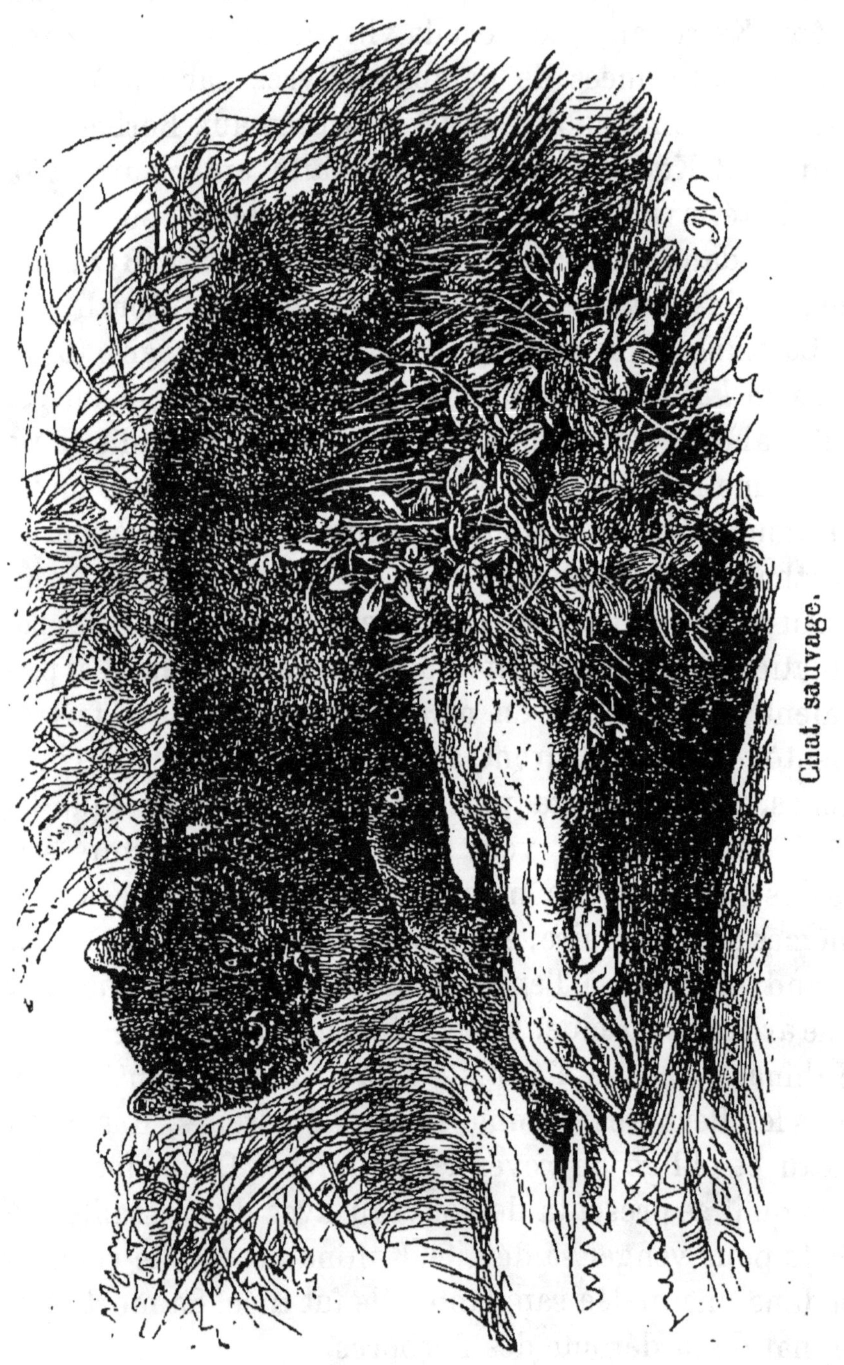

Chat sauvage.

soumission des Berbères. Ceux-ci adoptèrent, du moins

en apparence, l'islamisme et commencèrent à s'allier aux vainqueurs.

Nous sommes arrivés au moment où l'invasion mahométane déborda de la Mauritanie sur l'Espagne.

On a pu voir que l'Afrique n'a pas été une proie facile pour les Arabes ; ce fut, au contraire, la conquête la plus disputée, mais en même temps la moins durable. Le mahométisme s'y établit avec beaucoup de difficultés. Okba lui-même déclarait ne pas faire grand fond sur les hommages donnés au Coran par les Berbères. Aux premières années du huitième siècle tout le pays depuis Tripoli jusqu'à Tanger avait déjà accepté et abandonné douze fois l'islamisme.

La conquête de l'Afrique avait coûté aux Arabes des centaines de mille hommes et soixante-dix années de combats, dans lesquels ils ont montré une opiniâtreté égale à celle des populations qu'ils voulaient courber sous leur loi. Il leur a fallu déployer contre les populations toutes les rigueurs de la conquête pour leur faire abandonner leurs idoles. Mahomet avait dit dans le Coron : « Combattez les infidèles jusqu'à ce qu'il n'y ait plus lieu aux disputes : combattez jusqu'à ce que la religion de Dieu domine seule sur la terre. » Et les sectateurs du Coran, poussés par trop de zèle, suivirent d'abord à la lettre ces prescriptions. Mais, plus tard, ils se montrèrent plus tolérants et se firent de plus nombreux partisans, sinon convaincus, du moins résignés.

Ces nouvelles croyances firent naître des interprétations différentes et ouvrirent des complications inattendues et des difficultés nombreuses; des schismes, des hérésies naquirent; les populations les défendaient par les armes, et bien des fois le sang coula pour faire prévaloir telle ou telle croyance. Le kharedjisme, doctrine d'une secte nouvelle, réunit beaucoup de partisans qui se désunirent bientôt sous l'action de dissidences produites dans la secte même.

Les kalifes n'étaient pas non plus assurés d'une grande stabilité du pouvoir dans leur famille ; la ruse, l'intrigue étaient des moyens fréquemment mis en usage pour déplacer l'autorité. Ali, cousin et disciple de Mahomet, avait été dépossédé par Moaviah, fondateur de la dynastie des Ommiades ; il fut à son tour dépossédé par Abbas, oncle du Prophète, qui fonda les Abassides. Une autre famille, descendant de Fathma, fille de Mahomet, donna naissance aux Fatimites. Les Abbassides furent puissants en Arabie, en Perse, ils fondèrent Bagdad ; les Ommiades eurent tout leur prestige en Espagne, surtout avec Abder-Rhaman, surnommé Al Mansour (le Victorieux), qui avait échappé par miracle au massacre de toutes les personnes de sa famille.

L'Afrique ne pouvait pas se soustraire aux agissements des ambitieux, et beaucoup de compétitions se produisirent pour fonder de petits États indépendants ; les principaux furent dans l'ouest : les Edrisites, dont le fondateur Ben Edris descendait d'Ali, gendre de Mahomet et de Fathma sa fille. Fort de son origine, il attira à lui tous les kabyles et finit par conquérir le Mohgreb tout entier ; mais il portait ombrage à Bagdad et il mourut empoisonné. Il laissait un fils en bas âge qui fut plus tard, et après de nombreux exploits, proclamé kalife de Fez. Dans l'Est, les Aglabites formèrent un autre kalifat, et sous le règne de Zïadel Allah, successeur d'Ibrahim, fils d'Aglab, ils firent la conquête de la Sicile et d'une partie du royaume de Naples. Réunis aux Edrisites, ils pénétrèrent en France, sur les côtes de Provence et s'emparèrent de plusieurs villes : Marseille, Avignon, Arles, et des montagnes environnantes où ils bâtirent des tours de vigie dont on retrouve encore les ruines.

Mais les Edrisites virent leur puissance battue en brèche par les soulèvements des tribus kabyles ; ils perdirent Tlemcen qui forma une principauté indépendante des kalifes de Fez. Une autre principauté fut aussi fondée non loin de cette ville, elle reçut le nom de Mequinez de celui de la tribu des Beni Mequineca qui avait fait les frais de la lutte pour l'indépendance.

Dans l'Est, les Aglabites perdaient aussi de leur puissance ; un certain Obeid Allah Abou Mohamed, surnommé Mahadi, qui prétendait descendre en ligne directe de Fathma, fille du Prophète, s'annonça comme l'iman attendu pour réunir dans la même croyance tous les mulsumans orthodoxes. La croyance générale était qu'un Messie devait arriver pour grouper en un faisceau tous les croyants, aussi le Mahadi eut bientôt une armée avec laquelle il s'empara de Kaïrouan. Il fonda une nouvelle ville Mehedia et établit la puissante dynastie des kalifes fatimites (1).

Après avoir chassé les Aglabites, il voulut détruire les Edrisites. Mais ceux-ci appelèrent à leur secours Abder-Rhaman III qui, après avoir battu les Fatimistes, déclara aux Edrisites qu'il prenait le succès pour son propre compte et se fit proclamer prince des Croyants. Mais si Abder-Rhaman savait se rendre la victoire familière, il n'en était pas de même quand il confiait le commandement à ses lieutenants. Par l'incapacité de l'un d'eux, il vit un moment tout le Magreb lui échapper après la prise de Fez et de Sigelmess ; mais il fut assez heureux pour réhabiliter la gloire de ses armes avant de mourir. Il avait vécu 72 ans et régné 50 ans.

L'ambition des Fatimites de Kaïrouan était de nouveau

(1) Le mahadi soudanien exploite aujourd'hui les mêmes croyances et exalte de la même façon les populations.

éveillée par la décadence des Abbassides; ils proposèrent d'agrandir leur empire aux dépens du kalifat d'Orient; et, à cet effet, ils firent en Egypte et en Syrie une expédition heureuse qui renversa la puissance des Abbassides à qui Bagdad seule restait. Mais la guerre appelle la guerre, et elle allait éclater de nouveau entre les kalifes de Kaïrouan et ceux de Cordoue, quand un chef de la tribu des Zenagas, Boulogguin ibn Ziri, se manifesta tout à coup. Appelant à lui tous les partisans de l'indépendance, il fut le fondateur de la dynastie des Zirides; mais, après des alternatives de succès et de revers, son armée fut mise en déroute. Il ne survécut pas à cette défaite.

L'Afrique se trouvait encore divisée en deux grands Etats : celui des kalifes de Cordoue et celui des kalifes fatimites. Kaïrouan, l'ancienne capitale, n'était plus administrée que par un chef berbère qui reconnaissait la suprématie abbasside. Alors le kalife d'Egypte, impuissant à rétablir lui-même les choses en bon état, fit appel à tous les Arabes qui voudraient se rendre en Afrique, moyennant des avantages pécuniaires stipulés et des honneurs ou des grades pour les chefs. Il ne tarda pas à s'assurer un grand nombre d'adhérents parmi lesquels les grandes tribus des Hillal et de Soleïm. Ces tribus indisciplinées avaient, de tout temps, été un embarras; aussi leur fit-on de grands avantages pour hâter leur départ. On se débarrassait ainsi d'hôtes incommodes en Arabie et on jetait sur l'Afrique des bandes de pillards et de dévastateurs.

C'est la grande invasion Hillalienne que l'on peut considérer comme la souche de toutes les tribus arabes qui habitent aujourd'hui le territoire de l'Algérie. Car les premières invasions avaient surtout fourni des combattants, dont le nombre diminuait successivement par des combats fréquents, et leur peu de stabilité était un obstacle à l'accroissement de la population.

L'invasion de l'Espagne ne put s'effectuer que parce que les Berbères des Mauritanies, ou les Maures comme on les appelait, y prirent la plus grande part (1).

Vers l'an 1049, une première troupe d'hillaliens franchit le Nil ; le nombre en a été sans doute fort exagéré, car on va jusqu'à le porter à plusieurs centaines de mille hommes. Ils quittaient l'Egypte sans pensée de retour, se faisant suivre de leur famille et de leurs troupeaux. Leur passage à travers le pays était marqué par la dévastation ; ils cheminaient « semblables à une nuée de sauterelles, dit Ibn Khaldoun, ils détruisaient tout sur leur passage. » Les Berbères ne se préoccupèrent pas d'abord de cet envahissement, mais quand ils en comprirent l'importance et qu'ils voulurent s'y opposer, il était trop tard ; ils furent vaincus et refoulés, les uns dans les déserts, les autres dans les montagnes, et la marche en avant des Arabes ne rencontra plus d'obstacle. Ils envahirent la Tunisie, détruisirent Kaïrouan et se répandirent dans tout le pays.

Au moment où cette invasion se produisait par l'est, les Berbères du désert se préparaient à la conquête du Magreb par l'ouest, sous la direction d'un des leurs, Youssef ben Taschefin, de la tribu des Zenaga. Cette tribu avait accepté l'islamisme ; elle manifestait pour cette religion nouvelle un zèle qui fut exploité par un marabout adroit et entreprenant, désireux de combattre des tribus berbères, restées fidèles à leurs anciennes croyances. Ce

(1) M. Mercier, ancien ministre plénipotentiaire au Maroc, à qui l'on doit de nombreux renseignements sur l'histoire des Berbères, a publié un livre fort intéressant et fort instructif sur ce sujet, resté jusqu'à présent obscur. Il est intitulé : *L'histoire de l'établissement des Arabes dans l'Afrique septentrionale.*

marabout, Abd Allah ben Yacin, appela ses guerriers les hommes de Dieu (al Morabith), dont nous avons fait Almoravides, et il assit sa puissance sur une grande étendue de pays. Abou Beker ben Omar succéda à Abd Allah dans la direction religieuse, et Youssef ben Taschefin prit la direction des opérations militaires. Il conquit tout l'occident et fonda une nouvelle capitale qu'il appela Meurquec dont nous avons fait Maroc. Dans l'est, il alla jusqu'aux frontières de l'Egypte, imposant partout son autorité, et il rentra victorieux dans sa capitale de Maroc où il se fit proclamer prince des musulmans, défenseur de la religion, et, peu de temps après, son intervention en Espagne lui valut le titre de souverain de toute l'Espagne musulmane (489 de l'hégire, 1095 de J.-C.).

Après la mort d'Youssef, Ali ben Youssef, son fils, lui succéda avec le titre d'émir. Il eut quelques succès; mais surgit un nouvel ambitieux, fanatique, du nom de Mohamed ben Abd Allah, Berbère d'origine, qui parvint à soulever les populations contre les Almoravides et annonçait la venue prochaine de l'iman el Mahdi. Ses prédications eurent un grand succès; il s'attacha surtout Abd el Moumen dont le nom aura bientôt un grand retentissement. Mohamed, à la tête de nombreux Berbères, attirés par ses promesses, prétendit être l'iman el Mahdi lui-même et il s'avança résolûment contre l'armée almoravide envoyée contre lui. Les Almohades (c'est ainsi que furent appelés les partisans d'el Mahdi) furent vainqueurs en 517 de l'hégire (1123 de J.-C.). Abd Allah mourut, laissant à Abd el Moumen le soin de continuer ses conquêtes et de développer sa puissance. Il en usa si bien qu'il parcourut en triomphateur tout le pays entre Tanger et le désert de Barka, détruisant tout ce que les Almoravides avaient édifié. Comme eux, il passa en Espagne qu'il courba sous sa loi et partout il laissa des traces de sa cruauté.

Quelques autres princes almohades se succédèrent; mais cette puissance alla en déclinant et fit place à celle des beni Merin, dont le chef du nom de Yaya s'empara de Fez, de Tazza, et détruisit les dernières forces des Almohades (667 hégire, 1269). A partir de ce moment il existe une grande instabilité dans les dynasties qui se succèdent et se combattent. C'est au milieu de ces luttes qu'eut lieu la 6e croisade commandée par saint Louis et la mort de ce prince en 1270 (25 août).

DOMINATION TURQUE.

Pendant plusieurs siècles les Berbères et les Arabes furent en lutte ; de nombreuses dynasties se succédèrent qui n'avaient la force ni de se constituer ni de se développer. Toutefois les Berbères perdirent tout leur prestige. Retirés dans leurs montagnes, ils y vivaient pauvrement ; l'intérieur du pays était livré aux Arabes et les villes du littoral abritaient les Maures, qui, chassés d'Espagne, avaient organisé la piraterie sur les côtes de leurs anciennes possessions et sur toute la Méditerranée, profitant du moment où les vaisseaux espagnols revenaient, richement chargés, du nouveau monde. Ce nouvel usage que les Maures faisaient de leurs forces devait provoquer la mise en œuvre de tous les moyens propres à le faire cesser; de là l'établissement des Espagnols sur la côte barbaresque et leur prise de possession d'Oran, de Bougie, de Melilla, de Mers el Kebir, ainsi que des principaux îlots du port d'Alger, où fut élevée la forteresse appelée el Peñon d'Alger. En même temps les Portugais s'établissaient sur différents points de la côte occidentale d'Afrique et occupaient tous les ports du rivage de l'Océan.

Mais deux hommes allaient surgir pour donner à tout le pays qui borde la Méditerranée au sud un éclat particulier : ce sont les frères Barberousse, qui, de simples pirates de l'archipel grec, devinrent des puis-

Charles-Quint.

sances contre lesquelles se heurtèrent sans succès les plus grands empires, et que les monarques traitaient presque comme des égaux. L'histoire de l'Algérie date surtout de cette époque : jusque-là elle s'était confondue avec celle de l'Afrique septentrionale, et la domination turque ne commence effectivement qu'avec les Barberousse.

Vers 1516, à la mort du roi Ferdinand d'Espagne, les Algériens crurent le moment favorable pour secouer l'autorité espagnole. Impuissants par eux-mêmes, ils demandèrent l'appui des Barberousse, qui s'étaient déjà rendus célèbres par leurs exploits sur mer et sur les côtes de la Sicile et de la Calabre. Ils possédaient une flottille d'une douzaine de navires, et, quand les Espagnols vinrent occuper Bougie, les habitants demandèrent l'assistance des frères Barberousse pour les chasser. L'aîné Baba Aroudj (Barberousse) les attaqua; mais il fut repoussé et perdit un bras dans cette action. Après sa guérison, aidé de son frère Khair Eddin, il tenta de nouveau de s'emparer de Bougie, mais ils furent encore repoussés; et comme compensation ils s'emparèrent de Djidjelli. Ce port abritait leur flotte, ils y déposèrent leurs trésors et furent nommés par acclamation les souverains de cette ville. Plus tard, après plusieurs assassinats, ils furent maîtres d'Alger. L'état de décadence et d'impuissance de tout le pays, à l'est et à l'ouest, était tel qu'ils s'en emparèrent facilement; ils prirent même Tlemcen. Mais les Espagnols se portèrent au secours de cette place et Baba Aroudj perdit la vie au Rio Salado en 1518.

Khair Eddin, le second Barberousse, resta maître du pouvoir à Alger. Mais il eut à lutter d'un côté contre les Espagnols, conduits par Hugo de Moncade, et de l'autre contre les souverains de Tunis. Dans ces conjonctures, redoutant de ne pouvoir faire face à tout, Khair Eddin offrit sa conquête à Selim Ier, sultan de Constantinople, qui l'accepta et lui en donna le gouvernement avec le titre de Pacha. Il lui envoya de plus une flotte et 2000 janissaires avec lesquels il expulsa les Espagnols du Peñon d'Alger. Il s'empara de Tunis et en chassa le souverain Moley Hassem. Celui-ci implora le secours de Charles-Quint qui reprit Tunis en 1531 et laissa garnison à La Goulette, à Bône et dans différents ports. Ce succès avait engagé l'empereur à pousser plus loin son action contre la puissance ottomane d'Afrique, qui étendait ses actes de piraterie sur toutes les rives de la Méditerranée ; mais il fut moins heureux dans sa tentative contre Alger qu'il ne l'avait été contre Tunis. Une tempête effroyable détruisit, dans la rade d'Alger, la plus grande partie de sa flotte, quelques jours après le débarquement des troupes, et quand les opérations de siège étaient à peine ébauchées. Cette circonstance exalta l'orgueil des Ottomans qui se croyaient invincibles, et, de fait, ils avaient partout des succès. Kheir Eddin s'était mesuré avec les principaux amiraux et les avait vaincus ; il s'était emparé des îles appartenant aux Vénitiens et avait obtenu un traité glorieux pour les Ottomans. On le vit à Toulon, attendant la décision de François Ier, pour attaquer, de concert avec la flotte française, les côtes de la péninsule espagnole et se retirer, mécontent de ne recevoir aucun avis, bien qu'il eût été comblé de présents et d'or. Enfin, après une longue vie fort agitée et fort bien employée pour la gloire de son pays, il mourut à Constantinople à l'âge de quatre-vingts ans.

A partir de cette époque, on compte une longue série de Pachas : les uns ne règnent que quelques mois, les autres des années ; mais le plus grand nombre meurt de mort violente. Sous tous ces chefs, la piraterie est organisée, non pas par des groupes d'hommes vivant de brigandage ; mais elle est un des rouages de l'État, et le principal moyen de lui procurer des ressources. Ainsi favorisée, elle devait s'étendre et attirer tous les hommes aventureux. Aussi il devenait impossible de naviguer, non seulement sur la Méditerranée, mais encore sur l'Océan, et les marines de toutes les nations étaient la proie des intrépides pirates algériens qui s'intitulaient fièrement *Rois de la mer*. Le Père Dan estime que les prises de ces pirates d'Alger se montaient à plus de 20 millions dans une période de vingt-cinq à trente ans.

Depuis la paix de 1628 jusqu'en 1634 les Algériens ont pris à la France : 80 navires dont 52 appartenaient aux ports de l'Océan ; leur valeur totale montait à 4,752,600 livres tournois. Le nombre des captifs provenant de ces prises fut de 1331 dont 149 se firent musulmans. A cette époque les bagnes d'Alger contenaient plus de 300 esclaves français.

Cet état de choses ne pouvait durer, et Louis XIII entreprit une expédition maritime qui nous fut plus nuisible qu'utile, parce que les vents contraires ayant dispersé la flotte, son action fut annihilée et les Algériens ruinèrent l'établissement que nous possédions au Bastion de France, près de la Calle, depuis 1560.

Sous Louis XIV, le duc de Beaufort fit éprouver de grandes pertes aux pirates, et, pour être plus à portée des répressions, il s'empara de Djidjelli, sur la côte, en 1664. Mais il dut bientôt l'abandonner, faute des ressources suffisantes pour fortifier et entretenir cette place. Ce départ fut regardé par les Algériens comme une défaite ; leur audace s'en accrut, ainsi que leurs vexations contre notre marine, et Beaufort fut de nouveau obligé de reprendre la mer. Il atteignit l'escadre algérienne en vue de la Goulette et il la détruisit. De là, un traité de paix qui fut assez exactement observé jusqu'à l'arrivée au pouvoir d'un nouveau dey, Baba Hassan, qui rompit tout traité et provoqua de nouvelles hostilités.

L'Angleterre profita de cette situation pour négocier un traité de paix que le père Levacher qualifie de honteux. L'amiral Herbert se désistait de toute prétention sur 350 bâtiments de commerce que les Algériens avaient pris aux Anglais; il rendit les Turcs qui étaient sur la flotte sans réclamer ses compatriotes enfermés dans les bagnes d'Alger et il livra une quantité considérable de matériel de guerre (1682).

En 1682 et 1683 Duquesne bombarda Alger sans la réduire. L'année suivante M. de Tourville parut devant Alger avec une nombreuse escadre pour presser la signature de la paix, qui fut signée le 25 avril, malgré les Anglais et les Hollandais qui avaient tout fait pour en empêcher la conclusion. Les esclaves furent rendus de part et d'autre, et le dey envoya un ambassadeur à Paris.

Mais tout traité était à peu près lettre morte : les pirates n'en continuaient pas moins leur brigandage et, en 1688, le maréchal d'Estrées fut obligé de bombarder Alger de nouveau. Comme toujours, il obtint un traité de paix qui ne fut pas mieux observé que les précédents. En 1770 une expédition danoise fut dirigée inutilement contre Alger et, en 1775, sous le commandement d'Oreilly, les Espagnols éprouvèrent presque autant de désastres que sous Charles-Quint.

En 1816, le bombardement de lord Exmouth mit Alger aux abois sans la réduire. Enfin la plupart des États qui, à cette époque, entretenaient des consuls à Alger, étaient soumis à des redevances de différentes espèces envers la régence. Le royaume des Deux-Siciles payait au dey un tribut annuel de 24,000 piastres fortes et faisait en outre des présents de la valeur de 20,000 piastres. La Toscane n'était soumise à aucun tribut, mais à un présent consulaire de 23,000 piastres. La Sardaigne avait obtenu, par la médiation de l'Angleterre, d'être libre de tout tribut; mais elle payait une somme considérable à chaque changement de consul. Les États de l'Église devaient à la protection du roi de France l'exemption de tout tribut et de tout présent consulaire. Le Portugal avait conclu un traité aux mêmes conditions que les Deux-Siciles. L'Espagne était parvenue à s'affranchir du tribut, mais elle devait des présents à chaque renouvellement de consul. L'Autriche, par la médiation de la Porte-Ottomane, avait obtenu la remise des tributs et des présents consulaires, cependant elle faisait toujours des cadeaux.

L'Angleterre, même après le bombardement d'Alger par lord Exmouth, fut obligée de s'engager à envoyer un présént de 600 livres sterling (15,000 fr.) à chaque renouvellement de consul. La Hollande, par suite de sa coopération au bombardement de 1816, fut comprise dans les stipulations du traité.

Les États-Unis acceptèrent le même arrangement que l'Angleterre. Le Hanovre, les états de Brême payaient une somme considérable à chaque renouvellement de consul. La Suède, le Danemark payaient annuellement, un tribut consistant en munitions de guerre pour une valeur de 4,000 piastres fortes. En outre ces différents États payaient, de dix ans en dix ans, au renouvellement des traités, un présent de 10,000 piastres fortes; et leurs consuls, en entrant en fonction, faisaient des cadeaux. La France, suivant la lettre de ses conventions, ne devait rien; cependant l'usage de faire des présents, lors de l'installation d'un consul, avait été conservé. Mais ces conditions, tout humiliantes qu'elles fussent, ne mettaient pas même la marine marchande à l'abri des insultes des Algériens, qui n'en continuaient pas moins leurs actes de piraterie.

Les Espagnols ont abandonné Oran, dernier point occupé sur la côte ; les Turcs sont donc les seuls maîtres de l'Algérie ; mais les indigènes protestaient toujours contre cette autorité. Trois siècles de possession n'ont pas suffi pour légitimer et consolider leur pouvoir. Bien qu'ils soient musulmans, ils sont obligés de subir la loi qui a constamment pesé sur les conquérants de l'Afrique septentrionale : Carthaginois, Romains, Vandales, Byzantins, furent réduits à combattre pour se maintenir, et le jour où ils crurent pouvoir déposer les armes et goûter enfin les douceurs de la paix, les indigènes, se soulevant en masse, vinrent les faire repentir de leur sécurité. Les Turcs n'ont jamais été en sécurité dans l'intérieur du pays ; pour se maintenir, ils étaient cruels, ils prenaient des otages qu'ils égorgeaient dès qu'ils avaient à se plaindre d'un acte d'hostilité, c'est par ce moyen encore qu'ils faisaient rentrer les impôts. Ils ont toujours régné par la terreur, même dans les villes où leur autorité ne pouvait être méconnue, et jamais ils n'ont fait fonds sur la prétendue soumission des indigènes. N'y a-t-il pas là pour nous un enseignement ?

Une circonstance semble prouver que les Turcs, comme les Arabes, sont assez disposés à s'incliner devant la force. Quand Bonaparte premier consul se plaignit hautement des exactions commises sur nos navires de commerce, il obtint une satisfaction immédiate et plus complète que celle que nous étions habitués à obtenir dans des circonstances analogues. L'échange de correspondance entre lui et Moustapha, Pacha d'Alger, montre combien le succès de nos armées en Italie et en Égypte avait eu de retentissement à Alger et combien on était disposé à compter avec nous. Ces lettres ont une valeur historique importante. En 1803, Bonaparte adressait le message suivant :

BONAPARTE, *premier Consul, au très haut et magnifique dey d'Alger, que Dieu le conserve en principes, en prospérité et en gloire.*

« Je vous écris cette lettre directement parce que je sais qu'il y a de vos ministres qui vous trompent et qui vous portent à vous conduire d'une manière qui pourrait vous attirer de grands malheurs.

« Cette lettre vous sera remise en mains propres par un adjudant de mon palais. Elle a pour but de vous demander réparation prompte et telle que j'ai droit de l'attendre des sentiments que vous avez toujours montrés pour moi. Un officier français a été battu dans la rade de Tunis par un de vos raïs; l'agent de la République a demandé satisfaction et n'a pu l'obtenir; deux bricks ont été pris par vos corsaires qui les ont menés à Alger et les ont retardés dans leur voyage. Un bâtiment napolitain a été pris par vos corsaires dans la rade d'Hyères et par là ils ont violé le territoire français. Enfin du vaisseau qui a échoué l'hiver dernier sur vos côtes, il me manque encore plus de cent cinquante hommes qui sont entre les mains des barbares. Je vous demande réparation pour ces griefs, et ne doutant pas que vous ne preniez toutes les mesures que je prendrais en pareille circonstance, j'envoie un bâtiment pour reconduire en France les cent cinquante hommes qui me manquent.

« Je vous prie aussi de vous méfier de ceux de vos ministres qui sont ennemis de la France, vous ne pouvez en avoir de plus grands; et, si je désire vivre en paix avec vous, il ne vous est pas moins nécessaire de conserver cette bonne intelligence qui vient d'être rétablie et qui peut seule vous maintenir dans le rang et la position où vous êtes; car Dieu a décidé que tous ceux qui seraient injustes envers moi seraient punis. Que si vous voulez vivre en bonne amitié envers moi, il ne faut pas que vous me traitiez comme une puissance faible; il faut que vous fassiez respecter le pavillon

Un zouave d'Afrique.

français, celui de la République italienne qui m'a nommé son chef et que vous me donniez réparation de tous les outrages qui m'ont été faits.

« BONAPARTE, *premier consul.* »

Voici la réponse, pleine de déférence, que reçut le premier consul. Elle est empreinte de l'effet qu'avaient produit sur les populations musulmanes les victoires d'Aboukir et des Pyramides.

A notre ami, Bonaparte, premier consul de la République française, Président de la République italienne. Je vous salue : la paix de Dieu soit avec vous.

« Ci-après, notre ami, je vous avertis que j'ai reçu votre lettre, datée du 20 messidor, je l'ai lue et j'y réponds, article par article. Vous vous plaigniez du raïs Ali Tatar : quoiqu'il soit un de mes foldaches, je l'ai arrêté pour le faire mourir ; au moment de l'exécution votre consul m'a demandé sa grâce en votre nom ; et pour vous, je la lui ai accordée. Vous me demandez la polacre napolitaine prise, dites-vous, sous le canon de France ; les détails qui vous ont été fournis, à cet égard, ne sont pas exacts ; mais, sur votre désir, j'ai délivré dix-huit chrétiens composant son équipage. Vous demandez un bâtiment napolitain qu'on dit être sorti de Corfou avec des expéditions françaises, on n'a trouvé aucun papier français ; mais, selon vos désirs, j'ai donné la liberté à l'équipage.

« Vous demandez la punition du raïs qui a conduit ici deux bâtiments de la République française. Selon votre désir, je l'ai destitué ; mais je vous avertis que mes raïs ne savent pas lire les caractères européens ; ils ne connaissent que le passe-port d'usage et, pour ce motif, il convient que les bâtiments de la République française fassent quelque signal pour être reconnus par mes corsaires. Vous me demandez cent cinquante hommes que vous me dites être dans mes États, il n'en est pas un. Dieu a voulu que ces gens se soient perdus et cela me peine. Vous me dites qu'il y a des hommes qui me donnent des conseils pour nous brouiller, notre amitié est solide et ancienne et ceux qui chercheraient à nous brouiller n'y réussiront pas.

« Vous me demandez que je sois ami de la République italienne et de respecter son pavillon comme le vôtre : si un autre m'eût fait pareille proposition, je ne l'aurais pas acceptée pour un million de piastres. Vous ne m'avez pas voulu donner les 200,000 piastres que je vous avais demandées pour me dédommager des pertes que j'ai essuyées pour vous ; que vous me les donniez ou que vous ne me les donniez pas, nous serons toujours bons amis. J'ai terminé avec mon ami Dubois Thainville, votre consul, toutes les affaires de la Calle et l'on pourra venir faire la pêche du corail ; la compagnie d'Afrique jouira des mêmes prérogatives dont elle jouissait anciennement. J'ai ordonné au bey de Constantine de leur accorder tout genre de protection. Si à l'avenir il survient quelque discussion entre nous, écrivez-moi directement et tout s'arrangera à l'amiable.

« MOUSTAPHA, *pacha d'Alger.* »

Nos rapports avec la régence étaient donc des meilleurs ; mais cette situation devait suivre les fluctuations de notre puissance maritime, et l'Angleterre usa de son influence prépondérante pour amoindrir la nôtre. Toutefois les vues de Napoléon sur le littoral méditerranéen de l'Afrique étaient déjà évidentes, car « il chargea le capitaine du génie Boutin d'explorer surtout le littoral de l'Algérie, et déjà, de son doigt prophétique, il indiquait le lieu où vingt-trois ans plus tard la France devait trouver un abordage facile et triompher des Barbaresques » (1).

(1) Sans contredit, ce fut l'empire qui prépara notre conquête de 1830. Toutes les indications du lieutenant de Napoléon ont été exactement suivies pour le lieu de débarquement, pour la marche

Après Moustapha qui succomba sous les coups des janissaires; plusieurs autres pachas furent assassinés, et Hussein, le dernier pacha, ne dut de rester au pouvoir une douzaine d'années qu'à la précaution qu'il prit de ne pas quitter la Kasbah et de confier la sécurité de sa personne à une garde indigène prise en dehors des janissaires.

sur Alger, pour le chiffre même de l'armée. Dans des renseignements publiés en 1830 par le dépôt de la Guerre, au moment de l'expédition d'Alger, on trouve ceci : « L'idée de porter la victoire et la conquête sur les côtes septentrionales de l'Afrique ne fut point étrangère à Bonaparte. Il y eut des missions données dans cette vue, entre autres celle du capitaine Boutin, à laquelle on doit les reconnaissances dont on tire aujourd'hui un si utile parti » (*Archives de la Guerre*).

CHAPITRE VIII

PEUPLE PRIMITIF — PEUPLE ACTUEL.

L'origine de tous les peuples est entourée de légendes, de traditions, d'histoires plus ou moins vraisemblables. Celle des anciens habitants de l'Afrique septentrionale devait en avoir sa grande part ; mais il reste toujours malaisé de déterminer, même avec le secours des historiens des époques les plus reculées, l'origine des autochtones. Strabon, dans sa *Géographie*, trace les limites de la Lybie, dont une suit toute la côte méditerranéenne jusqu'aux colonnes d'Hercule ; il y place la Maurusie dont les habitants sont appelés Maurusii par les Grecs, Mauri par les Romains (1). L'Atlas traverse toute la Maurusie depuis le cap des Côtes, en face de la nation des Ibères, jusqu'aux Syrtes, il est habité par les Maurusii. Plus avant, dans l'intérieur, la montagne n'est plus habitée que par les Gétules (2). Salluste répète Strabon, et dit que le nord de l'Afrique fut d'abord occupé par les Libyens et les Gétules, nations farouches et grossières ; ils se nourrissaient de la chair des animaux et broutaient l'herbe comme les troupeaux. Sans mœurs, sans lois, sans chefs, ils n'avaient pas de

(1) D'où probablement le nom de Maures donné aux habitants.
(2) Strabon, *Géographie*, livre XVII.

demeures fixes, erraient à l'aventure et se couchaient où la nuit les prenait (1). Au milieu d'eux sont venues s'infiltrer d'autres populations vomies par l'Asie, dans ce grand mouvement de l'Orient vers l'Occident qui a fait naître les villes les plus importantes de cette époque : Tyr, Carthage, Utique et, se mêlant aux premiers occupants, elles se sont confondues avec eux. Les émigrants avaient, du reste, une certaine conformité de mœurs et de religion avec les autochtones ; comme eux ils adoraient le soleil, les étoiles, faisaient des sacrifices humains et obéissaient à un chef qui n'avait d'autre titre que sa force et son audace.

Ces peuplades aborigènes n'ont pas eu partout la même propension à accepter les étrangers. Dans les parties basses des montagnes, elles les ont supportés, non seulement parce qu'ils leur apportaient un attrait par le commerce, mais surtout parce qu'elles manquaient des moyens de les repousser. Aussi trouvons-nous sur la côte nombre de villes et de stations phéniciennes, surtout dans la région orientale. Aussi la race primitive s'y est-elle altérée par des croisements avec les émigrants de l'Asie.; mais dans la région occidentale elle est restée plus compacte, plus pure, parce que le sol lui fournissait plus d'éléments de résistance à l'envahissement. Donc, quelque reculée que soit l'époque des invasions asiatiques, la première remontant à huit siècles avant J.-C., l'absorption a toujours été plus facile et plus complète à l'orient qu'à l'occident ; il en a été de même quand l'invasion a été opérée par les Européens. Les Romains ont été plus fortement établis dans l'est que dans l'ouest où, à part cinq colonies ou stations militaires, ils n'ont jamais exercé qu'une autorité nominale;

(1) *Jugurtha* (Salluste).

la Mauritanie Tingitane leur échappait presque complètement. Les Vandales, bien qu'ils aient pénétré en Afrique par l'occident, ne s'y sont pas implantés. Ils se sont portés vers l'orient, où les attiraient les plus grandes richesses, et jugeant d'une bonne politique de se contenter de la partie orientale, où ils ne devaient pas trouver une haine aussi implacable des habitants contre la domination étrangère.

Les Arabes envahirent l'Afrique, surtout par l'intérieur; ils longèrent la lisière saharienne au sud des montagnes; ils divisaient ainsi les forces ennemies et prenaient à revers les montagnards du Nord; cependant ils n'avancèrent que lentement. Entre la première invasion, au milieu du VIIe siècle, et celle de Mouça en 90 de l'hégire, il se passa 70 ans.

Dans l'est, c'est-à-dire de l'Égypte aux frontières orientales de la Mauritanie, leur marche fut facile et rapide; ils n'avaient affaire qu'à des peuples issus de nombreux croisements et n'ayant pas de nationalité. Mais, à mesure qu'ils trouvèrent les montagnes habitées par les Maurusii, les difficultés s'accrurent; ils ne purent pas plus pénétrer dans les montagnes de la Kabylie qu'ils ne pénétrèrent plus tard dans celles du Maroc; partout où étaient groupés les autochtones, ils rencontrèrent une très grande résistance qui, à un moment, fut tout entière dans les mains de la reine Kahina, toute-puissante chez les Kabyles de l'Aurès. On peut dire qu'à aucune époque l'autorité arabe ne fut solidement établie dans l'ouest. Il arriva aux Kalifes ce qui était arrivé aux Carthaginois et aux Romains qui, pour s'y maintenir, étaient obligés d'appeler souvent des renforts d'hommes et d'argent. Enfin, vers le milieu du XIe siècle, une insurrection qui prit naissance dans les montagnes du Maroc, au centre de la nationalité kabyle, fit disparaître l'ombre de pouvoir des conquérants ; une dynastie de princes berbères gouverna le pays, mais on eut le tort de faire un grand nombre de petites principautés indépendantes, il perdit ainsi de sa force et de sa cohésion : il y eut les rois de Fez, de Mequinez, de Bougie, de Tlemcen, etc., etc. Puis sont venus les Turcs, dont le passage n'a pas laissé beaucoup de traces.

En résumé, les autochtones de l'Algérie seraient les Lybiens et les Gétules qui sont pour nous les Berbères ou Kabyles (1) ; les différentes autres races que nous trouvons sont d'importation étrangère, ou le résultat de croisements, d'où la souche mélangée, la souche arabe et la souche berbère. La première habite un peu partout, les plaines, les montagnes, les villes ; la seconde habite les plaines, les hauts plateaux, les grandes vallées ; la troisième, les montagnes de la côte et de l'intérieur ainsi que les oasis. Il y a pourtant une grande différence entre les montagnes, dont les sommets sont souvent couverts de neige, et les oasis du Sahara. Cependant on ne peut douter de l'identité d'origine entre les habitants de ces deux régions, et elle s'explique

(1) Le mot Berbères ou Barbares (*Barbari*, *berbere*) a été employé par les Romains pour désigner les peuples autochtones qui habitaient les montagnes inaccessibles et qui étaient refractaires à tout contact avec les nouveaux arrivés. Comme nous venons de l'exposer, on est loin d'être fixé sur l'origine certaine de ces Berbères, et, à ce que nous avons dit des écrivains anciens, nous pouvons ajouter l'opinion des écrivains arabes. El Taberi prétend qu'ils sont un mélange de Chananéens et d'Amalécites qui s'étaient répandus dans le pays après que Goliath fut tué.

Selon un autre historien, Yben Kaldoun, les Berbères descendent de Chanaan, fils de Cham, fils de Noé. Leur aïeul se nommait Mazigh, or ce nom peut éclairer la question jusqu'à un certain point : les Berbères entre eux s'appellent encore Amazigh (fils de Mazigh) ; c'est l'opinion du général Daumas.

Berger kabyle.

facilement. Lors des invasions successives, ceux qui ne voulaient pas se soumettre, soit à l'autorité romaine, soit aux exigences des Arabes qui mettaient à mort tous ceux qui refusaient d'embrasser l'islamisme ; ceux, dis-je, qui voulaient garder leur indépendance et leur foi étaient obligés de chercher leur salut dans la fuite. Beaucoup se réfugièrent sur les parties les plus inaccessibles de leurs montagnes, protégés par les défenses naturelles de leur pays ; d'autres s'avancèrent dans le sud et ne s'arrêtèrent que là où le sol leur offrait un abri. Ils n'eurent devant eux que la région des oasis et plus loin le pays montagneux des Touaregs qui, eux aussi, sont de race berbère. Ils n'en fournissent aucune preuve écrite, puisque, comme les Kabyles, ils n'ont aucun livre ; mais les traditions conservées dans des chants populaires rapportent que leurs ancêtres habitaient les régions boisées des montagnes.

Quoi qu'il en soit, Kabyles et Arabes sont depuis des siècles les principales, on peut même dire les seules races de l'Algérie, dont ils forment la plus grande partie de la population. Entre elles existent des antipathies grandes, qui ne se traduisent pas généralement par des actes d'hostilités, mais qui trouvent leur raison d'être dans des différences physiques et morales fort appréciables. Il est nécessaire de nous arrêter un moment sur ces différences de caractères, parce qu'ils sont la clef de bien des choses qui se produisent en Algérie et des difficultés que nous avons toujours rencontrées dans sa prise de possession.

La différence entre ces deux peuples est bien tranchée, autant dans les aptitudes que dans les caractères physiques. Les Kabyles (1) d'aujourd'hui ont conservé les

(1) On n'est pas d'accord sur l'étymologie du mot *Kabyle*. Les

aptitudes qui distinguaient leurs ancêtres : ils sont agricoles, préfèrent l'habitation fixe à la tente; ils sont industrieux et adonnés au travail des métaux ; ils aiment passionnément leur lieu de naissance, et, quand ils s'en écartent, c'est avec la pensée bien arrêtée d'y revenir, quand ils auront amassé par leur travail assez d'argent pour acquérir un lopin de terre et se construire une habitation chez eux. Aucune terre n'est inculte sur le flanc de leurs montagnes; ils disposent des murs de soutènement afin de former des gradins d'un accès facile. Les Kabyles savent mieux que les Arabes ce que c'est que l'honneur, la probité, et ils ont une dignité personnelle qui prend sa source dans leur fière indé-

uns le font dériver du mot arabe *Kbel* (accepter), parce que les Kabyles ont accepté le Coran au moment de l'invasion arabe; d'autres adoptent le mot *Kbel* (avant), voulant dire que les Kabyles existaient avant l'invasion. Le général Daumas n'hésite pas à trouver l'étymologie du mot Kabyle dans *Kbila* (tribu), au pluriel *Kbaïl* (les tribus). De ce mot nous avons fait un nom pour désigner le pays habité par la plus grande agglomération de Kabyles, bien que ce nom n'existe pas géographiquement. Car toutes les montagnes, non seulement de la côte, mais encore celles de l'intérieur, sont habitées par le même peuple depuis des siècles, et leur langue primitive, plus ou moins altérée par le contact avec les envahisseurs, ne subsiste pas moins avec ses caractères : on la désigne sous le nom de *Berberia* (Berbère) ou *Kebailia* (Kabyle). Malheureusement, les Kabyles n'ont qu'une langue parlée; il n'existe aucun livre, aucun manuscrit en langue berbère; il n'existe même pas d'alphabet. Un général d'artillerie, M. Hanoteau, a voulu réunir des documents, reconstituer un alphabet, établir des règles, il a produit une œuvre utile sans doute, mais qui ne peut avoir de sanction puisqu'il n'existe aucun élément de comparaison. La langue kabyle est certainement la seule qui offre un pareil dénuement de preuve de son existence. Aujourd'hui les Kabyles n'emploient plus que les caractères arabes; ils apprennent forcément l'arabe autant pour leurs relations que pour réciter la prière ; mais l'Arabe n'apprend pas l'idiome des Kabyles, il tient ce peuple en trop faible considération.

pendance. Enfin ils vivent dans le voisinage les uns des autres ; leur réunion en villes, en villages, est la preuve d'un certain degré de sociabilité et d'association susceptible de développement.

L'Arabe est l'envahisseur de l'Afrique du Nord, il a repoussé le peuple primitif et l'a réduit à vivre dans les montagnes. Cette raison serait suffisante, déjà, pour écarter toute fusion entre lui et le Kabyle. Les Arabes, s'il faut en croire les historiens arabes, sont les descendants d'Ismaël, et la Genèse nous trace du fils d'Abraham un portrait qui est encore très ressemblant : « Ismaël sera un homme fier et farouche. Sa main sera levée contre tous et la main de tous contre lui ; il plantera ses tentes en face de ses frères. » Ce qui veut dire qu'il leur fera la guerre. L'Arabe, du temps de Moïse, était donc déjà fier et farouche, ami de la lutte et de la guerre. Il est encore ainsi maintenant. L'Arabe est toujours semblable à lui-même ; pas plus que son costume et son habitation, ses mœurs n'ont changé. C'est toujours le même homme maigre, agile, ayant des poses théâtrales, majestueuses, des gestes, des paroles calculées, mesurées, beaucoup d'énergie et de dignité. Cavaliers intrépides, ils savent tirer d'un cheval, de médiocre apparence, un parti merveilleux. Ils n'ont pas de besoins, vivent de peu et sont en général très durs à eux-mêmes. Ils sont restés les mêmes hommes que décrit Salluste. « C'est une race dure et exercée aux fatigues, dit-il. Ils couchent sur la terre et s'entassent dans des *mapalia*, espèces de tentes allongées, faites d'un tissu grossier, et dont le toit cintré ressemble à la carène renversée d'un vaisseau. Leur manière de combattre confondait la tactique romaine : ils se précipitaient sur l'ennemi d'une manière tumultueuse ; c'était une attaque de brigands, plutôt qu'un combat régulier.

Dès qu'ils apprenaient que les Romains devaient se

Café maure, sur la route d'El Outaïa à Biskra.

porter sur un point, ils détruisaient les fourrages, empoisonnaient les vivres et emmenaient au loin les bestiaux, les femmes, les enfants, les vieillards ; puis les hommes valides se portaient sur le gros de l'armée, la harcelaient sans cesse, tantôt en attaquant l'avant-garde, tantôt en se précipitant sur les derniers rangs. Ils ne livraient jamais de bataille rangée, mais ils ne laissaient jamais de repos aux Romains. La nuit, dérobant leur marche par des routes détournées, ils attaquaient à l'improviste les soldats qui erraient dans la campagne ; ils les dépouillaient de leurs armes, les massacraient, ou les faisaient prisonniers, et, avant qu'aucun secours arrivât du camp romain, ils se retiraient sur les hauteurs voisines. En cas de défaite, personne chez les Numides, personne, excepté les cavaliers de la garde, ne suit le roi ; chacun se retire où il le juge à propos, et cette désertion n'est point regardée comme un délit militaire (1). »

Les choses se passent encore aujourd'hui de la même façon ; la manière de combattre des Arabes ne diffère

(1) *Histoire des guerres de Jugurtha.*

* Les Numides n'étaient probablement que les aborigènes de l'intérieur du pays, vivant à l'état nomade dans la partie orientale contiguë à la Maurusie. Strabon dit qu'après la destruction de Carthage, une partie de son territoire fut donnée à Massinissa parce que ce prince dévoué aux Romains civilisa le premier les Numides en les façonnant à la vie agricole, en les déshabituant du brigandage et en leur apprenant le métier de soldat. Jusque-là les Numides, bien qu'ils eussent des terres fertiles, avaient mieux aimé se livrer au brigandage, abandonner la terre aux bêtes féroces et aux reptiles, se réduisant volontairement à mener une vie errante et nomade ainsi que les peuples qui y sont condamnés par la misère, l'aridité de leur sol et la rigueur de leur climat. C'est même là ce qui a fait donner aux *Masœsylii* la dénomination particulière de Numides. Dans ce temps-là, naturellement, leur vie était des plus simples ; ils mangeaient plus souvent des racines que de la viande, se nourrissant en outre de lait et de fromage. — Strabon, *Géographie*, livre XVII.

pas de celle des Numides; dans tous les temps et encore dans les derniers soulèvements du Sud oranais, nous avons trouvé les bandes arabes promptes à l'attaque quand elles s'adressaient à des troupes peu nombreuses; mais, dès que des mesures sont prises pour la répression, tout s'évanouit et nous dépensons nos forces à suivre dans les plaines sablonneuses et arides un ennemi insaisissable mais prompt à harceler notre arrière-garde dès que nous quittons le pays.

Le caractère moral de l'Arabe n'est pas en harmonie avec les airs dignes et majestueux qu'il affecte; un de ses moindres défauts est l'appropriation du bien d'autrui, dont il ne se prive en aucune occasion quand il la trouve bonne. Fidèle en cela au précepte du Coran qui dit que « les biens de la terre appartiennent aux musulmans »; aussi le vol n'est pas considéré chez eux comme une mauvaise action, au contraire; un adroit voleur est un homme apprécié, estimé, dont on vante les exploits, surtout quand le vol se pratique chez des tribus avec lesquelles il n'existe pas de liens d'amitié, à plus forte raison quand il se pratique chez les Roumis. Dans ce cas, c'est acte méritoire dont l'auteur se glorifie autant que d'une action d'éclat.

Les voleurs disent : « La nuit, c'est la part du pauvre, quand il est courageux. *El-leïl sham el-guelil ida skoum redjil* », voler n'est autre chose que faire preuve de courage. On dit encore d'un voleur : « *Ona moul ed dra*, il est le maître du bras ». Les voleurs de profession arrivent à un degré incroyable d'audace et d'adresse : bien souvent ils se sont introduits la nuit dans nos camps, sans aucun vêtement, armés seulement d'un long poignard. Ils arrivaient ainsi en rampant, trompant la vigilance des factionnaires; se glissaient au milieu des tentes, jusqu'à un cheval qu'ils avaient distingué dans la journée. Couper ses entraves, sauter à poil sur son dos et le diriger, même sans bride, hors du camp, avant d'avoir éveillé personne, était l'affaire d'un moment.

Moissonneur kabile avec le tablier de cuir.

La ruse est quelquefois plus compliquée : j'ai eu occasion de voir le cadavre d'un nègre qui avait été tué aux avant-postes de notre camp; il était blotti dans un buisson qu'il déplaçait avec beaucoup de prudence et de lenteur. Un factionnaire, qui suivait des yeux les déplacements de ce buisson, n'hésita pas à faire feu et

Oliviers en Kabylie.

laissa sur place le voleur audacieux. Les razzias de tribu à tribu ne sont pas autre chose que des vols qui prennent le caractère d'un acte de répression, d'une vengeance ou d'une réciprocité; mais pour l'exécuter, on fait miroiter aux yeux des agresseurs le butin à enlever, les trésors à acquérir. C'est le vol en grand, décoré d'un nom qui fait croire à une action de guerre et qui illusionne les Arabes eux-mêmes. Ils sont, en effet, passionnés pour le bruit, pour la parade ; leur imagination s'exalte facilement et ils sont avides des circonstances qui peuvent mettre en évidence leur bravoure et leurs qualités équestres.

A l'inverse du Kabyle, l'Arabe ne tient pas au sol : son genre de vie ne comporte pas l'amour de la localité ; il se déplace aussi souvent que les circonstances l'exigent pour procurer des pacages aux troupeaux ; de là, la nécessité d'avoir des habitations mobiles, que quelques heures suffisent à élever et à abattre, et dans lesquelles cependant toute la famille trouve un abri conforme à ses besoins et à ses goûts. Ismaël, ou plutôt la tribu d'Ismaël, avait, comme ses descendants, des tentes pour abri, et il est peu probable qu'aucun changement ait été apporté dans les coutumes et les mœurs de ces nomades que nous trouvons aussi absolument les mêmes, depuis l'époque où des historiens nous les ont présentés.

Outre les caractères généraux de races, nous trouvons encore des caractères physiques, qui accentuent davantage les différences d'origine. Le Kabyle est de taille moyenne, son visage est large, carré; ses yeux sont d'un gris clair, ses cheveux châtains et quelquefois roussâtres. Il se rase jusque vers 25 ans; après cet âge, il laisse croître sa barbe, tandis que l'Arabe ne doit jamais se raser : ce sont les ciseaux qui, chez lui, font l'office du rasoir. Le Kabyle n'a généralement pas la tête couverte, ou il ne porte qu'une simple petite calotte (chechia) toujours très crasseuse; pour vêtement, il a une chemise de laine jusqu'aux genoux, et quelquefois un mauvais burnous sale et déchiré, héritage de famille qui a fait la parure de quelqu'un de ses ascendants. Il marche nu-pieds; mais, probablement pour éviter l'action des broussailles, il porte des guêtres en laine tricotée qui lui couvrent les jambes. Quand ils voyagent ou qu'ils travaillent les Kabyles portent un tablier de cuir. A l'époque des moissons, ils descendent dans les plaines pour travailler aux récoltes des Arabes, et portent tous ce tablier qui leur rend de grands services pour ce genre de travail.

Ce déplacement des montagnards pour chercher des occupations lucratives est une preuve de leur grande activité; ils mettent leur temps à profit et se font un capital. Sans eux les Arabes seraient toujours embarrassés au moment des moissons, parce qu'ils n'ont ni le courage ni l'énergie des Kabyles, qui s'emploient, du reste, aussi chez les colons français, enchantés de les trouver à l'occasion. Quand ils ont fini les récoltes en plaine, ils regagnent leurs montagnes où ils font leur propre moisson, toujours en retard.

Le Kabyle a une prédilection pour l'habitation fixe; quand il n'a pas de maison en pierres sèches, couverte en chaume ou en tuiles, il a au moins un gourbi fait en branchages, mais c'est l'exception. La maison a plusieurs pièces : l'une sert à la famille, l'autre au bétail, de plus il existe un enclos fermé de murs.

La culture de la terre est le plus grand soin du Kabyle. Il travaille beaucoup et en toute saison; il s'occupe de jardinage, il a beaucoup de plantes maraîchères, des arbres fruitiers ainsi que des oliviers qui sont d'un grand rapport, soit comme fruits, soit comme huile. La nature des pays de montagne ne permet pas de grandes cultures de céréales; néanmoins il fait du blé, de l'orge autant qu'il peut. Mais son industrie ne se borne pas à la terre, il travaille le bois, le fer; certaines tribus fabriquent des objets qui ne dépareraient pas des collections. Les Béni Abbas sculptent et gravent le bois; les Flissas font des armes qui portent leur nom : ce sont de longs sabres à pointe très effilée, dont la blessure est grave; les batteries de fusils et les bois se confectionnent aussi dans le pays. Les femmes font des poteries grossières, de formes très variées, recouvertes de dessins qui rappellent ceux qui se trouvent sur les ustensiles en peau d'antilope dont se servent les Touareg.

Une tribu a surtout la spécialité des bijoux d'argent pour femmes, c'est la tribu des Béni Yenni, qui joint à ce savoir celui de la fabrication de la fausse monnaie; mais cette ressource est fort diminuée aujourd'hui pour elle. La poudre se fabrique aussi dans le pays en assez grande quantité pour en fournir partout. Tous les éléments se trouvent réunis dans le voisinage des Reboulas qui sont passés maîtres dans cette préparation. Ils exploitent aussi le minerai de fer qu'ils traitent par la méthode catalane.

Le Kabyle a le plus grand soin de ses armes. Il les entretient comme s'il devait à chaque instant en faire usage; l'Arabe n'y apporte pas le même soin et, quand on lui fait une remarque à ce sujet, il répond qu'un chien noir mord aussi bien qu'un chien blanc. Le plus grand plaisir pour le Kabyle réside dans le tir à la cible, où il trouve des luttes d'adresse. L'Arabe se contente de faire « parler la poudre », il fait seulement du bruit; son bonheur consiste dans les exercices équestres. Une chose qu'on ne saurait trop reconnaître chez le Kabyle, c'est sa dignité personnelle, dignité sans ostentation : c'est une sorte de respect de soi qui fait qu'il donne à toute autorité les marques de déférence

Un marabout en Kabylie.

qui lui sont dues, mais sans exagération, et il exige que sa politesse lui soit rendue. Cette même dignité lui fait haïr le mensonge et toutes les choses qui ne sont pas franches. Ce sentiment est poussé si loin, que, même dans les luttes armées entre tribus, aucune ne cherchera à surprendre son ennemie, les hostilités sont dénoncées avant que la lutte ne commence. Chacun est alors sur ses gardes. Chez le Kabyle rien ne compense l'assassinat d'un membre de la famille. La *dia* ou prix du sang, qui chez les Arabes se règle par les autorités musulmanes, n'est pas acceptée par le Kabyle; il faut que l'assassin meure. L'orgueil des montagnards ne s'accommoderait pas d'une transaction rendue possible et acceptable par les coutumes. Des vengeances se perpétuent ainsi dans des familles et ont donné lieu à des luttes générales.

Le Kabyle est hospitalier sans ostentation et jamais il ne trahit celui qui est venu s'abriter sous son toit. Mais, outre cette protection qui s'exerce sur tous, il en est une autre qui s'étend encore plus loin, c'est celle qui repose sur l'Anaya. Tout Kabyle a, de par des institutions particulières, le droit de couvrir de sa protection toute personne qu'il jugera à propos; mais comme cet engagement entraîne toujours la solidarité de sa tribu, un Kabyle n'exercera cette puissance qu'avec une extrême prudence : ainsi, il donnera un objet qu'on sait lui appartenir, soit une arme, soit un cachet à la personne qu'il protège, et cette personne pourra circuler librement de tribu à tribu, elle sera inviolable; son anaya sera renouvelé dans chaque tribu, et sur sa seule présentation, un homme entouré d'ennemis sera respecté. Si l'anaya a été donné par un marabout, sa puissance est sans limite, celui qui en est porteur peut se présenter chez tous les marabouts qui le couvriront de leur efficace protection.

Quand Abd el Kader se rendit chez Bou Krouïa, il lui

demanda l'anaya que celui-ci lui donna; cette coutume est bien moins en usage chez les Arabes que chez les Kabyles.

Rien dans la vie kabyle ne ressemble à la vie arabe, autant dans les choses apparentes que dans les choses de l'intérieur ; ainsi, dans la famille, la femme kabyle a un rôle bien plus rempli que la femme arabe : elle n'est pas écartée de la société des hommes, elle mange avec le mari, la famille, même avec les étrangers; elle a plus de liberté, elle va au marché acheter et vendre ; aussi, est-il donné aux voyageurs de rencontrer souvent de fort beaux spécimens de cette population montagnarde. Les femmes kabyles sont plus propres, plus belles, plus élégantes que les femmes arabes et quelques-unes ont acquis une célébrité, soit comme conductrices de troupes, soit par leur réputation de sainteté, comme Lalla Gouraya, dont le koubba est près de Bougie.

La société kabyle est constituée sur des coutumes appelées *kanoum* qui servent de base au règlement de toutes les questions administratives. Ces kanoum sont appliqués par une assemblée de notables (djema) présidée par un *amim* et possédant un agent financier et des conseillers. De tout temps la justice a été rendue chez les Kabyles par ce tribunal de famille et les décisions en ont toujours été respectées. Nous avons peu changé à ces coutumes excellentes pour un peuple qui a le respect des choses établies, conformément aux habitudes de tous les temps. Ces djema ont la plus grande analogie avec nos municipalités.

Les Arabes appartiennent à une des variétés de l'espèce caucasienne; ils sont de haute taille, ont le système musculaire sec et tendineux, la main petite et jolie, mais le pied large et gros, résultat de leur marche fréquente, pieds nus, ou avec des babouches sans forme.

Ils sont bruns, aux cheveux noirs, à la barbe clair-semée que le rasoir ne doit jamais couper ; leurs yeux généralement bruns sont enfoncés dans l'orbite dont l'arcade sourcilière est proéminente ; le nez est aquilin, la narine large ; le crâne bien développé sur les parties supérieures et postérieures ; la bouche est bien fendue, les lèvres minces, les dents bien rangées et blanches.

Les femmes sont de taille moyenne, elles sont bien proportionnées, ont de beaux yeux ornés de longs cils. Jeunes, elles sont généralement jolies, surtout celles de la classe aisée ; mais, même parmi celles-là, elles sont toujours soumises aux plus rudes travaux de l'intérieur et même de l'extérieur; elles fléchissent sous des fardeaux énormes, marchent toujours à pied, quand les maris se prélassent à cheval ou à mulet ; aussi sont-elles vite fanées et, dès qu'elles deviennent laides, elles le sont à l'excès.

L'Arabe a une impressionnabilité nerveuse fort atténuée, à en juger par l'espèce d'indifférence avec laquelle il subit les mauvais traitements : il résiste à la douleur, à la fatigue, aux privations avec une sorte d'impassibilité qui dénote ou une grande insensibilité ou une résignation absolue. J'en ai vu recevoir sans se plaindre des coups de bâton appliqués sérieusement sur la plante des pieds.

L'Arabe est sobre, une galette, un peu de couscoussou, ou même un peu de farine délayée dans l'eau (Rouina), quelques figues, des dattes suffisent pour calmer sa faim ; mais quand il a à manger sans s'être donné la peine de se le procurer, quand il participe à quelque *diffa*, où les aliments sont, selon son expression, « du bien de Dieu », il est glouton et mange avec excès.

L'Arabe vit sous la tente; il est nomade sur un territoire limité. Sa tente est un tissu de laine grossier, mais résistant et imperméable ; on lui donne des formes diverses au moyen de perches qui la relèvent. Il est

Femme kabyle parée de ses bijoux.

essentiellement pasteur et laboureur ; il laboure beaucoup de terre et possède beaucoup de troupeaux ; mais il est extrêmement paresseux. Le plus souvent il ne s'occupe que de ses plaisirs : il monte à cheval, chasse, fait la fantasia; les soins de la terre sont laissés aux *kramês* qui se laissent eux-mêmes aller à la contagion de la paresse si générale.

D'une grande mobilité dans les sentiments et les idées, il ne persévérera pas dans une résolution honnête ; il s'emportera avec facilité et se calmera de même ; il cessera d'être le lendemain ce qu'il était la veille; aussi peut-on fort peu compter sur ses résolutions et sa parole. C'est cette versatilité qui a donné lieu sans doute au *fides punica* qui désignait le peu de cas que l'on faisait de la bonne foi de leurs ancêtres.

L'Arabe est porté au fanatisme religieux, à la superstition ; les plus tolérants n'admettent pas une discussion sur leurs dogmes, sur leurs croyances ; les plus éclairés croient aux sortilèges, au mauvais œil, aux apparitions, et pour les conjurer, ils se couvrent d'amulettes. Le Kabyle, au contraire, n'y ajoute aucune foi.

L'Arabe a l'amour du merveilleux, des histoires extraordinaires, des sorciers, des revenants, de la magie; beaucoup de fontaines, de montagnes ont leur légende merveilleuse comme celles des *Mille et une Nuits*, et les choses les plus naturelles prennent de grandes proportions quand elles ont été traitées par son imagination. La direction générale de ses facultés ne le rend pas apte à l'interprétation des phénomènes naturels. « Ce qui doit être, est. » Par conséquent il ne fera rien pour étendre son cercle d'idées; il ne fait que ce qu'il a l'habitude de faire, il ne veut y rien changer; aussi ses procédés de culture, tous ses travaux sont encore ce qu'ils étaient dans les siècles passés. Ce sont des hommes de tradition, réfractaires à tous progrès.

Le fanatisme religieux engendre le fatalisme et celui-ci rend insensible à tout, même aux maux des autres. Les Arabes passent à côté d'un homme blessé ou malade sans lui donner un signe de pitié. A la guerre, toutefois, ils se dévouent pour enlever un blessé, un mort; mais c'est moins par pitié que pour se conformer à un précepte de leur religion. C'est encore pour cette raison qu'ils font manifestement l'aumône.

L'arabe est brave, c'est incontestable. Il a toujours défendu son pays, sa nationalité; sa religion lui fait un devoir de combattre l'infidèle et il le remplit et le remplira toujours et partout avec énergie. Musulman, il doit vouloir la mort de l'infidèle. C'est par le fer que l'islamisme a été propagé, c'est par le fer qu'il doit se défendre et se maintenir; les plus grandes délices sont réservées dans l'autre vie à ceux qui combattent pour la religion et cette perspective donne à l'Arabe un courage indomptable et le plus grand mépris de la mort.

Mais s'il est brave, il est prudent, car la religion lui dit encore de ne pas affronter les dangers quand il n'est pas assuré d'en triompher. Toutefois il est vaniteux et, pour satisfaire cette passion, il affrontera ostensiblement des dangers. Sa bravoure est surtout stimulée par la présence de nombreux spectateurs, par la pleine lumière; il attache un grand prix à la dénomination de *moul eddra* (maître du bras) et, pour la mériter, il se surpassera, surtout dans les razzias, quand il se sait observé par une belle, cachée derrière les rideaux de son *atatiche* et qu'il ambitionne ses faveurs. Nos colonnes expéditionnaires, souvent attaquées à l'arrière-garde, au temps des campagnes longues et sérieuses, ont vu souvent les mêmes cavaliers passant rapidement devant la ligne des tirailleurs, poussant leur cri, jetant plutôt que tirant leur coup de fusil inoffensif. C'étaient des prétendants à la bravoure, qui cherchaient à se faire un nom, une réputation. L'exemple entraînait, et ainsi défilaient pendant toute la journée des cavaliers faisant plus de bruit que de besogne ; il n'en eût pas été ainsi loin des admirateurs ; l'excitation cessant, ils fussent redevenus calmes et impassibles. Il n'en est pas de même du Kabyle. Dans ses montagnes, embusqué derrière un arbre, une pierre, rasé à terre au besoin, il attend seul l'occasion et il ne perd pas sa balle, tout coup porte. Dans nos expéditions, les ambulances étaient vides, tant que nous n'étions attaqués que par les cavaliers ; elles s'emplissaient quand nous entrions dans la montagne.

Les Arabes ont une organisation administrative plus compliquée que les Kabyles. Ceux-ci sont régis par eux-mêmes, pour ainsi dire ; ils suivent des kanoum, ou coutumes, et leur bonne foi est une garantie de leur déférence pour les membres de la djema qu'ils ont choisis. Chez les Arabes les emplois sont plus nombreux. La fraction de tribu la plus petite est le douar, réunion d'un certain nombre de tentes d'une même famille, ou de familles amies ; le douar est administré par un cheick. Le kaïd, sorte de sous-préfet, est le chef de la tribu, composée d'un certain nombre de douars ; il règle les contestations, inflige des amendes jusqu'à 25 francs et est chargé de faire exécuter les ordres du commandant de la subdivision. Au-dessus des kaïds sont les aghas dont l'autorité s'étend sur plusieurs tribus et qui reçoivent des ordres des commandants de division. Puis viennent les khralifas, les bach-aghas qui ont une grande autorité et disposent d'une force armée indigène pour maintenir l'ordre et la paix. Dans l'ordre judiciaire il y a, à côté du kaïd, un kadi qui rend la justice, et comme tribunal supérieur indigène, il existe un *medjeles*, ou réunion de savants, qui est appelé à connaître de toutes les causes difficiles.

Femme arabe des tribus.

Les Arabes et les Kabyles habitent les plaines et les montagnes : ce sont les ruraux. Les villes sont habitées par les Maures, dénomination dont il est difficile de donner l'origine. S'applique-t-elle à cette population chassée d'Espagne, dont le berceau était la Maurusie dans les Mauritanies? Ou bien n'est-ce qu'un souvenir des Maures d'Espagne qui, après leur expulsion, ont pris possession des villes du littoral algérien? En tous cas, les Maures habitent les villes; ils se livrent au commerce, ou vivent assez pauvrement. On retrouve chez eux les traits caractéristiques des différentes races qui ont occupé l'Algérie. Ils sont en général sans énergie, sans caractère et par conséquent peu appréciés.

Pour quiconque vient faire un voyage en Algérie, y passer l'hiver et étudier les habitudes des indigènes, plutôt dans les villes que dans les campagnes, le Maure se fait remarquer par son costume souvent élégant, composé d'un large pantalon blanc, de plusieurs gilets très ornementés de passementeries, d'une veste de couleur claire comme toutes les pièces de son costume et d'un volumineux turban pour coiffure. Les passementiers, les brodeurs en harnachements sont des Maures, de même que ceux qui s'occupent des industries de luxe.

La Mauresque a de tout temps eu le privilège d'éveiller la curiosité, sans doute parce qu'elle ne sort que voilée et enveloppée entièrement d'un haïck blanc, et qu'il est plus que difficile, qu'il est dangereux de chercher à pénétrer dans les intérieurs respectables; néanmoins aujourd'hui ces intérieurs n'ont plus de secrets pour personne, et nous savons combien est élégant et gracieux ce déshabillé de la Mauresque, dans son intérieur, surtout lorsqu'elle se hasarde, le soir, sur la terrasse pour jouir de l'air frais, après une journée brûlante. Ce costume, aussi léger que possible, se compose de gaze et de mousseline, qui ne servent qu'à estomper les colorations naturelles et à donner aux formes le charme de tout ce qui est indécis : un large pantalon de soie est serré au genou ; les jambes sont nues ; une ceinture or et soie est négligemment nouée au tour de la taille sur un foulard aux raies multicolores (fouta). La tête est ornée d'un petit foulard, très coquettement disposé, dans les plis duquel se cachent des guirlandes de fleurs de jasmin, passées dans un fil de soie. Jambes, bras et cou sont ornés de bracelets et collier. Autant ce costume d'intérieur est original et gracieux, autant celui de l'extérieur est laid et désavantageux. Enveloppées, comme elles le sont dans la rue, les femmes sont sans forme et sans grâce. La coutume l'a ainsi établi pour ne rien laisser apparaître de leurs qualités ; mais elles ne seraient pas femmes si elles n'avaient pas une pointe de coquetterie, suffisante pour laisser au moins deviner une partie de leurs avantages personnels. Les femmes âgées portent une coiffure constituée par une pièce en filigrane d'or ou d'argent qui se fixe à un mouchoir serré autour de la tête et sur laquelle est jeté un voile blanc qui tombe presque jusqu'à terre. Quoique lourde et incommode, cette coiffure ne manque pas d'élégance, elle rappelle celle de certaines chatelaines du moyen âge.

Il existait des Koulouglis, descendants de Turcs et de femmes algériennes ; ils ont à peu près disparu, emportés par le temps.

Les Juifs, au contraire, pullulent et prospèrent ; ils deviennent maîtres du pays de par leur fortune. Les heureux temps sont venus pour cette race ; ils n'ont plus à craindre, comme sous les deys, les vexations, les razzias ; ils possèdent aujourd'hui en toute sécurité et acquièrent tout ce qu'ils peuvent de terres et de maisons. La plus grande partie des villes leur appartient ; ils ont l'instinct du commerce et ne laissent échapper aucune occasion d'étendre leurs relations avec l'intérieur du pays. Pouvant disposer en tout temps de fortes sommes d'argent, ils en tiennent à la disposition des besoigneux, à des conditions souvent difficiles à tenir; et comme l'Arabe aime toujours le faste et la représentation, il a souvent besoin d'argent pour ses plaisirs et s'adresse au Juif, qui ne prête qu'avec garantie sur les terres; il en résulte toujours que l'Arabe, ne pouvant pas tenir des engagements dont il n'a pas compris l'importance et la rigueur, se voit dépossédé de par la loi. J'ai entendu des Juifs dire : « L'Algérie sera notre terre promise, le royaume d'Israël. » J'espère que ce pronostic ne se vérifiera pas. Mais il faut reconnaître cependant que chaque jour est un progrès vers ce but, surtout depuis l'assimilation de la race juive qui a produit chez les Arabes un étonnement dont ils ne sortiront pas de si tôt.

Les Mzabites et les Biskris sont plutôt des corporations que des races : le Biskri est l'habitant de Biskra ou de toutes les oasis du Zab. Ils sont dans toutes les villes du littoral où ils font métier de portefaix; intelligents et actifs, ils apprennent vite les langues, beaucoup sont économes et amassent pour retourner sous leurs palmiers. Ce sont les auvergnats de l'Algérie qui ne se déplacent que pour faire leur bourse et revenir chez eux prendre femme et faire souche. Ils sont de sang mêlé Kabyle et Arabe, avec prédominance kabyle comme chez tous les habitants des oasis.

Le Mzabite est l'habitant du Mzab, pays du Sahara où le commerce est l'unique occupation. C'est pour s'y livrer que le Mzabite quitte son pays, déshérité, pour venir habiter toutes les localités peuplées de l'Algérie et surtout les villes du littoral. Les Mzabites sont des musulmans dissidents qui ont été pourchassés par les sectes rivales et qui sont enfin venus se fixer dans le

Tente d'un chef arabe.

pays aride, rocheux dont ils ont su, à force de patience et de soin, transformer une partie en véritables jardins, le long de l'oued Mzab. Ils possèdent là cinq villes, avec lesquelles nos colonnes ont été en relation. Ghardaïa est la capitale actuelle de la confédération du Mzab, dont la population est d'une trentaine de mille âmes, à peu près toute d'origine berbère. Mais l'élément juif y a fait irruption. La seule ville de Ghardaïa contient 300 familles de cette race.

CHAPITRE IX

ÉTAT MORAL DES INDIGÈNES

Si la conquête matérielle de l'Algérie peut être considérée comme à peu près terminée, parce que nous avons fondé des établissements partout où nous avons voulu et que nous avons pu parcourir le pays dans tous les sens, il n'en est pas de même de la conquête morale. Celle-ci, la force l'éloigne plutôt qu'elle ne la rapproche; et, comme elle ne peut être que le résultat d'une fusion de sentiments et de croyances, nous n'avons pas encore assez convaincu les indigènes de la supériorité de notre état social et religieux pour les amener à nous. Il y a, en effet, entre eux et nous une barrière que l'on peut dire infranchissable : c'est la religion. Tout musulman, s'il ne se soumet pas à ses préceptes par conviction, s'y soumet par crainte de l'opinion publique. On pourrait penser que les relations des Arabes influents avec nous peuvent donner pour l'avenir de grandes espérances ; mais il est à craindre que ce ne soit qu'une illusion. Car si l'Arabe, par vanité, et pour obtenir des satisfactions d'amour-propre, brigue les faveurs dont nous pouvons le combler, il arrivera un moment où, faisant un retour sur lui-même, il regrettera son abandon, et ses scrupules religieux le pousseront peut-être à des actes de violence contre nous pour obtenir du ciel son pardon ; le moins qu'il puisse faire, c'est un pèlerinage aux lieux saints pour effacer ses fautes passées. C'est une résolution assez fréquente chez les chefs arabes qui ont vieilli à notre service. Quant à la servilité de la plèbe, il n'y faut pas croire. Tout Arabe baise la main du plus fort en attendant l'occasion de la lui briser.

Cette situation d'esprit n'a rien qui doive étonner. Abstraction faite du sentiment religieux, nous avons vu les indigènes se révolter contre toute immixtion de l'étranger dans leur pays; rien ne leur coûtait pour maintenir leur indépendance ; ils affrontaient tous les dangers et toujours ils ont répondu à l'appel des chefs qui leur parlaient de liberté. A ce sentiment, déjà si puissant, qui subsiste toujours avec l'énergie d'autrefois, se joint aujourd'hui celui de la religion, de cette religion qui met le glaive au nombre des moyens de persuasion et qui prescrit l'extermination des infidèles pour que le nom du Dieu de Mahomet retentisse seul sur la terre. Aussi peut-on être persuadé que la haine est le caractère dominant, et que si elle ne se manifeste pas, c'est par la crainte des châtiments que la force peut infliger. Le Coran a prévu cette éventualité en recommandant à ses fidèles « de n'engager la lutte que quand le succès est assuré ». Cette sage prescription donne au moins des trêves ; mais elle nous invite à ne jamais nous départir de certaines mesures de précaution, hors desquelles nous avons toujours eu des répressions à exercer.

Il semble que tout ait été prévu dans la religion musulmane pour entretenir le fanatisme et la superstition et dominer sans cesse les esprits par la crainte d'une intervention divine. Ainsi le musulman vit dans l'attente de la venue d'un être qui doit régénérer le monde et préparer la gloire de Dieu. Des prophéties annoncent

Femme mauresque d'Alger sur une terrasse, costume d'intérieur.

l'arrivée de cet être et la précisent, jusqu'à un certain point. La foi dans ces prophéties est telle que pas un musulman ne doute de leur réalisation. Nous pourrions en donner de nombreuses preuves et, si cette foi est enracinée chez les Arabes influents, que ne doit-elle pas être chez la masse qui est ignorante, crédule, et qui ne sait les choses que par la tradition, grossière, amplifiée comme sont toutes les paroles qui passent de bouche en bouche.

La plus sérieuse, la plus terrible des prophéties est celle qui annonce l'arrivée du *Moule Saa* (le maître de l'heure), sorte d'ante-Christ qui doit renverser tout ce qui existe et jeter l'humanité dans d'horribles bouleversements pour la punir de ses nombreuses mauvaises actions. Tout Arabe, quel que soit son état intellectuel, croit à cette prophétie, qui est un des dogmes de sa religion. Sidi el Boukrari est le premier des écrivains sacrés qui annonce la venue de l'envoyé du ciel, et comme il répète les paroles du Prophète, il n'est pas permis de douter, il dit : « Un homme viendra après moi. Son nom sera semblable au mien ; celui de son père semblable au nom de mon père, et le nom de sa mère semblable au nom de la mienne. Il me ressemblera par le caractère, mais non par les traits du visage, il remplira la terre de justice et d'équité. »

Tout musulman croit à cette prophétie parce que El Boukrari est la parole même du prophète. Aussi les imposteurs, qui veulent jouer un rôle, savent si bien qu'ils n'obtiendraient aucune créance s'ils ne vérifiaient pas exactement les termes de cette prophétie, qu'ils ont tous le soin de se produire dans des régions où ils sont inconnus et de se faire appeler Mohamed ben Abdallah du nom du prophète et de celui de son père.

D'autres prophéties sont plus explicites ; mais comme

aucune ne donne l'époque de la venue du Moule Saa, il en résulte que cette menace du ciel est toujours suspendue sur la tête des musulmans et leur ôte toute confiance dans la durée des conditions de leur existence et dans la certitude de l'avenir. Les Arabes n'ont donc aucune confiance dans la stabilité de l'ordre social dans lequel ils vivent ; bien au contraire, ils s'attendent à une brusque révolution qui doit le changer de fond en comble. Il en résulte aussi, et ceci est le point capital, que les Arabes n'ont aucune confiance dans la durée de notre domination ; loin de là, ils ont la conviction intime que nous serons tôt ou tard rejetés hors de leur territoire comme l'ont été les Espagnols (1). Ayant constamment dans la pensée que nous pouvons quitter leur pays d'un jour à l'autre, il leur est impossible de nous faire une soumission sincère, et, en ceci, l'intérêt religieux s'accorde avec l'intérêt matériel ou terrestre. Car, non seulement ils commettent une impiété en se soumettant à l'autorité des chrétiens, mais encore ils attirent sur leur tête toutes les vengeances du terrible Moule Saa. Ainsi la soumission des Arabes envers nous ne peut être, dans le fond de leur pensée, qu'une suspension d'armes. Ils

(1) Il y a quelques années, je causais en compagnie d'un général, vieil Africain, fort versé dans toutes les affaires algériennes et surtout dans les espérances et les aspirations des indigènes, avec un haut personnage indigène, appartenant à l'ordre judiciaire et religieux, et, à l'occasion de la question tunisienne qui se réglait, il nous dit : « Vous êtes ici par la volonté de Dieu, mais votre séjour est compté. Tous ceux qui vous ont précédés sur ce sol y ont demeuré et sont partis ; voyez les Romains, les Vandales, les Grecs, les Espagnols, les Turcs eux-mêmes, bien qu'ils fussent de notre religion. Ils ont eu leur temps et sont partis ; vous-mêmes vous êtes venus, vous resterez, peut-être longtemps, parce que votre puissance est grande et que Dieu le veut ainsi, mais vous partirez comme les autres. »

ont combattu avec énergie pour repousser notre domination; impuissants, ils se soumettent, croyant voir dans cette impuissance une punition céleste; mais ils conservent l'espérance que l'heure du pardon sonnera, et qu'avec le secours du ciel ils retrouveront la force de secouer un joug odieux. Quelles que soient donc les protestations de dévouement qu'ils prodiguent, il est toujours à penser qu'elles ne sont pas sincères; qu'il existe dans leur cœur une espérance inavouée et que toute leur politique envers nous est basée sur l'éventualité d'un renversement prochain de notre autorité. Leur soumission n'est donc qu'une condition de l'armistice qui doit cesser quand sonnera l'heure.

La croyance dans les prophéties n'est pas bornée aux gens qui ont reçu une certaine instruction; elle est plus vivace, plus profonde peut-être, dans la masse de la population, où elle est entretenue par les Medhhas, conteurs historiens, qui vont partout racontant les faits du passé et les promesses de l'avenir, au nombre desquelles sont celles qui concernent le triomphe de la cause musulmane et notre expulsion du territoire. Les Arabes qui nous sont le plus dévoués croient, comme les autres, aux prophéties; dans leurs moments de franchise, ils l'avouent sans détours, et, quand on leur demande comment avec de pareilles idées ils peuvent nous servir, ils répondent que leur intention est de ne pas nous quitter; que nous sommes trop grands et trop justes pour les laisser exposés à la vengeance, quand nous abandonnerons le pays.

Il résulte de la puissance de ces croyances, que les Arabes nous sont surtout hostiles parce que leur religion le leur commande, et quand autrefois on pensait qu'Abd el Kader vaincu, notre autorité s'établirait facilement dans tout le pays, on se berçait d'une illusion dont l'expérience nous a démontré l'étendue. Abd el

Le perruquier maure.

Kader avait su mettre dans sa main la nationalité arabe et en former presque un faisceau; mais quelle que fût son autorité, elle pouvait être amoindrie par des fanatiques ou des adroits, exploitant les masses au nom de la religion. Bou Maza a eu un moment plus de partisans et plus d'autorité qu'Abd el Kader, parce qu'il se donnait comme le Moule Saa et qu'il vérifiait quelques-unes des prophéties; à ce point qu'Abd el Kader lui-même en fut très préoccupé et qu'il envoya des Tolbas s'assurer, *de visu*, si Bou Maza était porteur de certains signes physiques que les prophéties donnent au Moule Saa. Dans l'état des esprits, chez les Arabes, tout inspiré ou tout intrigant, qui s'y prendra avec adresse, est sûr d'avoir son jour de succès : nous pourrions citer de nombreux noms à l'appui de cette assertion. Tout aventurier qui couvre ses projets d'un prétexte religieux est sûr de trouver partout des amis, des auxiliaires, comme en ont trouvé Bou Maza, Abd el Kader et ceux qui dans tous les temps ont su attirer à eux la sympathie des masses et agiter le pays. Nous, au contraire, bien que nous protégions la religion, et que nous nous présentions comme des bienfaiteurs de l'humanité, nous ne rencontrons partout que des ennemis, dont l'acharnement reste le même malgré la succession des générations.

Parmi ceux qui se présentent comme des inspirés, comme des cheriff, aucun ne se croit véritablement des droits à ce titre; mais tous savent qu'ils acquerront de la considération en se posant comme les défenseurs de la religion; et ils exploitent à leur profit la crédulité publique et le fanatisme. C'est ainsi que l'on voit surgir tant d'inspirés. Ce sont les adroits, les rusés, qui ont compris le côté faible des masses faciles à exploiter, et qui se font souvent aider par des compères dévoués pour répandre et propager des miracles dont ils ont été témoins, ou pour jouer publiquement des comédies habilement préparées. La croyance en la puissance des cheriff va ainsi en grandissant, jusqu'au jour où des échecs répétés imposent la reconnaissance de l'imposture, et, même dans ce cas, on trouve toujours de bonnes raisons pour les excuser (1).

La disposition générale des esprits à notre égard n'est certainement pas bonne. Cependant, elle n'empêche pas que nous ne trouvions beaucoup de gens disposés à nous servir. Mais il n'est pas difficile de deviner le mobile de ces services : il est dans l'amour-propre et surtout dans la cupidité, car toute fonction, chez les Arabes, est l'occasion de plus ou moins de bénéfices illicites. Mais il ne faut pas compter sur la sincérité dans les relations. Tout chef arabe a, en effet, à satisfaire deux intérêts opposés : celui de ses administrés et celui de l'autorité ; il ne peut pas se mettre en hostilité

(1) Des exemples sont toujours utiles. Quand j'étais aux spahis, je rencontrais tous les jours deux tout jeunes gens qui avaient presque été élevés à la française, qui parlaient fort bien notre langue et avaient même un peu trop pris le mauvais côté des habitudes françaises. Ils étaient maquignons et pourvoyeurs de la remonte des spahis. On pouvait les croire loin du fanatisme musulman, il n'en était rien. Un jour je me promenais à cheval près des ruines d'Hippone, quand je vis accourir ces deux jeunes gens ; ils me demandèrent si je n'avais pas vu un Arabe coiffé d'un turban vert : je venais, en effet, de le rencontrer et j'indiquai la route qu'il suivait ; ils ne tardèrent pas à le rejoindre et ils l'amenèrent au bureau arabe. Par l'interrogatoire nous sûmes que cet Arabe, retour de la Mecque, avait prêché la guerre dans chaque famille, à Bône, que chacun avait fait son offrande et que même les deux maquignons s'étaient laissé aller à une grande générosité que peut-être ils regrettaient, puisqu'ils voulaient se saisir du prétendu cheriff, et ils nous disaient, avec une grande naïveté, qu'ils savaient que c'était un imposteur, un faux cheriff. Ils avaient apporté leur offrande quand ils croyaient avoir affaire à un inspiré, ils ne l'auraient pas réclamée s'ils étaient restés persuadés. Que doivent faire ceux qui sont élevés loin de notre contact, quand ceux qui sont élevés avec nous se laissent encore entraîner par le fanatisme ?

avec ses coreligionnaires, au profit des chrétiens, sans perdre de son prestige et de sa considération ou même sans s'exposer à perdre la vie sous la balle ou le poignard d'un fanatique. Il est donc dans la nécessité de louvoyer, d'avoir deux langages et, vraiment, son rôle est souvent difficile.

En général, les belles paroles, les protestations de dévouement ne font pas défaut ; il importe que nous ne nous y laissions pas prendre, car si nous savons ce que nous dit tout chef indigène, nous ne savons pas aussi bien quel langage il tient à ses administrés. Mais nous pouvons aisément le supposer, tout se résume à peu près en ceci : « Par la volonté de Dieu, nous traversons de grandes calamités, les chrétiens sont nos maîtres pour un temps, et quand nous aurons expié nos méfaits, Dieu nous donnera la force de les chasser; soyons patients, c'est encore obéir aux prescriptions de notre religion. »

Le capitaine Richard (1) dit que Si Mohamed, l'ancien Aga des Sbehhas, qui avait par moment une franchise étonnante pour un Arabe, montrait quelquefois les fils secrets qu'il faisait agir pour constituer et étendre son influence. Le premier consistait à laisser dans une parfaite impunité un certain nombre d'individus très hardis et très audacieux, dont il avait une liste et qui s'attachaient à lui par intérêt et aussi entraînés par l'audace et le courage dont il leur donnait journellement des preuves. Il appelait ces hommes « les plumes de ses ailes », et c'est, en effet, avec leur secours qu'il tenait tous les autres et les faisait agir à son gré. Quant à ceux, plus scrupuleux, qui n'osaient pas se montrer ses auxiliaires et qui souvent lui reprochaient les services qu'il nous rendait, il leur disait : « Mes bons amis, je sais

(1) *Étude sur l'insurrection de Dahra.*

Mauresque d'Alger et sa négresse, costume de ville.

combien vous haïssez les chrétiens, conformément aux préceptes de notre religion ; je sais qu'il n'est rien que vous n'entrepreniez pour assurer le triomphe de notre foi ; mais, pour le moment, si vous pensez qu'il est un meilleur moyen que celui que j'emploie pour pénétrer tous les secrets et tous les projets des chrétiens, dites-le-moi et je l'adopterai, tant mes aspirations sont conformes aux vôtres ; et si vous pensez que la lutte soit plus profitable à nos intérêts, dites-le encore, je vous conduirai à l'attaque de la première colonne française ; nous serons, sinon exterminés, au moins battus ; mais nous succomberons pour la plus grande gloire de notre religion. » Bien entendu, ces propositions ne sont pas acceptées, et les plus intrépides reconnaissent qu'il n'y a rien à faire qu'à plier et attendre.

Un chef arabe à notre service a besoin de mettre en œuvre toutes les finesses de son esprit pour exercer son autorité morale, et, quoi qu'il fasse, il perd toujours beaucoup de son prestige par ses relations avec nous. Le mieux qu'il puisse faire, pour ne pas trop déchoir aux yeux des siens, est de se présenter comme le défenseur de leurs intérêts, comme celui qui doit atténuer les rigueurs et amoindrir les exigences. Ils ne manquent aucune occasion de nous déprécier et de faire valoir les moyens qu'ils emploient pour nous tromper ; et, malgré toutes ces ruses, les chefs arabes à notre service sont toujours amoindris moralement ; tandis que des aventuriers, des voleurs, qui auraient le talent de faire accepter leurs brigandages comme des actes commis sur les infidèles, au nom de la religion, seraient acclamés et verraient autour d'eux de nombreux adhérents. L'origine de bien des révoltes, que nous n'avons réprimées que difficilement, n'est pas autre que celle-là.

En se rendant compte des situations relatives des anciens et des nouveaux possesseurs de l'Algérie, et surtout en présence des différences de religion, on peut tirer cette conséquence : que toute influence arabe nous est hostile, et qu'elle ne peut pas ne pas l'être; aussi faut-il toujours être en défiance et armé pour la répression. Tant que nous aurons la force, nous n'aurons rien à craindre; si nous laissons supposer qu'elle manque, nous pouvons voir reproduire les insurrections qui ont éclaté sous tous les occupants.

On a dit souvent, en France, dans un sentiment de philanthropie bien respectable, que les bienfaits nous attacheraient les Arabes, et qu'il ne fallait laisser échapper aucune occasion de leur montrer la supériorité de nos institutions et l'excellence de notre civilisation. Il n'en est rien. L'Arabe n'a aucun de nos besoins, et il dédaigne tout ce que nous recherchons. Son genre de vie répond au pays qu'il habite, et le nôtre n'y répondrait pas du tout. Nos procédés bienveillants n'auraient pas la valeur que nous supposons; ils seraient considérés comme une marque de faiblesse, ou au moins comme un défaut de confiance dans notre propre force. Pour l'Arabe il faut que l'autorité soit lourde; plus elle pèse, plus elle est respectée. La suprême force est dans l'assujettissement des masses, et nous n'avons jamais été mieux obéis que quand les ordres ont été donnés par des chefs exigeants et prompts à la répression (1).

(1) Pendant mon séjour aux spahis, il existait encore un escadron turc, formé des anciens janissaires et de Koulouglis, fils de Turc et de femme indigène. Un de ces derniers conduisait le mulet de l'ambulance. Je lui fis voir un jour les tranchées de Zaatcha, et, comme je le voyais très absorbé par ce qu'il avait vu, je lui demandai de me communiquer ses pensées. Il me dit : « Les Français sont trop bons avec les Arabes ; écoute bien, ajouta-t-il : Quand l'Arabe n'a pas à manger, il pense. — A quoi ? — Il pense au moyen de se procurer à manger. Quand il a mangé, il pense. — A

Nous l'avons dit, de toutes les raisons qui éloignent de nous les Arabes, celles qui naissent de la différence de religion sont les plus puissantes, et elles servent de base à toutes les agitations, à tous les soulèvements. Elles

Biskris.

servent les projets ambitieux des exploiteurs ; entretiennent une sourde irritation au cœur des vaincus, et

quoi ? — Il pense au moyen d'acheter une femme. Quand il a acheté une femme, il pense. — A quoi ? — Il pense au moyen d'acheter un fusil et de s'en servir. Il faut donc le laisser toujours dans la première situation. »

Ce fils de Turc raisonnait comme les Turcs, il était dans le vrai. Mais nous ne pouvons pas mettre en pratique ces moyens violents, ils ne sont pas dans nos mœurs, mais ils seraient probablement les meilleurs.

Juif d'Alger.

servent de texte aux prédications des corporations religieuses (1).

(1) M. Léon-Roches, ministre plénipotentiaire en retraite, ancien secrétaire intimede l'Émir Abd el Kader, ancien interprète en chef de l'armée d'Afrique, vient de publier un livre intéressant et instructif (*Trente-deux ans à travers l'Islam*) à la librairie Firmin Didot (1885). Il contient, sur les dispositions des musulmans à l'égard de tous les chrétiens en général, des renseignements dont nous devrions faire notre profit. J'en cite quelques-uns : M. Rocher fut chargé par le maréchal Bugeaud de diriger une excursion que désiraient faire dans l'intérieur du pays MM. les députés de Courcelles et de Beaumont, et pour leur donner une idée juste de l'état de la société arabe, de son administration, de ses aspirations, il les mit en rapport avec la plupart des chefs arabes : un surtout, le khalifa Sidi Ali ould sidi Lekhal, ould Sidi Embareck, ayant accepté sans arrière-pensée la domination française, avait une liberté et une franchise de langage en raison même de la sincérité de son dévouement.

« Vous croyez, disait-il, qu'avant l'arrivée des Français en Afrique, nous subissions avec peine le joug des Turcs, maîtres injustes et rapaces, et vous pensez que nous devons remercier Dieu d'en être délivrés et d'être aujourd'hui gouvernés par des maîtres cléments et justes. Sachez que si nous nous soumettons aux décrets du Très-Haut qui, donnant la victoire à qui lui convient, vous a rendus maîtres de notre pays, nous n'en haïssons pas moins votre domination parce que vous êtes chrétiens.

« Vous dites que votre gouvernement est juste et clément.

« Mais conquérir un pays qui ne vous appartient pas, est-ce de la justice? et la ruine et la mort que vos armées traînent après elles au milieu de populations qui ne vous ont jamais offensés, est-ce de la clémence ?

« Vous nous aviez solennellement promis de respecter nos propriétés et nos usages, et voilà que déjà votre gouvernement dispose du territoire de nos tribus en faveur d'agriculteurs français, territoire dont nos ancêtres jouissaient de temps immémorial et vous songez à mêler sur le même territoire des Français et des Arabes, et vous affirmez que dans cette cohabitation, nous serons incomparablement plus heureux que nous ne l'étions dans l'état *voisin* de la barbarie, où nous vivions, dites-vous, avant l'arrivée des Français.

Il existe dans tous les pays musulmans des ordres religieux dont les membres sont appelés khouan (frères)

« C'est une erreur grande, nous avons de tout temps vécu conformément à nos goûts, et notre organisation sociale était juste et respectable, nous n'en désirons pas d'autre. « Le bonheur, notre « savant Lackman l'a dit, réside dans la modération des désirs. »

« Pourrions-nous, je vous le demande, accepter la cohabitation avec les Français, qui, étant les maîtres, voudront nous soumettre à leurs coutumes et à leurs usages? Non, il serait plus facile de mêler l'eau avec le feu.

« Croyez-vous donc que nous ignorions l'histoire de nos glorieux ancêtres, conquérants de Bled el Endeleus (pays des Andalous) qui, pendant sept cents ans qu'ils ont occupé ce vaste royaume, n'ont pu faire accepter leur domination aux chrétiens qu'ils avaient vaincus et qu'ils gouvernaient avec tolérance et justice? Dès que ceux-ci entrevoyaient l'espoir de chasser les musulmans de leur pays, ne levaient-ils pas contre eux l'étendard de la révolte?

« Comment alors pourrez-vous croire que des musulmans acceptent avec joie la domination des chrétiens?

« Détrompez-vous donc. Des sentiments de haine soit patents, soit dissimulés, existeront toujours entre les sectateurs des deux religions, comme entre les peuples conquis et les peuples conquérants.

« Moi-même, qui suis aujourd'hui un des plus fidèles serviteurs de la France, je me suis soumis à vous parce que j'ai la conviction qu'en continuant à vous combattre, je m'exposais, ainsi que ma famille, à la ruine, à la mort, sans aucun espoir de vous chasser du pays que vous m'avez pris.

« Les Arabes ne comprennent qu'une chose : c'est qu'ils sont les plus faibles et que vous êtes les plus forts.

« Ne nous prodiguez donc pas des promesses que vous serez amenés à ne pas tenir et ne cherchez pas à nous faire apprécier les bienfaits d'une civilisation que nous repoussons, puisque vous nous apprenez vous-mêmes que ce mot signifie absorption des musulmans par les chrétiens.

« Croyez-moi, restez forts et toujours forts, car le jour où les Arabes découvriraient que vous êtes faibles, ce jour-là, ils oublieraient et votre clémence, et votre justice, et tous vos bons procédés, et ne se souvenant que de vos deux titres *chrétiens* et *conquérants*, ils vous jetteraient dans la mer qui vous a apportés. »

et obéissent à des règles qui varient selon les ordres ; mais qui reposent toutes sur l'exagération du sentiment religieux et par conséquent sur l'horreur du nom chrétien. C'est par les khouan que s'entretient le fanatisme ; leur devoir est de développer l'exaltation religieuse et de la répandre. Chaque frère, au moment de son admission dans l'ordre, au moment de « *prendre la Rose* », fait abstraction de sa personnalité pour se dévouer entièrement à son ordre, ainsi qu'il lui est prescrit par ces paroles : « Que ton attitude, en présence du cheick, soit celle de l'esclave devant son roi ; sois entre ses mains comme un cadavre entre les mains du laveur des morts. Tu serviras tes frères avec dévouement; aime ceux qui les aiment, déteste ceux qui les haïssent, pense avec eux d'un même esprit, agis avec eux d'un même cœur, exalte l'ordre auquel tu appartiens. » Nous retrouverions beaucoup d'analogie entre ces ordres et d'autres des pays européens ; mais ils se rapprochent surtout des ordres militaires et religieux, nés des croisades. Les chevaliers du Temple, de Saint-Jean de Jérusalem, étaient comme ceux des musulmans, des sectes, des confréries religieuses et militaires, comme le comprennent les musulmans dans le sens le plus absolu du mot,

Ce langage pourrait être encore tenu aujourd'hui avec la même vérité ; les sentiments n'ont pas changé ; c'est toujours la même antipathie des musulmans pour les chrétiens : elle est telle qu'un arabe pour l'exprimer disait un jour au général Daumas : « Si on faisait bouillir dans la même marmite un chrétien et un musulman, le bouillon de chacun se séparerait. »

Il est pourtant quelques circonstances où chrétiens et musulmans se trouvent associés : c'est pour l'exécution de quelques mauvais coups. Un jour un Arabe et un Européen surpris en flagrant délit de vol étaient amenés au bureau arabe de Bône ; devant cette confraternité, le capitaine ne put s'empêcher de s'écrier : « Voilà donc la fusion tant désirée. »

Abd el Kader.

et il engendre contre les chrétiens une aversion, une haine qui se traduit souvent par des actes hostiles et nous force à une attention soutenue, en ce moment surtout où la surexcitation est entretenue chez les Arabes par les succès du Mahdi.

Il existe plusieurs de ces corporations : parmi elles, la dernière née est certainement la plus redoutable pour l'avenir ; elle est la plus intransigeante et compte déjà un très grand nombre d'adhérents. Elle eut pour fondateur si Mohamed Ben Ali es Senoussi, né près de Mostaganem et mort en 1859 à Djerboub, au sud et à deux jours de marche de l'oasis d'Ammon (Syoua), à proximité du Soudan oriental. Il avait fondé une foule de zaouïas dans la Cyrénaïque, la Marmarique et la Tripolitaine ; il laissait en mourant presque un empire. Son fils, Si el Madhi, lui a succédé ; « il est très hostile aux Français qu'il veut chasser de l'Algérie, berceau de sa famille. » Depuis 1871 il a entretenu de fréquentes relations avec tous nos ennemis, musulmans ou *chrétiens* (1).

Aujourd'hui, d'après l'opinion de M. Duveyrier, la confrérie des Senoussiïn compte de 1,500,000 à 3,000,000 d'adhérents et 121 couvents ou centres d'action. Les ramifications s'étendent partout, et, bien que le siège principal soit à Djerboub, dans le djebel Akhdar, l'autorité du Madhi se fait sentir dans l'ancienne Cyrénaïque, la Tripolitaine, la Tunisie et dans une grande partie de nos possessions algériennes. El Madhi chez des Senoussiïn n'a aucun lien avec el Madhi de Dongola, qui a soulevé le Soudan contre les Anglais. Celui-ci est aussi un mystique, un illuminé, relevant du

(1) Fernand (Philippe), interprète militaire (*Étapes sahariennes*).

Chadhelisme (1), mais entre les deux Madhi il n'y a qu'une communauté de haine contre les chrétiens et un

Les Aïssaouas (ordre religieux de Sidi Aïssa).

(1) Partisan de la théologie mystique de Cheick Sid Ali Ech Chadeli, originaire de Chadel, mort en 1258 de l'ère chrétienne. Il a été le fondateur du premier ordre religieux.

désir immense de ramener les fidèles à la pureté de la vie musulmane, et cela suffit grandement pour que notre attention soit plus que jamais appelée sur les agissements de l'un et de l'autre et pour ne jamais amoindrir nos forces.

Il existe beaucoup d'ordres religieux, un entre autres se distingue par des pratiques auxquelles se soumettent les frères : c'est l'ordre des *Aïssaouas*. Ils se livrent à des jongleries intéressantes : ils mâchent du verre, se passent des fers rouges sur la langue, mangent des scorpions. Ils se considèrent comme doués d'une faveur spéciale du ciel. Les derviches hurleurs et tourneurs qui se percent les chairs dans leurs crises d'exaltation nerveuse ne sont pas plus intéressants. Ils ont, comme les Aïssaouas, la prétention de jouir des faveurs célestes.

Alger.

CHAPITRE X

ÉTAT ACTUEL DE L'ALGÉRIE

Pour le présent, l'Algérie est divisée en trois départements, qui comprennent les territoires des anciennes provinces d'Alger, d'Oran et de Constantine. L'autorité supérieure est exercée par un gouverneur civil qui a sous ses ordres les préfets et sous-préfets des trois préfectures. Chaque département comprend un territoire civil et un territoire militaire. Celui-ci est formé des territoires parcourus par les nomades qui ne peuvent, en raison de leur mobilité, être administrés comme les populations stables. Le territoire civil est divisé en sous-préfectures, elles-mêmes divisées en communes de plein exercice et en communes mixtes. Les premières sont administrées à peu près comme les communes de France; elles comprennent souvent des indigènes, même en grand nombre, qui sont représentés dans les conseils municipaux comme les Européens. Les communes mixtes sont composées, comme leur nom l'indique, des éléments européens et indigènes; celui-ci y domine. En territoire civil, la commune mixte est administrée par un « administrateur »; en territoire militaire elle relève de l'autorité militaire à laquelle est adjoint un coopérateur civil.

La population européenne et surtout la population

française augmentent sensiblement depuis une période d'une dizaine d'années.

D'après le dernier dénombrement quinquennal, opéré en 1881, la population de l'Algérie recensée est de 3,310,412 sur laquelle 2,875,309 ont été recensés nominativement, et 435,103 ont été recensés numériquement. Cette dernière comprend les indigènes qui existent sur les territoires militaires; qui sont plus ou moins nomades et dont le nombre ne peut être établi qu'approximativement. Ce chiffre total se décompose :

En Français	233.937
Israélites naturalisés	35.665
Musulmans, sujets français	2.850.866
Étrangers	189.944
	3.310.412

Comparé au recensement de 1876, celui de 1881 donne un résultat satisfaisant, puisqu'il permet de constater que l'immigration et l'excédent des naissances sur les décès augmentent l'effectif de la population ; ainsi, en 1876, on comptait 156,345 Français ; on en trouve en 1881 plus de 233,000. Presque toutes les nationalités, sauf les Allemands, ont donné une progression dont le total se chiffre par 449,231. Les musulmans seuls entrent dans ce chiffre pour 379,561. Ce fait s'explique par l'extension du territoire civil. Les indigènes qui avaient échappé jusqu'à présent au recensement ont pu être dénombrés.

La constatation la plus favorable, dans les tableaux fournis par les statistiques officielles, est celle de la décroissance successive des décès et celle de l'excédent des naissances. Celles-ci dépassent les décès de 2,316 : pour 14,018 naissances, dans les différentes nationalités, non compris les musulmans et l'armée, il n'y a, en effet, que 11,740 décès. Ce n est pas encore un résultat bien satisfaisant, mais, comparé à ce qu'était autrefois la mortalité, il y a une notable amélioration qui s'accentue chaque année davantage.

Il est à remarquer que les Européens ne sont pas plus maltraités que les musulmans par les influences climatériques qui agissent sur la vie. Les derniers documents officiels fournissent un tableau assez intéressant à signaler : des naissances et des décès inscrits en 1882 sur les registres de l'état civil, il résulte que pour les Européens et les indigènes il y a 91,562 naissances, 83,296 décès et 3,016 morts-nés. Bien qu'il soit absolument impossible d'établir des chiffres exacts pour les musulmans, qui n'ont pas de registre d'état civil, on peut établir sur une base approximative les naissances et les décès. Les naissances dépassent les décès de 8,266, non compris les morts-nés. Ce tableau officiel est ainsi présenté :

	Européens	Israélites	MUSULMANS	TOTAL
Naissances.....	14.018	2.043	75.501	91.562
Décès...........	12.734	1.366	69.194	83.296
Excédent des naissances.	1.284	677	6.307	8.266

Soit en chiffres ronds :

Européens...	91	décès environ pour	100	naissances.
Israélites....	67	—	100	—
Musulmans..	92	—	100	—

Ces résultats ne s'écartent pas sensiblement de ceux que l'on observe d'ordinaire. De ces faits nous pouvons tirer cette conséquence que cette Algérie que l'on regardait, il n'y a pas bien longtemps encore, comme une terre sur laquelle le Français ne pourrait jamais s'acclimater, est devenue aujourd'hui d'une salubrité qui laisse peu à désirer.

La prospérité d'un pays dépend de sa richesse, de ses ressources en toutes choses et de son organisation financière : en un mot, de son budget. Celui de l'Algérie comprend : un budget ordinaire, un budget sur ressources extraordinaires et un budget sur ressources spéciales.

Les recouvrements effectués et les dépenses payées en 1880 et 1881 aux titres de ces différents budgets sont répartis ainsi qu'il suit :

ANNÉES	RECETTES ORDINAIRES	RECETTES SUR RESSOURCES EXTRAORDINAIRES	RECETTES SUR RESSOURCES SPÉCIALES	TOTAL GÉNÉRAL DES RECETTES
1880	31.908.295	3.500.000	3.497.130	38.887.425
1881	32.249.760	3.500.000	5.155.490	40.905.250

Les recettes ordinaires proviennent de l'enregistrement, des douanes, des contributions diverses, des postes et télégraphes et de divers produits du Trésor. Le budget sur ressources extraordinaires est la part faite à l'Algérie, pour travaux publics, sur l'emprunt amortissable ; et les ressources spéciales sont différents impôts qui frappent surtout les indigènes.

Le budget de dépenses est ainsi représenté :

ANNÉES	DÉPENSES ORDINAIRES	DÉPENSES SUR RESSOURCES EXTRAORDINAIRES	DÉPENSES SUR RESSOURCES SPÉCIALES	TOTAL GÉNÉRAL DES DÉPENSES
1880	25.937.112	2.918.506	3.877.584	32.733.202
1881	33.700.997	5.511.659	4.497.304	43.709.960

Il y a en outre les budgets départementaux et communaux et l'octroi de mer, impôt de 5 pour 100, perçu par l'administration des douanes, dans les villes du littoral, sur les denrées arrivant par mer et aux frontières de terre, sur tous les produits tunisiens et marocains, passibles d'un droit à l'entrée par mer. Le produit de chaque province est centralisé et réparti entre les communes de plein exercice et les communes mixtes des deux territoires, au prorata de leur population.

Dans les communes de plein exercice, chaque Français et chaque étranger sont comptés comme une unité, les Israélites et les indigènes musulmans comptent pour un huitième.

Dans les communes mixtes, les Français et les étrangers comptent pour une unité; les Israélites et les Musulmans pour un quarantième seulement de leur population effective.

Dans le cours de l'année 1882, plus de 7 millions ont été répartis, du fait de cet impôt, entre les trois provinces.

RECETTES GÉNÉRALES

Dans ces recettes sont comprises les contributions arabes qui entrent pour un chiffre élevé. Elles se prélèvent sur les terres cultivées, sur les bestiaux; mais leur rendement, calculé d'après le résultat de la récolte et la richesse des troupeaux, est sujet à des écarts considérables. Ces impôts s'appellent : le *Hockor*, l'*Achour*, le *Zekkat* et la *Lezma*.

Le Hockor n'est perçu que dans la province de Constantine, tel qu'il était établi sous le gouvernement turc. Il frappe exclusivement sur les terres arch et vient en sus de l'Achour.

L'Achour est prélevé sur les céréales ; il est en quelque sorte proportionnel à l'étendue des terres cultivées, et a pour base « la charrue ». Cette base n'est point uniforme : la charrue varie en raison de la difficulté du terrain. Sa superficie moyenne est de dix hectares. Sous la domination turque, l'Achour se payait en nature ; l'administration française l'a converti, pour les départements d'Alger et d'Oran, en un impôt en argent, supputé chaque année, d'après l'importance des moissons et le prix des denrées, et pour le département de Constantine en une taxe fixe de 25 francs qui, avec le Hockor, porte à 45 francs, par charrue, l'impôt perçu sur la terre et les cultures.

La Zekkat est appliquée aux troupeaux recensés : le gouverneur général en arrête chaque année les tarifs, et il est actuellement fixé de la manière suivante pour chaque tête de bétail sans distinction de territoire civil ou militaire : chameau 4 francs, bœuf 3 francs, mouton 20 centimes, chèvre 25 centimes.

La Lezma est, suivant le pays où elle est perçue, un impôt de capitation, ou un impôt sur les palmiers. Impôt de capitation dans la grande Kabylie (décision de 1878), impôt sur les palmiers en rapport.

L'impôt de capitation est établi sur les bases ci-après dans chaque tribu. Les hommes susceptibles de porter les armes, c'est-à-dire de concourir aux charges de la commune, sont divisés en quatre catégories : la première comprend les gens riches ou jouissant d'une grande aisance relative ; ils payent par individu 15 francs ; la deuxième, ceux d'une aisance moindre, ils payent par individu 10 francs ; la troisième, les hommes n'ayant que des ressources médiocres, ils payent par individu 5 francs ; la quatrième, ceux qui ne possèdent rien et qui pour cette raison sont exempts de toute redevance.

L'impôt sur les palmiers n'est perçu que dans les départements d'Alger et de Constantine. Chaque pied d'arbre en rapport doit une taxe qui varie suivant le territoire. Les taxes en vigueur sont de 25 centimes au minimum et de 50 centimes au maximum par pied.

L'*Achour* et la *Zekkat* sont les impôts qui rapportent le plus; mais, depuis quelques années, leur rendement a diminué; le mauvais état des quatre dernières récoltes et les fréquentes épizooties qui ont décimé les troupeaux en sont la double cause. En 1880 les impôts dépassaient 6 millions.

Le commerce général est une grande source de produit pour l'Algérie. Il est en progression constante; et continuera à s'accroître. Il est représenté pour 1882 par le chiffre fort respectable de 561,961,993 fr. qui se répartissent ainsi : à l'importation 411,929,315 fr.; à l'exportation 150,032,678 fr. C'est, sur l'exercice antérieur, une augmentation qui porte pour 69,676,655 fr. sur les importations et 6,448,075 fr. sur les exportations.

Cette augmentation a apporté au Trésor et aux produits coloniaux une plus-value assez considérable qui se chiffre par 15,243,499 fr. décomposable en produits du trésor 7,614,598 fr., produits coloniaux (octroi de mer) 7,628,901 fr., d'où une augmentation de plus de 700,000 fr. sur l'exercice précédent.

Le mouvement de la navigation s'accroît aussi annuellement. Pour 1882, il est représenté, à l'entrée par un effectif de 5,469 navires, jaugeant ensemble 1,940,664 tonneaux, parmi lesquels les provenances de France sont comprises pour 1,226,607 tonnes, et celles de l'étranger pour 713,858 ; ce qui porte le chiffre des augmentations sur 1881 à 870 navires et 37,139 tonnes.

A la sortie on compte pour la France et l'étranger 5,420 navires, jaugeant ensemble 1,921,198 tonnes. C'est une augmentation sur 1881 de 1,014 navires et de 90,066 tonnes.

Les exportations de l'Algérie comprennent des matières diverses : minéraux, végétaux et animaux, le fer, le cuivre, le plomb ; des céréales, du tabac, de l'alfa, du crin végétal, des écorces à tan, du liège, des fourrages ; des animaux de toutes sortes, surtout des moutons, des peaux, des laines.

Les importations comprenent surtout les matières ouvrées nécessaires aux constructions et à l'habillement, telles que les bois sciés, les fers et aciers, des tissus de coton, de chanvre, de laine. Les cotonnades de fabrique anglaise sont surtout abondantes ; elles représentent une valeur de près de 90 millions ; les denrées alimentaires entrent pour une part considérable dans le chiffre des importations. Les vins, bien que l'Algérie en produise déjà beaucoup, représentent à l'importation une somme de près de 10 millions.

En somme, il est incontestable que l'Algérie est en voie de prospérité et qu'elle la doit à la sécurité dont on y jouit, à sa salubrité irréprochable, et à l'essor qui a été donné à la production viticole qui devient une source de bien-être et de richesse.

FIN DE L'ALGÉRIE.

TABLE DES MATIÈRES

PRÉFACE VII

CHAPITRE Ier. — Limites 1

— II. — Tell 27

— III. — Régions des hauts plateaux. — Les steppes. 68

— IV. — Le Sahara 103

— V. — Météorologie 152

— VI. — Histoire naturelle 168

— VII. — Histoire 195

— VIII. — Peuple primitif. — Peuple actuel 245

— IX. — État moral des indigènes 275

— X. — État actuel de l'Algérie 298

FIN DE LA TABLE DES MATIÈRES.

3540-85. Corbeil. — Typ. et stér. Crété.

Extrait du Catalogue JOUVET et Cie

5, rue Palatine, à Paris.

Les ouvrages marqués d'un astérisque sont adoptés par le Ministère de l'Instruction publique et par la Ville de Paris pour être donnés en prix et placés dans les Bibliothèques scolaires et populaires.

BIBLIOTHÈQUE INSTRUCTIVE

Collection de volumes in-16 illustrés. Brochés.................... 2 fr. 25
Cart. en toile rouge ou lavalière, avec plaques or, tranches dorées. 3 fr. 50

*** LA CHINE**

par VICTOR TISSOT. 1 vol. 65 gravures sur bois.

*** LES GRANDES SOUVERAINES**

par ADRIEN DESPREZ. 1 vol. 50 gravures sur bois.

*** LES PAYSANS ET LEURS SEIGNEURS AVANT 1789**

(FÉODALITÉ, ANCIEN RÉGIME)

par L. MANESSE, agrégé de l'Université. 1 vol. 50 grav.

JEANNE D'ARC

par HENRI MARTIN 1 vol., 20 grav.

*** L'HOMME BLANC AU PAYS DES NOIRS**

par J. GOURDAULT. 1 vol. orné de 70 grav. et d'une carte.

*** NOUVELLES LECTURES SCIENTIFIQUES**

Première année, par MAX. FLAJAT. 1 vol. orné de 236 grav.

LA NOUVELLE-CALÉDONIE ET LES NOUVELLES-HÉBRIDES

par H. LE CHARTIER. 1 vol. 45 grav. et deux cartes.

LES PLANTES QUI GUÉRISSENT ET LES PLANTES QUI TUENT

par O. DE RAWTON. 1 vol. illustré de 120 gravures sur bois.

*** LE BOIRE ET LE MANGER**

Histoire anecdotique des aliments, par ARMAND DUBARRY. 1 vol. orné de 126 gravures.

*** LES CHASSES DE L'ALGÉRIE**

et notes sur les Arabes du Sud. par le GÉNÉRAL MARGUERITTE. (3e édition.) 1 volume, 65 grav,

*** LE JAPON**

par G. DEPPING, bibliothécaire à la bibliothèque Sainte-Geneviève. 1 vol., 47 grav. et une carte

*** L'ÉGYPTE**

par J. HERVÉ. 1 vol. orné de 87 grav. et de deux cartes.

*** L'HÉROISME FRANÇAIS**

par A. LAIR, agrégé de l'Université. 1 vol. 65 gravures.

*** LES COLONIES PERDUES**

(le Canada et l'Inde), par CH. CANIVET. 1 volume, 65 gravures.

*** LA GRANDE PÊCHE**

(les Poissons), par le Dr H. E. SAUVAGE, aide-naturaliste au Muséum d'histoire naturelle. 1 vol. orné de 87 gravures.

*** L'ARCHITECTURE EN FRANCE**

par G. CERFBERR DE MÉDELSHEIM. 1 vol. orné de 126 gravures.

VOYAGE DE LA MISSION FLATTERS

Au pays des Touareg-Azdjers, par le lieutenant H. BROSSELARD, ancien membre de la mission d'exploration du chemin de fer Trans-Saharien. 1 vol. orné de 40 grav. et d'une carte.

*** LES GÉNÉRAUX DE LA RÉPUBLIQUE**

par A. BARBOU, bibliothécaire à la bibliothèque Sainte-Geneviève. 1 volume orné de 25 grav.

*** L'ART DE L'ÉCLAIRAGE**

Procédés d'éclairage employés depuis l'Antiquité, jusqu'à nos jours, par LOUIS FIGUIER. 1 vol orné de 114 figures.

*** LES AÉROSTATS**

Histoire des ballons depuis leur origine, jusqu'aux plus récentes ascensions célèbres, par LOUIS FIGUIER, 1 vol. 53 gravures.

CONTES ILLUSTRÉS

ÉDOUARD LABOULAYE

(DE L'INSTITUT)

Contes bleus. *Quatrième édition.* 1 beau volume in-8 raisin, illustré de 200 dessins par YAN' DARGENT.......................... 10 fr.

Nouveaux contes bleus. *Quatrième édition.* 1 beau volume in-8 raisin, illustré de 120 dessins par YAN' DARGENT.............. 10 fr.

Derniers contes bleus. Superbe vol. in-8 raisin illustré de 149 dessins dans le texte par H. PILLE et H. SCOTT, et orné de 10 eaux-fortes hors texte dessinées par H. PILLE et gravées par H. MANESSE ainsi que d'un portrait de l'auteur gravé sur acier. Broché. 12 fr.

ÉLIE BERTHET

Paris avant l'histoire. Un superbe volume grand in-8 raisin, illustré de 70 dessins de F. BOURDOIN, gravés sur bois par BELLENGER, CHEVALLIER, DARGENT, FARLET, LÉVEILLÉ et PUYLAT. Broché. 10 fr.

Les petits écoliers dans les cinq parties du monde. *Deuxième édition,* 1 vol. in-8 raisin, illustré de grandes compositions, par Émile BAYARD, et de 83 vignettes dans le texte.............. 7 fr.

Les petites écolières dans les cinq parties du monde (*ouvrage couronné par l'Académie française*). 1 magnifique vol. in-8 raisin, illustré de 104 vignettes sur bois........................ 7 fr.

Histoire fantastique du célèbre Pierrot, par ALFRED ASSOLLANT. *Deuxième édition.* 1 beau vol. in-8 raisin, illustré de 100 dessins de YAN' DARGENT.. 7 fr.

Nouveau cabinet des fées. Contes choisis, par L. BATISSIER. *Deuxième édition.* 1 beau vol. in-8 raisin, illustré de nombreuses vignettes sur bois.. 10 fr.

Voyage au fond de la mer, par DE LA BLANCHÈRE. 1 beau vol. grand in-8 raisin, illustré de nombreuses vignettes placées dans le texte, et de 16 magnifiques gravures imprimées en couleur........ 10 fr.

HISTOIRE

ŒUVRES DE M. HENRI MARTIN

SÉNATEUR, MEMBRE DE L'ACADÉMIE FRANÇAISE

* **Histoire de France depuis les temps les plus reculés jusqu'en 1789.** 4e édition, suivie d'une table générale analytique et alphabétique. 17 vol. in-8 cav. avec le portrait de l'auteur.... 102 fr.

LE MÊME OUVRAGE, 17 vol. ornés de 52 grav. sur acier.. 118 fr.

* **Histoire de France depuis 1789 jusqu'à nos jours**, complément de l'*Histoire de France depuis les temps les plus reculés jusqu'en* 1789, du même auteur. L'ouvrage formera 7 vol. in-8 cav. — Chaque vol. sans grav. 6 fr.; — avec grav........................ 7 fr.

* **Histoire de France populaire depuis les temps les plus reculés jusqu'à nos jours** (1866). 6 vol. grand in-8 jésus, illustrés de 1483 grav. — Prix des 6 vol............................ 48 fr.

* **Histoire de la révolution française de 1789 à 1799.** 2 forts vol. in-16.. 7 fr.

* **Jeanne d'Arc.** 1 vol. in-18 jésus, orné d'une grav. sur acier. 2 fr.

Daniel Manin, dernier président de la République de Venise; précédé d'un *Souvenir de Manin*, par M. E. Legouvé (de l'Académie française). 1 vol. in-18 jésus, orné du portrait de Manin...., 3 fr. 50

La Russie et l'Europe. 1 beau vol. in-8 cav..................... 6 fr.

---

* **Précis de l'histoire de la révolution** (Mai 1789. — Novembre 1795), par E. Hamel. — *Deuxième édition*, 1 vol. grand in-8.. 7 fr. 50

* **Histoire de la République sous le Directoire et le Consulat** (novembre 1795-mai 1804) par E. Hamel. — *Deuxième édition*. 1 vol. gr. in-8.. 7 fr. 50

Histoire des croisades, par Michaud, 4 vol. in-8 cav. 7e édition. 4 grav. sur acier et une carte.............................. 24 fr.

Vie de Monsieur Du Guay Trouin, *écrite de sa main et dont il a fait présent, lui-même, à la famille de MM. de Lamothe à Brest.* Un vol. in-8o écu, tiré sur vélin teinté, orné d'un portrait de Du Guay Trouin en héliogravure, ainsi que de cartes et plans. 6 fr.

ŒUVRES DE M. A. THIERS

Histoire de la révolution française, 13e édition, ornée, de 55 grav. sur acier. 10 vol. in-8 .... 60 fr.

LE MÊME OUVRAGE, 4 vol. grand in-8 jésus, 40 grav. sur acier.. 40 fr.

LE MÊME OUVRAGE, 8 vol. in-18 jésus .... 28 fr.

* LE MÊME OUVRAGE. *Édition populaire*, illustrée de plus de 400 grav. d'après les dessins de YAN' DARGENT. 2 forts volumes grand in-8 jésus .... 22 fr.

Atlas de l'histoire de la Révolution française, 32 cartes et plans gravés sur acier. In-folio cart .... 16 fr.

LE MÊME ATLAS. *Édition populaire*, in-4°. Cart .... 10 fr.

Histoire du Consulat et de l'Empire. 20 vol. in-8 carré, illustrés de 75 grav. sur acier; plus un vol. de table analytique et alphabétique. Les 21 vol. brochés .... 125 fr.

* LE MÊME OUVRAGE. *Edition populaire*, illustrée de 350 grav. L'ouvrage complet, 5 vol. grand in-8 jésus .... 48 fr.

Atlas de l'histoire du Consulat et de l'Empire. 66 cartes ou plans gravés sur acier. In-folio cart .... 30 fr.

* LE MÊME ATLAS. *Edition populaire.* In-4°. Cart .... 15 fr.

De la propriété. Un vol. in-8 carré .... 4 fr.

* LE MÊME OUVRAGE. Un vol. in-18 jésus .... 2 fr.

* **Sainte-Hélène.** Un vol. in-18 jésus .... 2 fr.

* **Waterloo.** 2 vol. in-18 jésus .... 2 fr.

* **Congrès de Vienne.** Un vol. in-18 jésus .... 2 fr.

AUGUSTIN THIERRY

Œuvres complètes, 5 v. in-8 cav., ornés de 21 gr. tirées à part. 30 fr.

Chaque ouvrage se vend séparément .... 6 fr.

Le même ouvrage. 9 vol. in-16 .... 13 fr.

* *Histoire de la conquête de l'Angleterre*, 4 vol .... 8 fr.
* *Lettres sur l'Histoire de France.* 1 vol .... 2 fr.
* *Dix ans d'Etudes historiques.* 1 vol .... 2 »
* *Récits des temps mérovingiens*, 2 vol .... 4 »
* *Essai sur l'histoire du tiers-état*, 1 vol .... 2 »

Histoire de la conquête de l'Angleterre par les Normands. Un beau vol. grand in-8 jésus, illustré de 35 grav. hors texte .... 10 fr.

GÉOGRAPHIE

Introduction à l'étude de la géographie, ou Notions de géographie mathématique et de géographie physique, par un MARIN. Un beau vol. in-16, ill. de 40 grav. et de 4 cartes........................ 3 fr.

Géographie universelle de Malte-Brun, édition entièrement refondue et mise au courant de la science par Th. LAVALLÉE, ancien professeur de l'École militaire de Saint-Cyr. 6 forts volumes in-8 jésus, illustrés de 64 gravures sur acier.................................. 72 fr.

Atlas universel de géographie Ancienne et Moderne, pour servir à l'intelligence de la *Géographie universelle de Malte-Brun* et *Th. Lavallée*. 31 cartes in-folio, coloriées, dressées par A. TARDIEU, revues et corrigées par A. VUILLEMIN. L'atlas cartonné............ 16 fr.

Atlas universel de géographie moderne, physique, politique, historique, industriel, commercial et militaire, dressé par MM. BOREAU, HUE et GŒDORP, professeurs de géographie à l'École militaire de Saint-Cyr, revu, pour toutes les cartes générales, par M. MASPÉRO, professeur au Collège de France, et composé de 42 magnifiques cartes imprimées en plusieurs couleurs. Cartonné..... 42 fr.

1. Planisphère.
2. Europe physique.
3. Europe politique.
4. Carte politique de l'Europe centrale.
5. Europe centrale (partie occidentale).
6. — (partie centrale).
7. — (partie orientale).
8. Carte géologique de la région française.
9. Carte physique de la région française.
10. France forestière.
11. France agricole.
12. France météorologique.
13. Formation du territoire français.
14. Carte historique de la région française.
15. France administrative.
16. France militaire.
17. France industrielle et commerciale.
18. Communications rapides du territoire français.
19. Camp retranché de Paris.
20. Frontière du Nord-Est de la France.
21. Carte des places fortes du Nord et de l'Est de la France.
22. Frontière du Sud-Est de la France.
23. Carte des Pyrénées.
24. France (région du Nord-Ouest).
25. Algérie et Tunisie.
26. Colonies françaises.
27. Iles Britanniques.
28. Carte de la Suisse.
29. Italie.
30. Carte physique et militaire des Alpes et du Pô.
31. Carte de la péninsule ibérique.
32. Russie et pays scandinaves.
33. Hongrie et Turquie.
34. Grèce.
35. Caucase et Crimée.
36. Asie.
37. Afrique.
38. Amérique septentrionale.
39. Carte militaire des États-Unis (partie orientale).
40. Carte militaire des États-Unis (partie occidentale).
41. Amérique méridionale.
42. Océanie.

SCIENCE — INDUSTRIE
HISTOIRE NATURELLE — BEAUX-ARTS

* **Les merveilles de la science**, ou description populaire des inventions modernes, par Louis Figuier, 4 forts vol. grand in-8 jésus, illustrés de 1817 grav. ; broché.................................. 40 fr.
  Chaque volume se vend séparément, broché............. 10 fr.

* **Les merveilles de l'industrie** ou description populaire des procédés industriels depuis les temps les plus reculés jusqu'à nos jours, par Louis Figuier, 4 vol. gr. in-8 jésus, illustrés de 1380 grav.. 40 fr.
  Chaque volume se vend séparément, broché............. 10 fr.

* **Métaux, mines, mineurs et industries métallurgiques**, par Émile With. 1 vol. gr. in-8, illustré de 192 grav........... 10 fr.

* **Traité élémentaire d'astronomie**, par A. Boillot. 2e *édition*. Un beau vol. in-18, orné de 103 grav. sur cuivre.............. 4 fr.

ŒUVRES COMPLÈTES DE BUFFON

Nouvelle édition, avec la classification de Cuvier et des extraits de Daubenton, ornée de 123 planches gravées sur acier, contenant 300 sujets coloriés d'après les dessins de M. Édouard Traviès. 6 vol. grand in-8 jésus.................................. 90 fr.

ŒUVRES DE LACÉPÈDE

Cétacés, Quadrupèdes ovipares, serpents et poissons. Nouvelle édition, précédée de l'éloge de Lacépède par Cuvier, avec notes, et la nouvelle classification de Desmarest. 2 vol. grand in-8 jésus, ornés de 36 planches gravées sur acier d'après les dessins de M. Édouard Traviès, représentant 72 sujets coloriés.... 30 fr.

Extrait du Catalogue JOUVET et Cie

5, rue Palatine, à Paris

Les ouvrages marqués d'un astérisque sont adoptés par le Ministère de l'Instruction publique et par la Ville de Paris pour être donnés en prix et placés dans les Bibliothèques scolaires et populaires.

BIBLIOTHÈQUE INSTRUCTIVE

Collection de volumes in-16 illustrés. Brochés........................ 2 fr. 25
Cart. en toile rouge ou lavalière, avec plaques or, tranches dorées. 3 fr. 50

* **L'Armée d'Afrique** depuis la conquête d'Alger par le Dr F. QUESNOY, ancien médecin-inspecteur du service de santé des armées. 1 vol., 45 grav. et 1 carte.

* **La grande Pêche** (Tortues de mer et animaux inférieurs), par le Dr H.-E. SAUVAGE, directeur de l'établissement aquicole de Boulogne-sur-Mer. 1 vol. 70 grav.

* **Le Liège et ses applications**, par H. DE GRAFFIGNY. 1 vol. 50 grav.

* **Les Invisibles**, par FABRE-DOMERGUE. 1 vol. 120 grav.

* **Tahiti** et les Colonies françaises de la Polynésie, par H. LE CHARTIER. Ouvrage accompagné d'une lettre-préface, par M. FERD. DE LESSEPS, et orné de 25 grav. et de 2 cartes.

* **Les grands Conquérants**, par A. DESPREZ. 1 vol. 50 grav.

* **Le Combat pour la vie**, par O. DE RAWTON. 1 vol. 90 gr.

* **La Mer**, par ARMAND DUBARRY. 1 vol. 70 gravures.

* **Nos frontières perdues**, par A. LEPAGE. 1 vol. 70 grav. et 13 cartes.

* **Histoire de la Lune**, par W. DE FONVIELLE. 1 vol. 60 grav.

* **L'Algérie**, par le Dr F. QUESNOY. 1 vol. 100 grav. sur bois et une carte.

* **Les Insectes nuisibles** *à l'agriculture et à la viticulture*, moyens de les combattre, par E. MENAULT. 1 vol. 105 grav.

* **La Chine**, par Victor TISSOT. 1 vol. 65 grav. sur bois.

* **Les grandes Souveraines**, par ADRIEN DESPREZ. 1 vol. 50 grav.

* **Les Paysans et leurs seigneurs avant 1789** (FÉODALITÉ, ANCIEN RÉGIME), par L. MANESSE, agrégé de l'Université. 1 vol. 50 grav.

* **Jeanne Darc**, par HENRI MARTIN. 1 vol. 20 grav.

* **L'Homme blanc au pays des noirs**, par J. GOURDAULT. 1 vol. 70 grav. et une carte.

* **La Nouvelle-Calédonie et les Nouvelles-Hébrides**, par H. LE CHARTIER. 1 vol. 45 grav. et deux cartes.

* **Les Plantes qui guérissent et les Plantes qui tuent**, par O. DE RAWTON. 1 vol. 120 grav.

* **Le Boire et le Manger.** Histoire anecdotique des aliments, par Armand DUBARRY. 1 vol. 126 grav.

* **Les Chasses de l'Algérie**, et notes sur les Arabes du Sud, par le GÉNÉRAL MARGUERITTE. 3e édition, 1 vol. 65 grav.

* **Le Japon**, par G. DEPPING, bibliothécaire à la bibliothèque Ste-Geneviève. 1 vol. 47 grav. et une carte.

* **L'Egypte**, par J. HERVÉ. 1 v. 87 grav. et deux cartes.

* **L'Héroïsme français**, par A. LAIR, agrégé de l'Université. 1 vol. 65 grav.

* **Les Colonies perdues** (le Canada et l'Inde), par CH. CANIVET. 1 vol. 65 grav.

* **La grande Pêche** (Les Poissons), par le Dr H.-E. SAUVAGE. 1 vol. orné de 87 grav.

* **L'Architecture en France,** par G. Cerfberr de Médelsheim. 1 vol. 126 grav.

* **Voyage de la mission Flatters** au pays des Touareg-Azdjers, par le capitaine H. Brosselard. 1 vol. 40 grav. et une carte.

* **Les Généraux de la République,** par A. Barbou bibliothécaire à la bibliothèque Sainte-Geneviève. 2e éd. 1 vol. 30 grav.

* **L'Art de l'éclairage,** par Louis Figuier. 2e édit., 1 vol. 114 grav.

* **Les Aérostats,** par Louis Figuier. 2e éd. 1 vol. 55 grav.

CONTES ILLUSTRÉS

ÉLIE BERTHET

* **Paris avant l'histoire.** Un superbe volume gr. in-8 raisin, illustré de 70 dess. de F. Bourdin, gravés sur bois par Bellenger, Chevallier, Dargent, Farlet, Léveillé et Puylat. Broché.. 10 fr.

* **Les petits Écoliers dans les cinq parties du monde** *Deuxième édition.* 1 vol. in-8 raisin, illustré de grandes compositions, par Emile Bayard, et de 83 vignettes dans le texte........ 7 fr.

* **Les petites Écolières dans les cinq parties du monde** (*ouvrage couronné par l'Académie française*), 1 magnifique vol. in-8 raisin, illustré de 104 vignettes sur bois.................... 7 fr.

* **Les Robinsons français,** par P. Delcourt. 1 superbe vol. in-8° jés. illustré de 150 grav. sur bois. Dess. hors texte de Motty. 10 fr.

* **Le petit Pâtre,** par Albert Girard. 1 joli volume in-8°, illustré de 25 grav. sur bois........................ 2 fr.

* **Les Héros de l'Avenir,** par E. Matthis. 1 charmant vol. in-8°, illustré de 25 grav. sur bois........................ 2 fr.

* **Histoire fantastique du célèbre Pierrot,** par Alfred Assolant. *Deuxième édition.* 1 beau vol. in-8 raisin, illustré de 100 dessins de Yan'Dargent........................ . 7 fr.

ÉDOUARD LABOULAYE

(de l'Institut)

Contes bleus. *Quatrième édition.* 1 beau volume in-8° raisin. illustré de 200 dessins par Yan'Dargent................ 10 fr.

Nouveaux contes bleus. *Quatrième édition.* 1 beau volume in-8, raisin, illustré de 120 dessins par Yan 'Dargent......... 10 fr.

Derniers contes bleus. Superbe vol. in-8° raisin, illust. de 149 dessins dans le texte par H. Pille et H. Scott, et orné de 10 eaux-fortes hors texte, dessinées par H. Pille et gravées par H. Manesse, ainsi que d'un portrait de l'auteur gravé sur acier. Broché.. 12 fr.

COLLECTION DE VOLUMES IN-4° ILLUSTRÉS

Brochés 5 fr. — Reliés richement avec plaques or, noir et argent, biseaux tranches dorées. 6 fr. 50

L'EXPÉRIENCE DU GRAND PAPA

Par ELIE BERTHET. Un magnifique volume illustré de 101 gravures.

LA TÂCHE DU PETIT PIERRE

Par Mme CHARLES BIGOT. Un superbe volume illustré de 46 gravures. Dessins hors texte par FERDINANDUS.

PIQUE-TOTO, LA PAIX ET LA GUERRE

Par C.-E. MATTHIS. Un beau volume illustré de 44 compositions par C.-E. MATTHIS.

LES DEUX GASPARDS

Par C.-E. MATTHIS. 1 vol. illustré de 33 compositions par C.-E. MATTHIS.

LA VEILLÉE AU PAYS BRETON

Par L. MANESSE. 1 vol. illustré de 82 gravures.

NOS PETITS DIABLES

Par A. GIRARD. 1 vol. illustré de 82 gravures.

COLLECTION DE VOLUMES-ALBUMS

Charmants volumes in-4 avec texte, illustrés chacun de 6 chromolithographies, élégamment reliés, tranches dorées. Chaque volume. 3 fr. 50

* LE VALEUREUX PETIT TAILLEUR.
* ROSE ROSE ET ROSE BLANCHE.
* LA BELLE AU BOIS DORMANT.
* LES SEPT CORBEAUX.
* LE LIÈVRE ET LE HÉRISSON.
* LES TROIS FRÈRES.
* JEANNOT.
* CENDRILLON.
* OBÉRON ou le cor enchanté.
* LE GÉNIE DE LA MONTAGNE.
* LE LOUP ET LES SEPT CHEVREAUX.
* GENEVIÈVE DE BRABANT.
* BARON DE MUNCHAUSEN (les Aventures du).
* ROBINSON CRUSOÉ.
* QON QUICHOTTE.
* UN CONTE D'HOFFMANN.
* LE PETIT CHAPERON ROUGE.

LA JOIE DE LA MAISON

Par Émile DESBEAUX. 1 beau volume in-8 raisin, élégamment cartonné, tranches dorées, orné de 9 chromolithographies ... 5 fr.

HISTOIRE

ŒUVRES DE M. HENRI MARTIN

SÉNATEUR, MEMBRE DE L'ACADÉMIE FRANÇAISE

* **Histoire de France depuis les temps les plus reculés jusqu'en 1789.** 4e édition, suivie d'une table générale analytique et alphabétique. 17 vol. in-8 cav. avec le portrait de l'auteur.... 102 fr.

LE MÊME OUVRAGE, 17 vol. ornés de 52 grav. sur acier. 118 fr.

* **Histoire de France depuis 1789 jusqu'à nos jours**, complément de l'*Histoire de France depuis les temps les plus reculés jusqu'en* 1789, du même auteur. L'ouvrage forme 8 vol. in-8 cav. — Chaque vol. sans grav. 6 fr.; — avec grav........................ 7 fr.

* **Histoire de France populaire depuis les temps les plus reculés jusqu'à nos jours** (1876). 7 vol. grand in-8 jésus, illustrés de 1725 grav. — Prix des 7 vol............................ 56 fr.

* **Histoire de la Révolution française de 1789 à 1799.** 2 forts vol. in-16.. 7 fr.

Daniel Manin, dernier président de la République de Venise; précédé d'un *Souvenir de Manin*, par M. E. Legouvé (de l'Académie française). 1 vol. in-18 jésus, orné du portrait de Manin.... 3 fr. 50

La Russie et l'Europe. 1 beau vol. in-8 cav.............. 6 fr.

ERNEST HAMEL

* **Précis de l'histoire de la Révolution** (Mai 1789. — Novembre 1795). — *Deuxième édition*. 1 vol. grand in-8.................. 7 fr. 50

* **Histoire de la République sous le Directoire et le Consulat** (novembre 1795-mai 1804). — *Deuxième édition*. 1 volume grand in-8.. 7 fr. 50

* **Histoire du premier Empire** (mai 1804-avril 1814). — *Deuxième édition*. Deux forts volumes illustrés de 8 grav. sur acier. 16 fr.

* **Histoire de la Restauration** (avril 1814-juillet 1830). Deux vol. gr. in-8, illustrés de 8 gravures sur acier.................. 16 fr.

AUGUSTIN CHALLAMEL

CONSERVATEUR A LA BIBLIOTHÈQUE SAINTE-GENEVIÈVE

* I. **Histoire de la liberté en France depuis les origines jusqu'en 1789.** 1 beau vol. in-8 cavalier......................... 7 fr. 50

* II. **Histoire de la liberté en France depuis 1789 jusqu'à nos jours.** 1 beau vol. in-8 cavalier........................ 7 fr. 50

ŒUVRES DE M. A. THIERS

Histoire de la révolution française, 10 vol. in-8, 55 grav. sur acier.. 60 fr.

Le même ouvrage, 4 vol. grand in-8 jésus, 40 grav. sur acier. 40 fr.

Le même ouvrage, 8 vol. in-18 jésus........................ 28 fr.

* Le même ouvrage. *Edition populaire*, illustrée de plus de 400 grav. d'après les dessins de Yan' Dargent. 2 vol. in-8 jésus... 22 fr.

Atlas de l'histoire de la Révolution française, 32 cartes et plans gravés sur acier. In-folio cart............................ 16 fr.

Le même atlas. *Edition populaire*, in-4°. Cart.............. 10 fr.

Histoire du Consulat et de l'Empire. 20 vol. in-8 carré, illustrés de 75 grav. sur acier; plus un vol. de table analytique et alphabétique. Les 21 vol. brochés.................................. 125 fr.

* Le même ouvrage. *Edition populaire*, illustrée de 350 grav. L'ouvrage complet, 5 vol. grand in-8 jésus........................ 48 fr.

Atlas de l'histoire du Consulat et de l'Empire. 66 cartes ou plans gravés sur acier. In-folio cart.............................. 30 fr.

* Le même atlas. *Edition populaire*. In-4°. Cart............ 15 fr.

De la propriété. Un vol. in-8 carré.......................... 4 fr.

* Le même ouvrage. Un vol. in-18 jésus.......................... 2 fr.

* **Sainte-Hélène**. Un vol. in-18 jésus.......................... 2 fr.

* **Waterloo**. 2 vol. in-18 jésus.................................. 2 fr.

* **Congrès de Vienne**. Un vol. in-18 jésus....................... 2 fr.

* **L'Œuvre de A. Thiers**. Extraits précédés d'une notice biographique et reliés entre eux au moyen d'un résumé pour la partie historique, par G. Robertet, ancien professeur de l'Université, chef de bureau au ministère de l'Instruction publique, conformément aux programmes officiels de l'enseignement secondaire spécial du 10 août 1886 et du brevet supérieur du 22 juillet 1887. Ouvrage accompagné d'un portrait de A. Thiers et d'une carte des opérations militaires de 1789-1815.......................... 3 fr.

AUGUSTIN THIERRY

Œuvres complètes, 5 v. in-8 cav., ornés de 21 gr. tirées à part. 30 fr.

Chaque ouvrage se vend séparément.......................... 6 fr.

Le même ouvrage. 10 vol. in-16................................. 20 fr.

* *Histoire de la conquête de l'Angleterre*, 4 vol........ 8 fr.
* *Lettres sur l'Histoire de France*. 1 vol................ 2 fr.
* *Dix ans d'Etudes historiques*. 1 vol..................... 2 »
* *Récits des temps mérovingiens*. 2 vol.................... 4 »
* *Essai sur l'histoire du tiers-état*, 2 vol................ 4 »

Histoire de la conquête de l'Angleterre par les Normands. Un beau vol. grand in-8 jésus, illustré de 35 grav. hors texte..... 10 fr.

Albums de l'histoire de France, contenant chacun VINGT-CINQ dessins par H. VERNET, RAFFET, PHILIPPOTEAUX, DE NEUVILLE, E. BAYARD, H. CLERGET, texte par H. MARTIN, A. THIERS, J. MACÉ, A. DE LA FORGE, E. BERTHET, E. VAUCHEZ. Reliés en toile rouge, titre or, tranches dorées, biseaux :

Sièges et batailles...............	2 fr.	Hommes de guerre..........	1 fr. 75
Monuments....................	2 fr.	Écrivains célèbres...........	1 fr. 75
Scènes et faits historiques.......	2 fr.	Personnages illustres........	1 fr. 75

L'empereur Alexandre II, VINGT-SIX ANS DE RÈGNE (1855-1881), par C. DE CARDONNE. Un superbe vol. grand in-8 jésus......... 20 fr.

Histoire de Paris et de ses monuments, par DULAURE, édition refondue et complétée par L. BATISSIER. Un vol. in-8 jésus, orné de 51 vues sur acier, des armoiries et d'un plan de la ville de Paris.... 20 fr.

Histoire de l'Algérie ancienne et moderne, par Léon GALIBERT, ornée de 23 vign. sur acier, d'un grand nombre de bois dessinés par RAFFET et d'une carte de l'Algérie. 1 beau vol. grand in-8 jésus... 18 fr.

La Russie ancienne et moderne, par Charles ROMEY et Alfred JACOBS. 1 beau vol. in-8 jésus, illustré de 18 grav. sur acier....... 18 fr.

Histoire d'Espagne, par MARY LAFON. 2 vol. in-8 cav. 16 grav. sur acier .... 12 fr.

* **Histoire des ducs de Normandie,** par A. LABUTTE ; préface par HENRI MARTIN. 2e édit., 12 grav. 1 beau vol. in-8 cav........... ... 6 fr.

* **Les Marins,** par MM. E. GŒPP et MANNOURY d'ECTOT. 2 vol. in-8 carré, ornés de 47 portraits et de 9 dessins de navires............. 8 fr.

LE MÊME OUVRAGE. 2 vol. in-8 raisin, augmentés de 24 grav. 14 fr.

Campagne de 1870, armée du Rhin, par le Dr QUESNOY. 1 beau vol. in-8 avec *carte en 5 couleurs*. 2e édit.; suivie des Ambulances. 6 fr.

* **Analyse des principales campagnes,** CONDUITES EN EUROPE DEPUIS LOUIS XIV JUSQU'À NOS JOURS, par Gustave HUE, professeur de géographie à l'école militaire de Saint-Cyr. Un fort vol. in-16. 3 fr. 50

L'Europe sous les armes, par le Lieutenant-colonel HENNEBERT. 65 cartes et plans. 1 volume in-16.................... 3 fr. 50

GÉOGRAPHIE

Introduction à l'étude de la géographie, ou Notions de géographie mathématique et de géographie physique, par un MARIN. Un beau vol. in-16, ill. de 40 grav. et de 4 cartes. .... 3 fr.

Géographie universelle de Malte-Brun, édition entièrement refondue et mise au courant de la science par Th. LAVALLÉE, ancien professeur de l'École militaire de Saint-Cyr. 6 forts volumes in-8 jésus, illustrés de 64 gravures sur acier. .... 72 fr.

Atlas universel de géographie Ancienne et Moderne, pour servir à l'intelligence de la *Géographie universelle de Malte-Brun* et *Th. Lavallée.* 31 cartes in-folio, coloriées, dressées par A. TARDIEU, revues et corrigées par A. VUILLEMIN. L'atlas cartonné. .... 16 fr.

Atlas universel de géographie moderne, physique, politique, historique, industriel, commercial et militaire, dressé par MM. BUREAU, HUE et GŒDORP, professeurs de géographie à l'École militaire de Saint-Cyr, revu, pour toutes les cartes générales, par M. MASPÉRO, professeur au Collège de France, et composé de 42 magnifiques cartes imprimées en plusieurs couleurs. Cartonné ... '2 fr.

1. Planisphère.
2. Europe physique.
3. Europe politique.
4. Carte politique de l'Europe centrale.
5. Europe centrale (partie occidentale).
6. — (partie centrale).
7. — (partie orientale).
8. Carte géologique de la région française.
9. Carte physique de la région française.
10. France forestière.
11. France agricole.
12. France météorologique.
13. Formation du territoire français.
14. Carte historique de la région française.
15. France administrative.
16. France militaire.
17. France industrielle et commerciale.
18. Communications rapides du territoire français.
19. Camp retranché de Paris.
20. Frontière du Nord-Est de la France.
21. Carte des places fortes du Nord et de l'Est de la France.
22. Frontière du Sud-Est de la France.
23. Carte des Pyrénées.
24. France (région du Nord Ouest).
25. Algérie et Tunisie.
26. Colonies françaises.
27. Iles Britanniques.
28. Carte de la Suisse.
29. Italie.
30. Carte physique et militaire des Alpes et du Pô.
31. Carte de la péninsule ibérique.
32. Russie et pays scandinaves.
33. Hongrie et Turquie.
34. Grèce.
35. Caucase et Crimée.
36. Asie.
37. Afrique.
38. Amérique septentrionale.
39. Carte militaire des États-Unis (partie orientale).
40. Carte militaire des États-Unis (partie occidentale).
41. Amérique méridionale.
42. Océanie.

NOS FRONTIÈRES

Par le colonel E. Bureau, ancien professeur de géographie à l'École de Saint-Cyr. 1 vol. in-16, orné de 12 cartes. Broché.. 2 fr. 25
Cartonné .... 2 fr. 50

LE GRAND DUCHÉ DE LUXEMBOURG

Vis à vis de la France et de l'Allemagne, par L. Gélinet, lieutenant au 154e d'infanterie. 1 vol. orné de 4 cartes hors texte. 2 fr. 25
Cartonnage anglais, titre or.......................... 2 fr. 50

GÉOGRAPHIE PHYSIQUE

Historique et militaire de la région française (France, Hollande, Belgique, Suisse, frontière occidentale de l'Allemagne), par E. Bureau, colonel d'infanterie, ancien répétiteur d'histoire, ancien professeur de géographie militaire à l'Ecole de Saint-Cyr, 1 fort volume in-16 de 1,000 pages, cartonné à l'anglaise.... 7 fr. 50

APERÇU DE GÉOGRAPHIE MILITAIRE

De l'Europe (moins la France), par le commandant Gustave Hue, professeur de géographie à l'Ecole de Saint-Cyr. Un vol. in-16, avec 41 cartes ou plans.............................. 4 fr.

VOYAGE AUTOUR DU MONDE

Nouvelle édition, résumé général des Voyages de découvertes de Magellan, Bougainville, Cook, Lapérouse, Basil-Hall, Duperrey, Dumont d'Urville, Laplace, Baudin, etc., publié sous la direction de M. Dumont d'Urville, accompagné de 45 grav. sur acier dessinées par Rouargue, et de deux cartes pour l'intelligence du voyage. 2 vol. grand in-8 .... 30 fr.

VOYAGE DANS LES DEUX AMÉRIQUES

Publié sous la direction de M. Alcide d'Orbigny. Nouvelle édition, revue et augmentée de renseignements sur les états du nouveau monde, et principalement sur la Californie, le Mexique, Cayenne. Haïti, etc. 1 vol. in-8 jésus, illustré de 28 grav. et deux cartes sur acier .... 15 fr.

VOYAGE EN ASIE ET EN AFRIQUE

Par Eyriès. Édition corrigée et augmentée des récits des plus récents voyages dans l'intérieur des terres, par M. Alfred Jacobs. 1 vol. in-8 jésus, illustré de 25 vignettes sur acier et de deux cartes. 15 fr.

L'ITALIE D'APRÈS NATURE

(*Italie Méridionale*), par Mme Louis Figuier. 1 volume in-8, Broché.. 3 fr.

SCIENCE — INDUSTRIE
HISTOIRE NATURELLE — BEAUX-ARTS

* Les merveilles de la science, ou description populaire des inventions modernes, par Louis Figuier, 4 forts vol. grand in-8 jésus, illustrés de 1817 grav. ; broché.......................... 40 fr.
  Chaque volume se vend séparément, broché............ 10 fr.

* Les merveilles de l'industrie ou description populaire des procédés industriels depuis les temps les plus reculés jusqu'à nos jours, par Louis Figuier, 4 vol. gr. in-8 jésus, illustrés de 1380 grav.. 40 fr.
  Chaque volume se vend séparément, broché............ 10 fr.

* Métaux, mines, mineurs et industries métallurgiques, par Émile With. 1 vol. gr. in-8, illustré de 192 grav.......... 10 fr.

* Traité élémentaire d'astronomie, par A. Boillot. 2e *édition*. Un beau vol. in-18, orné de 108 grav. sur cuivre............... 4 fr.

ŒUVRES COMPLÈTES DE BUFFON

Nouvelle édition, avec la classification de Cuvier et des extraits de Daubenton, ornée de 128 planches gravées sur acier, contenant 300 sujets coloriés d'après les dessins de M. Édouard Traviès. 6 vol. grand in-8 jésus.. 90 fr.

ŒUVRES DE LACÉPÈDE

Cétacés, Quadrupèdes ovipares, serpents et poissons. Nouvelle édition, précédée de l'éloge de Lacépède par Cuvier, avec notes, et la nouvelle classification de Desmarest. 2 vol. grand in-8 jésus, ornés de 36 planches gravées sur acier d'après les dessins de M. Édouard Traviès, représentant 72 sujets coloriés.... 30 fr.

Nids, tanières et terriers. (*Les Architectes de la nature.*) Deuxième édition. D'après J.-G. Wood, par Hippolyte Lucas. Magnifique publication illustrée de 200 vignettes placées dans le texte, et de 20 gravures tirées à part. 1 beau vol. grand in-8 jésus...... 10 fr.

Les principaux types des êtres vivants des cinq parties du monde; atlas in-4, contenant 582 gravures, à l'usage des Lycées, Collèges, Écoles primaires et de tous les établissements d'instruction, accompagné d'un texte explicatif, formant un volume in-16, par M. Edmond Perrier, professeur au Muséum d'histoire naturelle. Prix de l'atlas et du volume cartonné.............................. 6 fr.

Les Phases de la Vie (du berceau à la tombe), par le Dr F. Quesnoy, médecin inspecteur en retraite du service de santé des armées. 1 vol. in-16.. 3 fr.

ENCYCLOPÉDIE DES BEAUX-ARTS PLASTIQUES

Historique, archéologique, biographique, chronologique et monogrammatique, par Auguste Demmin. *Épigraphie*, *Paléographie*, *Architectures* civile, religieuse et militaire; *Céramique* ancienne et moderne; *Sculpture* et *Peinture* de toutes les écoles; *Gravure* sur métaux et sur bois, etc. Cette publication illustrée de 6,000 grav., complétée par une table alphabétique de 20,000 mots, forme 3 vol. grand in-8 cartonnés en toile.. 80 fr.

Dessin indutriel. — *Cours élémentaire et pratique*, par L. Guiguet, officier de l'Instruction publique, professeur à l'Association polytechnique. 1 vol. grand in-8 jésus, avec un album de 46 planches in-folio. Prix du volume broché et de l'album cartonné..... 22 fr

Toutes les planches de l'album se vendent séparément 50 cent.

LITTÉRATURE

Œuvres complètes de Chateaubriand, nouvelle édition, ornée de 31 magnifiques gravures sur acier. 12 forts vol. in-8 cavalier.. 72 fr.

Chaque volume se vend séparément. 6 fr.

TOMES

1. Essais historiques sur les Révolutions.
*2. Le Génie du christianisme.
*3. Les Martyrs.
*4. Itinéraire de Paris à Jérusalem.
5. Romans et poésies diverses.
6. Essai sur la littérature anglaise, le *Paradis perdu*, et Poèmes.
7. Études historiques.
8. Analyse raisonnée de l'histoire de France et Mélanges politiques.
9. Voyages et mélanges littéraires
10. Congrès de Vérone.
11. Polémique et Mélanges politiques.
12. Opinions et Discours, et Vie de Rancé.

ŒUVRES DE LAMARTINE

(Chaque ouvrage se vend séparément)

IN-8 CAVALIER

Titre	Prix
Premières et Nouvelles Méditations. 1 vol., 4 gravures......	7 50
Harmonies poétiques, Recueillements. 1 vol., 3 gravures.....	7 50
Jocelyn. 1 vol. 3 gravures......	7 50
Chute d'un Ange, 1 vol., 1 grav.	7 50
Voyage en Orient. 2 vol. 12 grav.	15 »
Confidences et Nouvelles Confidences. 1 vol. 8 gravures.....	7 50
* Le Manuscrit de ma mère. 1 vol.	7 50
Histoire des Girondins. 4 vol., 40 gravures.................	30 »

IN-18 JÉSUS

Titre	Prix
* Premières Méditations 1 vol...	3 50
* Nouvelles Méditations. 1 vol...	3 50
* Harmonies poétiques. 1 vol...	3 50
Recueillements poétiques. 1 vol.	3 50
Jocelyn. 1 vol................	3 50
Chute d'un Ange. 1 vol........	3 50
Voyage en Orient. 2 vol.......	7 »
Confidences. 1 vol............	3 50
Nouvelles Confidences. 1 vol....	3 50
* Manuscrit de ma mère. 1 vol..	3 50
Histoire des Girondins. 6 vol...	21 »
Lectures pour tous. 1 fort vol...	3 50
Raphaël. 1 vol...............	1 25
Graziella. 1 vol..............	1 25
* Le Tailleur de pierres de Saint-Point. 1 vol..............	1 25

L'Œuvre de Lamartine, Extraits, par G. ROBERTET, ancien professeur de l'Université, chef de bureau au Ministère de l'Instruction publique. 1 vol. in-16, accompagné d'un portrait de Lamartine....... 3 fr.

ŒUVRES DE JEAN REYNAUD

Titre	Prix
Terre et Ciel. Philosophie religieuse 5ᵉ éd. 1 fort vol. in-8 cav........	7
Merlin de Thionville, avec portrait et fac-simile. 1 fort vol. in-8 cav.	7
L'esprit de la Gaule. 1 beau vol....	6
* Lectures variées. 1 vol. in-8......	6
Études encyclopédiques. 3 vol.....	18

ŒUVRES DE WALTER SCOTT

Traduction de M. DEFAUCONPRET; édition illustrée de 59 vignettes et portraits sur acier d'après RAFFET. 30 vol. in-8 cav........ 150 fr.

Chaque volume se vend séparément.................... 5 fr.

1. *Wawerley.
2. *Guy Mannering.
3. L'Antiquaire.
4. Rob-Roy.
5. Le Nain noir. Les Puritains d'Écosse.
6. La Prison d'Édimbourg.
7.* La Fiancée de Lammermoor. L'Officier de fortune.
8. *Ivanhoé.
9. Le Monastère.
10. L'Abbé.
11. Kenilworth.
12. Le Pirate.
13. Les Aventures de Nigel.
14. Peveril du Pic.
15. *Quentin Durward.
16. Eaux de Saint-Ronan.
17. Redgauntlet.
18. Connétable de Chester.
19. *Richard en Palestine.
20. Woodstock.
21. Chroniques de la Canongate.
22. La Jolie Fille de Perth.
23. *Charles le Téméraire.
24. Robert de Paris.
25. Le Château périlleux. La Démonologie.
26. 27. 28. Histoire d'Écosse.
29. 30. Romans poétiques.

LE MÊME OUVRAGE, *nouvelle édition*, publiée en 30 volumes in-8 carré, avec gravures sur acier. Chaque volume........... 3 fr. 50

ŒUVRES DE J. FENIMORE COOPER

Traduction de DEFAUCONPRET ornée de 60 jolies vignettes d'après les dessins de MM. Alfred et Tony JOHANNOT. 30 volumes in-8 cavalier.. 150 fr.

Chaque volume se vend séparément.................... 5 fr.

1. Précaution.
2.* L'Espion.
3.* Le Pilote.
4. Lionnel Lincoln.
5.* Les Mohicans.
6.* Les Pionniers.
7.* La Prairie.
8.* Le Corsaire rouge.
9. Les Puritains.
10. L'Écumeur de mer.
11. Le Bravo.
12. L'Heidenmauer.
13. Le Bourreau de Berne
14. Les Monikins.
15. Le Paquebot.
16. Ève Effingham.
17.* Le Lac Ontario.
18. Mercédès de Castille.
19.* Le Tueur de daims.
20. Les deux Amiraux.
21. Le Feu-Follet.
22. A Bord et à Terre.
23. Lucie Hardinge.
24. Wyandotté.
25. Satanstoë.
26. Le Porte-Chaîne.
27. Ravensnest.
28. Les Lions de mer.
29. Le Cratere.
30. Les Mœurs du jour.

LE MÊME OUVRAGE, *nouvelle édition*, publiée en 30 volumes in-8 carré, avec gravures sur acier. Chaque volume.......... 3 fr. 50

OUVRAGES DIVERS

Le Chien, *son histoire, ses exploits, ses aventures*, par Alfred BARBOU, bibliothécaire à la bibliothèque Sainte-Geneviève. Un vol. grand in-8 raisin, illustré de 87 compositions........................ 10 fr.

Musée historique de Versailles, contenant tous les tableaux remarquables des galeries de Versailles, 56 planches gravées sur acier, avec un texte explicatif, par M. Henri MARTIN, 1 splendide volume in-4, relié.. 30 fr.

Physiologie du goût, par BRILLAT SAVARIN. Nouvelle édition précédée d'une Introduction par ALPHONSE KARR, illustrée par BERTALL de 200 gravures sur bois placées dans le texte et de 7 grav. sur acier tirées sur papier de Chine. 1 magnifique vol. gr. in-8 jésus. 15 fr.

Histoire de la Magie et de la Fatalité à travers les temps et les peuples, par P. CHRISTIAN. 1 beau volume grand in-8, illustré par Emile BAYARD.. 10 fr.

Don Quichotte de la Manche, par Michel CERVANTÈS, traduction de M. Ch. FURNE. 1 beau vol. grand in-8 jésus illustré de 160 dessins par M. Gustave ROUX, broché. .... 8 fr.

Les aventures du Baron de Munchhausen, édition nouvelle, traduite par Th. GAUTIER fils, et illustrée par Gustave DORÉ. 1 volume in-8. Br. 4 fr., relié avec plaques or, tranches dorées..... 7 fr.

Album-Vocabulaire du premier âge, en français, anglais, allemand, italien et espagnol, par MM. A. LE BRUN, H. HAMILTON et G. HEUMANN. 1 vol. grand in-8 raisin, illustré de 800 gravures, avec plaques et biseaux.. 6 fr.

Chefs-d'œuvre épiques de tous les peuples, par A. CHASSANG, inspecteur général de l'instruction publique, et L. MARCOU, maître de conférences à la Faculté des lettres de Paris. 1 vol. in-16. 3 fr. 50

A cheval! En chasse! par Robert DE FAUCONNET, charmant volume in-8 écu, illustré de 70 gravures, tiré sur papier vélin teinté (Édition d'amateur)......... .... 5 fr.

La vie à la campagne, Chasse, pêche, courses, haras, beaux-arts, agriculture, acclimatation des races, pisciculture, régates, voyages, bains de mer, eaux thermales, etc. 6 beaux vol. grand in-8 jésus, ornés de nombreuses gravures sur acier et de plus de 2,000 gravures sur bois intercalées dans le texte....... .... 60 fr.

La Chasse et la Table, par CHARLES JOBEY. — Nouveau traité en vers et en prose donnant la manière de chasser, de tuer et d'apprêter le gibier. Joli vol. in-18, pap. vélin glacé, avec grav. sur acier. 3 fr. 50

Le Divorce et la séparation de corps, *à l'usage des gens du monde et la manière de s'en servir.* (*Deuxième édition*), par G. de CAVILLY. 1 beau volume in-16........................ 3 fr. 50

L'Éloquence sous les Césars, par AMIEL, agrégé de l'Université. 1 vol. in-8.......................... .... 5 fr

Histoire des villes de France, avec une Introduction et un Résumé général pour chaque province, par ARISTIDE GUILBERT, et une société de membres de l'Institut, de Savants, de Magistrats, d'Administrateurs, etc., ornée de 90 magnifiques gravures sur acier par ROUARGUE FRÈRES, de 113 armoiries coloriées des villes, et d'une carte de France par province. 6 vol. grand in-8 jésus..... 92 fr

Histoire d'Espagne, depuis les premiers temps historiques jusqu'à la mort de Ferdinand VII, par **Rosseeuw Saint-Hilaire,** professeur agrégé d'histoire à la Faculté des lettres de Paris. 14 volumes in-8 carré.......................... .... 70 fr.

LITTÉRATURE CLASSIQUE

MOLIÈRE. — Œuvres complètes, précédées de la Vie de Molière par Voltaire. 2 volumes in-8 cavalier ornés de 16 vignettes d'après MM. Horace Vernet, Desenne et Johannot, gravées par Nargeot.. 14 fr.

P. CORNEILLE. — Œuvres dramatiques, précédées de la vie de P. Corneille par Fontenelle. Nouvelle édition, ornée de 11 gravures sur acier d'après Bayalos, et d'un magnifique portrait de P. Corneille. 1 fort volume in-8, papier cavalier .... 7 fr.

JEAN RACINE. — Œuvres, précédées d'un essai sur sa vie et ses ouvrages par L.-S. Auger, de l'Académie française, et ornées de 13 vignettes d'après Gérard, Girodet, Desenne. 1 beau volume in-8 cavalier.. 7 fr.

BOILEAU. — Œuvres, avec un choix de notes, et les imitations des auteurs anciens. Nouvelle édition précédée d'une notice sur Boileau par Sainte-Beuve, de l'Académie française. 1 volume in-8 cavalier, 6 vignettes et 1 portrait sur acier.................... 5 fr.

Le même ouvrage, édition de luxe, tirée à 110 exempl., sur grand papier vergé, numérotés à la presse. 1 vol. orné de grav. sur acier, imprimées sur papier de Chine .... 25 fr.

LA BRUYÈRE. — Les Caractères et les *Maximes de La Rochefoucauld*, précédés d'une notice par M. Suard. Nouvelle édition. 1 beau volume in-8 cavalier, orné d'un portrait de J. de La Bruyère.. 5 fr.

LA FONTAINE. — Fables, illustrées par Tony Johannot de 13 gravures sur acier. Nouvelle édition, augmentée d'un choix de notes. et précédée d'une Notice sur La Fontaine par Sainte-Beuve, de l'Académie française. 1 vol. in-8 cav.......................... 5 fr.

VAUVENARGUES, édition nouvelle, précédée de l'*Éloge de Vauvenargues* couronné par l'Académie française, et accompagnée de notes et commentaires par M. D.-L. GILBERT. 1 volume in-8 cavalier avec portrait sur acier.

— *Œuvres posthumes* et *œuvres inédites*, avec notes et commentaires par M. D.-L. GILBERT. 1 volume in-8 cavalier. — Prix des deux volumes .... 12 fr.

FÉNELON. — **Les aventures de Télémaque**. 1 beau vol. in-8° cavalier, orné de 12 grav et d'un portrait gravé sur acier .... 6 fr.

BOSSUET. — **Discours sur l'Histoire universelle et Oraisons funèbres**. 1 volume in-8° cavalier................................ 5 fr.

Mme DE SÉVIGNÉ. — **Lettres**, précédées d'une notice historique et littéraire. 1 beau volume in-8 cavalier, orné d'un portrait..... 6 fr.

VOLTAIRE. — **Siècle de Louis XIV**. 1 beau volume in-8 cavalier, orné d'un portrait de Louis XIV.......................... 6 fr.

VOLTAIRE. — **Théâtre**, précédé d'une notice sur sa vie et ses ouvrages. 1 beau volume in-8 cavalier, orné d'un portrait..... 6 fr.

BEAUMARCHAIS. — **Théâtre**, précédé d'une notice par SAINT-MARC GIRARDIN. 1 vol. in-8 cav., illustré de 5 vignettes sur acier, d'après Tony Johannot .... 6 fr.

DEMOUSTIER. — **Lettres à Émilie sur la Mythologie**. 1 vol. in-8 cav., orné de 12 grav. sur acier, imprimées sur Chine....... 7 fr.

Le même ouvrage, édition de luxe, 1 fort volume tiré à 110 exemplaires sur grand papier vergé, numérotés à la presse, orné d'une collection de 13 magnifiques gravures sur acier, tirées sur Chine..... 25 fr.

LE SAGE. — **Gil Blas de Santillane**. Nouvelle édition, 1 volume in-8 cavalier, orné de 8 gravures sur acier et d'un portrait de l'auteur .... 7 fr.

A. HAMILTON. — **Mémoires de Grammont et contes**. 1 volume in-8 cavalier orné de 6 gravures sur acier, d'après les dessins de Moreau..... .... 6 fr.

MICHEL CERVANTÈS. — **Don Quichotte de la Manche**. Traduction nouvelle par Ch. FURNE, 2 volumes in-8 cavalier ornés de gravures sur acier.. 8 fr.

9154-87. — CORBEIL. Imprimerie CRÉTÉ.

CHEZ LES MÊMES ÉDITEURS

BIBLIOTHÈQUE INSTRUCTIVE

Collection de volumes in-16 illustrés, brochés....... 2 fr. 25
Cartonnés en toile rouge ou lavallière, avec plaque or, tranches dorées. 3 fr. 50

TISSOT (V.). — **La Chine** d'après les voyageurs les plus récents. 1 vol. orné de 65 gravures sur bois.

DESPREZ (A.). — **Les Grandes Souveraines.** 1 vol. orné de 50 gravures sur bois.

MANESSE (L.). — **Les Paysans et leurs seigneurs avant 1789** (féodalité, ancien régime). 1 vol. orné de 50 grav. sur bois.

MAXIMILIEN FLAJAT. — **Nouvelles Lectures scientifiques à l'usage des jeunes enfants.** 1 vol. orné de 236 gravures sur bois.

MARTIN (H.). — **Jeanne Darc.** Nouvelle édition, ornée de 20 gravures sur bois.

GOURDAULT (J.). — **L'Homme blanc au pays des Noirs.** 1 vol. orné de 70 grav. sur bois et d'une carte de l'Afrique.

LE CHARTIER (H.). — **La Nouvelle-Calédonie et les Nouvelles-Hébrides.** 1 vol. orné de 45 grav. et de 2 cartes.

RAWTON (O. DE). — **Les Plantes qui guérissent et les Plantes qui tuent.** 1 vol. orné de 130 gravures sur bois.

LAIR (A.). — **L'Héroïsme français.** 1 vol. orné de 65 gravures sur bois.

CANIVET (CH.). — **Les Colonies perdues** (le Canada, l'Inde, l'île Maurice). 1 vol. orné de 65 grav. sur bois.

GÉNÉRAL MARGUERITTE. — **Les Chasses de l'Algérie** et notes sur les Arabes du Sud. (3e édition.) 1 vol. orné de 65 grav.

DUBARRY (A.). — **Le Boire et le Manger.** Histoire anecdotique des aliments. 1 vol. orné de 126 grav.

DEPPING (G.). — **Le Japon.** 1 volume orné de 47 gravures d'après les documents les plus récents et accompagné d'une carte.

CERFBERR DE MÉDELSHEIM. — **L'Architecture en France.** 1 vol. orné de 126 gravures.

BARBOU (A.). — **Les Généraux de la République.** 1 vol. orné de 25 grav. sur bois.

BROSSELARD (H.). — **Voyage de la Mission Flatters** au pays des Touareg-Azdjers, par le lieut[t] H. BROSSELARD, ancien membre de la mission d'exploration du chemin de fer Trans-Saharien. 1 vol. orné de 40 grav. et accompagné d'une carte.

SAUVAGE (E.). — **La Grande Pêche** (les Poissons), par le docteur H.-E. SAUVAGE, aide-naturaliste au Muséum d'histoire naturelle. 1 vol. orné de 87 gravures.

HERVÉ (J.). — **L'Égypte.** 1 vol. orné de 87 grav. sur bois et accompagné de deux cartes de la Haute et de la Basse-Égypte.

FIGUIER (L.). — **L'Art de l'éclairage.** 1 vol. orné de 114 grav.

— — **Les Aérostats.** 1 vol. orné de 53 grav.

3540-85. — Corbeil. Typ. et stér. Crété.

www.ingramcontent.com/pod-product-compliance
Lightning Source LLC
Chambersburg PA
CBHW050453270326
41927CB00009B/1720